D1877452

नोआखाली

एक व्यक्ति की विजयी सेना

नोआखाली

एक व्यक्ति की विजयी सेना

सुजाता

वाणी प्रकाशन

वाणी प्रकाशन
4695, 21-ए, दरियागंज, नयी दिल्ली 110 002

फ़ोन : +91 11 23273167 फ़ैक्स : +91 11 23275710

शाखाएँ

अशोक राजपथ, पटना 800 004, बिहार

कॉफ़ी हाउस कैम्पस, महात्मा गांधी मार्ग, इलाहाबाद 211 001, उत्तर प्रदेश

महात्मा गांधी अन्तरराष्ट्रीय हिन्दी विश्वविद्यालय, वर्धा 442 001, महाराष्ट्र

सुल्तानिया रोड, मोतिया पार्क, भोपाल 462 001, मध्य प्रदेश

www.vaniprakashan.com
marketing@vaniprakashan.in
sales@vaniprakashan.in

NOAKHALI
by Sujata

ISBN : 978-93-89915-35-8
Novel

© सुजाता

प्रथम संस्करण 2020

मूल्य : ₹ 450

इस पुस्तक के किसी भी अंश को किसी भी माध्यम में प्रयोग करने के लिए प्रकाशक से लिखित अनुमति लेना अनिवार्य है।

सिटी प्रेस, दिल्ली-110 095 में मुद्रित

वाणी प्रकाशन का लोगो मक़बूल फ़िदा हुसेन की कूची से

यह उपन्यास पण्डित जवाहर लाल नेहरू एवं
देश के उन सपूतों को समर्पित है
जिन्होंने महात्मा गाँधी के बाद
साम्प्रदायिकता की आँधी में भी
सद्भाव की मशाल को बुझने नहीं दिया।

भूमिका

बापू तू कलि का कृष्ण
विकल आया आँखों में नीर लिए।
थी लाज द्रौपदी की जाती,
केशव सा दौड़ा चीर लिए।।

दिनकर की यह पंक्ति मानस पर इस कदर छायी रही कि कई दिनों तक उससे निकल नहीं पायी—कब, कहाँ, कैसे बापू ने कितनी द्रौपदियों की लाज बचायी ? जिज्ञासा बढ़ती गयी, बहुत—से लोगों से जानने की कोशिश की, कुछ गाँधीवादियों से भी बातें हुईं, पर मर्म तक नहीं पहुँच पायी। दरअसल बहुत सारी घटनाएँ इतिहास के पन्नों में दर्ज़ होती रहती हैं। लोग भी किसे याद रखें और किसे विस्मृत कर दें। बहुत—से वैसे लोगों से भी बातें हुईं जिन्हें देश के इतिहास—भूगोल की जानकारी तो नहीं थी, पर उन्हें यह पता था आज़ादी के वक़्त नोआखाली में महात्मा गाँधी मुसलमानों को बचा रहे थे और कुछ लोगों को यह पता था स्वतन्त्रता दिवस के अवसर पर नेहरू—पटेल और पूरी कांग्रेस ने इस बूढ़े महात्मा को अकेले नोआखाली में मरने के लिए छोड़ दिया था। एक सूत्र मिला—नोआखाली। नोआखाली को जितना अधिक जानती गयी उतनी ही अधिक वेदना हृदय में और उस वेदना की टीस घनीभूत होती गयी। लेकिन एक बात है जो मन में जमती गयी—वर्तमान परिप्रेक्ष्य में नोआखाली को जानना कितना संगत है, कितना प्रासंगिक है। शायद नोआखाली में ही मेरी जिज्ञासा, मेरी वेदना और वेदना की टीस को उद्घाटित करने की कुंजी निहित है।

नोआखाली की घटना इतिहास के चेहरे पर कभी नही मिटने वाला एक बदनुमा दाग है और गाँधी का नोआखाली प्रवास एक कालजयी गाथा।

कुछ दिन पूर्व तक नोआखाली को जानने वाले बहुत लोग थे। आज भी लोग नोआखाली का नाम जानते हैं, लेकिन वह कहाँ है और क्या घटना हुई थी, नहीं पता। उस समय देश में हिन्दुओं और मुसलमानों की आपसी नापसन्द का भयंकर परिणाम भुगता था, नफ़रत की आग में दोनों कौमें बुरी तरह क्षत–विक्षत हुई थीं। उस भयंकर पीड़ा से उबरने में देश को बरसों लग गये। आज फिर नापसन्द का वही आलम है और उसे हवा देने की कोशिश भी हो रही है। भारतवासियों को आज इस बात को जानने की बहुत आवश्यकता है कि इस नापसन्द के परिणााम क्या होते हैं। इतिहास की सीख उन घटनाओं की पुनरावृत्ति को रोकने में मददगार हो सकती है। वस्तुतः नापसन्द की आँधी में मनुष्य, मनुष्य नहीं रह जाता है, सिर्फ़ उन्मादी भीड़ का एक पुर्जा रह जाता है या पीड़ित या पीड़क।

नोआखाली के साथ–साथ इतिहास के उस कालखण्ड में बिहार भी जुड़ा हुआ है जहाँ से गुज़रते वक़्त उस समय लोगों की दरिन्दगी देख, मानवता को शर्मसार होते देख मन में सिहरन होने लगती है। लेकिन ऐसा भी नहीं था कि सिर्फ़ मानवता शर्मसार ही हुई, उसका पतन ही हुआ। घने काले बादलों के दरम्याँ बिजली की कौंध की तरह वह पतन की पराकाष्ठा तक नहीं पहुँच पायी। इतिहास के उसी कालखण्ड में मजहबी संकीर्णता की दीवारों को लाँघ कर कुछेक लोगों ने एक–दूसरे के लिए अपनी जान की क़ुर्बानी से भी गुरेज नहीं किया। उस समय भी कुछ लोग थे जिन्होंने मानवता की मशाल बुझने के पहले ही थाम ली थी। हाँ, इस बात से इनकार नहीं किया जा सकता कि ऐसी घटनाएँ कम थीं, अगर नगण्य भी होतीं तो–यथा पिण्डे तथा ब्रह्माण्डे। एक भी पिण्ड में है तो एक दिन पूरे विश्व में व्याप्त होने की प्रतीति तो दे ही जाता है।

जब मैं दिनकर के श्याम को नोआखाली में मेघना के किनारे ढूँढ़ रही थी तो वे नंगे पाँव जिनसे रक्त प्रवाहित हो रहा था, एकला चलो की राह पर लाठी लिए अकेले एक बाँस से निर्मित पुल पर से आते दिखायी पड़ रहे थे।

यह पुल नोआखाली के गाँव श्रीरामपुर में था। मुहम्मद भुइयाँ ने बताया–यही है राजबाड़ी। इसी में महात्मा गाँधी रहते थे तो आश्चर्यचकित हो जाना स्वाभाविक था–एक छोटी–सी कुटिया और नाम 'राजबाड़ी'।

हाँ, सामने का प्राकृतिक सौन्दर्य अद्‌भुत था। सम्पूर्ण प्राकृतिक दृश्य एक मुस्कुराता उद्यान सदृश दिखायी पड़ रहा था। नारियल एवं सुपारी के आकाश छूते घने झाड़ आपस में मिलकर एक छतरी–सी बनकर राजबाड़ी को छाया प्रदान कर रहे थे।

–यह राजबाड़ी है? प्रश्न पूरा होने कहाँ दिया मुहम्मद भुइयाँ ने। उस समय दुनिया के सबसे महान व्यक्ति इसमें ही रहते थे, वे समस्त देशवासियों के दिलों पर राज करते थे। उस समय के कौन–से बड़े लोग थे, जिन्होंने इस कुटिया में रात नहीं गुज़ारी थी?

–आपको याद है?

–ख़ूब अच्छी तरह, जनवरी 1947 में मैं उन्नीस साल का था, मोहम्मद भुइयाँ की आँखें चमक रही थीं।

–इन्हीं आँखों से उन्हें देखा था, इतने पास से खजूर का गुड़ मेरी हथेली पर रखा था। श्रीमद्‌भगवतगीता की भी बातें करते थे और कुरान की भी। दोनों के अर्थ ऐसे खोल देते थे कि लगता था सब समझ गया, दोनों में कोई अन्तर ही प्रतीत नहीं होता था... और चलते ऐसे थे कि उन्नीस साल की उम्र में मुझे दौड़ना पड़ता था। ऐसा लग रहा था जैसे वे अभी भी दौड़ पड़ेंगे। क्या नहीं करते थे? शौचालय से लेकर सड़कों की सफ़ाई तक, ग़रीबों के चिकित्सक भी बन जाते थे। पर्दानशीं स्त्रियों से मिलने उनके घर आँगन के अन्दर चले जाते थे।

पर्दानशीं स्त्रियाँ उनसे पर्दा नहीं करती थीं?

–बेटा ज़िन्दा पीर से भला क्या पर्दा? उनकी प्रार्थना आज भी कानों में गूँजती रहती है–"रघुपति राघव राजाराम पतित पावन सीताराम, पतित पावन सीताराम" तन्मय होकर बहुत देर गाते रहे, मुहम्मद भुइयाँ की आँखों की चमक बढ़ती जा रही थी।

श्रीरामपुर से पनियाला तक, पूरे रास्ते मुहम्मद भुइयाँ के गाये भजन की आवाज़ 'रघुपति राघव' कानों में मिश्री–सी घोलती रही।

पनियाला में सत्यनारायण रेड्डी की मिट्टी की समाधि की ओर घूरते देख विष्णुदेव और काजी मजरुल का समवेत स्वर निकला–रेड्डी काका ने समाधि को पक्का करने से मना किया था।

–रेड्डी काका...?

–रेड्डी काका पूरे इलाके के काका...। महात्मा गाँधी ने कहा था–यहाँ के लोगों को पानी की समस्या से मुक्त करो, आजीवन वही करते रहे।

–कौन थे रेड्डी काका? मैंने पहली बार नाम सुना था।

–सत्यनारायण रेड्डी महात्मा गाँधी के आह्वान पर नोआखाली आये थे। महात्मा जी ने कहा था–मैं आऊँगा तब जाना, उन्हें तो गोली मार दी गयी और वे आ नहीं सके। सत्यनारायण रेड्डी कहा करते थे–"मेरे गुरुदेव ने कहा था–मैं आऊँगा लेकिन वे आ नहीं सके? तो भला कैसे चला जाऊँ? यह जीवन तो अब नोआखाली को समर्पित है।" और एक बात और शायद आपको जानकारी न हो।, महात्मा जी ने पनियाला गाँव में ही पहली बार 'ईश्वर अल्लाह तेरो नाम' अपनी प्रार्थना में जोड़ा था–काजी सैयद इक़बाल ने बताया जो नलकूप की दूकान चलाते थे। बातें बहुत थीं पर समय बहुत कम...।

जुआल के गाँधी आश्रम में आज भी जितनी जीवन्तता है मुझे नहीं मालूम भारत में किसी आश्रम में उतनी है या नहीं? 22 एकड़ में फैले इस आश्रम में पोखरों की उपस्थिति कितनी मनमोहक थी। पोखरों के मध्य कुमुदिनी के गुलाबी पुष्प मनोरम छटा बिखेर रहे थे। आश्रम में चरखे और करघे की मधुर ध्वनि गूँज रही थी। सबसे अच्छी बात विकास के नाम पर प्रकृति का विनाश नहीं हुआ है।

झरना चौधरी, गाँधी आश्रम की पूर्व अध्यक्ष, उनकी आँखों में आज भी नोआखाली की घटना समाई हुई है... बापू को हम लोगों की ख़ातिर कितना अपमान सहना पड़ा। लीगी कट्टर मुस्लिम उन्हें बार–बार बिहार जाने की तंज कसते रहे। पर वे डटे रहे–"जब तक एक–एक स्त्री–पुरुष वापस अपने स्वधर्म में नहीं लौट जायेंगे मैं नोआखाली नहीं छोड़ूँगा। उस समय बापू और उनके शिष्यों को छोड़ कौन था हमारा रक्षक? उन्होंने एक बार फिर नोआखाली में नारा दिया–करो या मरो। या तो नोआखाली में अल्पसंख्यकों पर अत्याचार समाप्त करवा कर मानूँगा या मर जाऊँगा। लेकिन कुछ ही दिनों में बापू के प्रेम और करुणा की खमीर बननी शुरू हो गयी...।" कहते–कहते झरना चौधरी सुबकने लगी–जब कट्टरवादी ताक़तें बापू को धमकियाँ दे रही थीं, उस समय उन्होंने कहा था–मुझे नोआखाली की बेटियों ने बुलाया है, मैं उनकी पुकार सुनकर यहाँ आया हूँ, इन्हें छोड़कर नहीं जा सकता। गाँधी आश्रम की वर्तमान अध्यक्ष नभ कुमार बरुआ और श्रीमती तन्द्रा बरुआ भी अपने आँसुओं को छुपाने की कोशिश कर रहे थे। मुझे द्रौपदियों को बचाने वाले दिनकर के श्याम आख़िर मेघना के किनारे मिल ही गये।

जुआल में महात्मा गाँधी द्वारा स्थापित विद्यालय में एक बात जो सबसे निराली थी, अलग थी वह थी–लड़कों से अधिक लड़कियों की संख्या। इस विद्यालय का वर्णन इस उपन्यास में भी है। श्रीरामपुर के पूरे विद्यालय परिवार का मुझ जैसे एक अनजान व्यक्ति को विदा करने के लिए इस क़दर एकजुट हो जाना नोआखाली की भावुकता को समझने के लिए काफ़ी था। आज भी वह दृश्य भूल नहीं पायी हूँ–जब श्रीरामपुर विद्यालय से विदा हो रही थी, सभी कैसे एकटक निहार रहे थे, जब तक आँखों से ओझल नहीं हो गयी थी, सैकड़ों हाथ हिलते ही रहे–वे आवाज़ भी दे रहे थे–''आबार आसवेन''। ऐसे दृश्यों को सिर्फ़ फ़िल्मों में देखा था, फ़िल्मों के कपोल–कल्पित दृश्य को वास्तविक बनते देखना एक चमत्कार से कम नहीं लग रहा था। इतनी संगदिल तो मैं थी नहीं जो आँसू टपकने से रोक पाती।

उपन्यास के दृश्य नोआखाली में मेरी आँखों के सामने मूर्त रूप में आकर खड़े हो जा रहे थे। चौमुहानी स्टेशन पर जब खडी थी खुली आँखों से बापू को चिन्तित होकर आते देख रही थी। नारियल एवं सुपारी के लम्बे–लम्बे पेड़ों के बीच विस्तृत धान के हरेभरे खेत और कहीं–कहीं नदी और पोखरों का जाल और उन पर गुज़रती हुई या दो बाँसों की बनी हुई पतली पुलिया पर गाँधी की पदचाप आज भी सुनायी पड़ रही थी। नोआखाली के जिन सैंतालिस गाँवों में एक सौ सोलह मील बापू नंगे पाँव लोगों को साम्प्रदायिकता की आग से बचाने के लिए दीवानों की तरह भटके थे, वे आज भी उन क्षणों की गवाही दे रहे थे। पाकिस्तान में चले जाने के बाद भी नोआखाली का साम्प्रदायिक सौहार्द नहीं बिगड़ा था, नोआखाली वासियों ने अपने पीर और महात्मा की सीख को गाँठ बाँध लिया था।

नोआखाली के ऊपर उपन्यास लिखना किसी के लिए आग के दरिया से होकर गुज़रने जैसा है–सारे त्रासद क्षणों को इतिहास के उस कालखण्ड में जाकर जीना और उसकी विभीषिका को भोगना सचमुच एक दुस्साहसपूर्ण कार्य है। जैसे आरती के अपहरण, पुनः स्वधर्म में वापसी और विवाह के प्रकरण को पन्ने पर उतारना कम कठिन नहीं था।

इस उपन्यास की रचना का मुख्य उद्देश्य है नफ़रत की ज्वाला की विभीषिका को समझना और उसकी लपटों से आने वाली पीढ़ियों को सतर्क करना और उनकी रक्षा करना।

दरअसल यह उपन्यास 'नोआखाली' एक अभिनव प्रयोग है। यह उपन्यास गाँधी के नोआखाली में सैंतालीस गाँवों के नंगे पॉव भ्रमण का

प्रत्यक्षदर्शी गवाह है। सैंतालीस दिनों के प्रत्येक शाम की प्रार्थना का गवाह है। घृणा और नफ़रत के दलदल से प्रेम का पुष्प उगाने का गवाह है। यह ऐतिहासिक उपन्यास न होकर औपन्यासिक इतिहास है। उपन्यास की चाशनी में इतिहास के तथ्यों को हू–ब–हू प्रस्तुत करने की कोशिश की गयी है। यदि यह प्रयोग इतिहास और उपन्यास दोनों के दरवाज़े पर दस्तक दे सके तो मेरा प्रयास सफल हो जायेगा।

–सुजाता

1

नयी दिल्ली के बिड़ला मन्दिर मार्ग पर अनेक अट्टालिकाओं और झरोखों से सुशोभित लाल पत्थरों और संगमरमर से रचित एक सुन्दर रचना सदृश बिड़ला मन्दिर के पास एक मन्दिर और है। यह मन्दिर राजधानी की तड़क–भड़क से दूर, उसके ठाठ–बाट से भी दूर, बिड़ला मन्दिर की भव्यता से ठीक विपरीत सादगी और उदासी की पहचान लिए खड़ा है, इस मन्दिर का नाम है–वाल्मीकी मन्दिर।

वाल्मीकी वही हैं, जिन्होंने रामायण महाकाव्य की रचना की है, जिनका आश्रम परित्यक्ता सीता का आश्रय स्थल बना था, और एक आश्चर्य की बात और कि वाल्मीकी डाकू से सन्त बने और ऐसे विद्वान सन्त कि महाकाव्य रामायण की रचना कर दी। इन बातों के अलावा वाल्मीकी का एक परिचय और भी है, वे भंगियों के आदि गुरु भी हैं। भंगियों का एक नाम वाल्मिकि भी है।

दरअसल बात यह है कि इसी वाल्मीकी मन्दिर में आजकल एक अनोखे व्यक्ति रहने आ गये हैं। उन्नीस सौ छियालीस की ग्रीष्म ऋतु के पहले तक ना कोई इस मन्दिर को जान रहा था ना इस मुहल्ले को। लेकिन एक ही रात में इतना बड़ा आश्चर्य हो गया! एक कोने में पड़ी हुई छोटी–सी वाल्मीकी बस्ती एकाएक नयी पहचान से लबालब हो गयी–नयी दिल्ली के वायसराय के समकक्ष आ गयी।

यह स्थली भारतीय नेताओं के साथ ब्रिटिश सरकार के कैबिनेट मिशन की बातचीत की रंगस्थली बनी हुई थी। इसी स्थल पर हुई वार्ताओं के परिणाम के रूप में यह मन्दिर लगभग दो सौ वर्षों के अंग्रेज़ी राज्य के अन्त होने के ऐतिहासिक क्षण का गवाह बन रहा था।

यहीं पर जवाहर लाल, सरदार पटेल, आज़ाद, सरोजिनी नायडू आदि आकर आपस में मिल रहे थे; सलाह–मशविरा कर रहे थे। यहीं पर ब्रिटिश

मन्त्रिमण्डल के सदस्य और राजनीतिज्ञ भी आ रहे थे। यही नहीं, संसार के कोने–कोने से समाचार–पत्रों के प्रतिनिधि भी यहाँ अपना अड्डा जमाये रखते थे। और तो और विश्व भम्रण करने वाले यात्री भी यहाँ आकर अपनी यात्रा को सफल बनाकर धन्य होते हुए दिखायी पड़ रहे थे।

दुनिया भर के विद्वान और नेता, चोटी के नौकरशाह से लेकर साधारण जन तक उस व्यक्ति से मिलकर गद्‌गद हो जाते थे, जो अपने चरखे को कातते–कातते उस धागे की डोर से पूरे देश की आर्थिक डोर को एक मज़बूत प्रेम–बन्धन से बाँधने की कोशिश कर रहे थे। सबको पता है, उस डोर को भारत की प्राणवायु बनाने वाला अनोखा व्यक्तित्त्व गाँधी को छोड़कर भला कौन हो सकता है? पर एक व्यक्ति था जो इस प्रेम–बन्धन में बंधने को तैयार नहीं था, इस आश्रम में आने को तैयार नहीं था। वो था सुटेड–बुटेड एक अधिवक्ता, और मुस्लिम लीग का अध्यक्ष मोहम्मद जिन्ना। ऐसी बात नहीं कि गाँधी को उनका इन्तज़ार नहीं रहता होगा। अवश्य रहता होगा पर आता तो वही है जिसे आवश्यकता होती है। जिन्ना को भी गाँधी की आवश्यकता नहीं थी, उसे अलग होना था, उसे तोड़ना था, तोड़ने वाले को किसकी आवश्यकता होती है?

लेकिन गाँधी को जोड़े रखना था, उन्हें जिन्ना की आवश्यकता थी। वे बैठे–बैठे जिन्ना का इन्तज़ार नहीं कर सकते थे। वे जिन्ना के आवास पर जाने के लिए हमेशा तैयार रहते थे, परन्तु जिन्ना, न तो मुस्कुराते थे न अपने ह्रदय के कपाट खोलते थे, लगता है जैसे उन्हें डर लगता था, कहीं ये व्यक्ति अपनी लाठी लिए उनके ह्रदय–कुंज में प्रवेश करके सब गड़बड़ ना कर दे। गाँधी की रफ्फूगिरी से परेशान होना लाजिमी भी था। उनकी पत्नी तक उनके अपने ही घर में गाँधी की वकालत करती थी।

वाल्मीकी मन्दिर में सादे सफ़ेदी किये हुए फ़र्नीचर रहित छोटे से कमरे में एक पतली–सी सफ़ेद गद्दी पर गाँधी पालथी लगाकर बैठे थे। वे ईश्वर से संवाद कर रहे थे या अपने अन्तःकरण की आवाज़ सुन रहे थे। यह तो ईश्वर को ज्ञात होगा या गाँधी को, परन्तु उनके मुखमण्डल पर परम शान्ति देख प्यारेलाल ठिठक गये। चुपचाप एक किनारे बैठ गये। एकटक देखते रहे अपने बापू को। बापू के चेहरे पर विराजती शान्ति उनके अशान्त मन को शान्त कर रही थी।

–प्यारेलाल तुम कब आये? मुँदी आँखें खोलते हुए बापू ने कहा।

–बापू... थोड़ी देर पहले, मन थोड़ा अशान्त था, अब ठीक है।

–वातावरण ही ऐसा हो गया है। सब लोग अशान्त दिखायी पड़ रहे हैं।

–और बापू आप...?

–मैं...बस इतना जानता हूँ जब तक मेरे राम चाहेंगे तब तक काम करना है। होना तो वही है जो ईश्वर चाहता है।

–बापू...वेवल वायसराय जो चाहते हैं वह भी तो होता है।

–वायसराय जो चाहते हैं, वही हो ज़रूरी नहीं। हाँ, उन्हें अपने किये गये कर्मों का फल अवश्य मिलता है।

–क्या वायसराय वेवल आपकी बात मान कर वायसराय के पद का त्याग करेंगे या यह संघर्ष लम्बा खिंचेगा।

–प्यारेलाल इस संघर्ष में तीन शक्तियाँ इनवाल्व हैं और तीनों के लिए स्वाधीनता के तीन अर्थ हैं। मुस्लिम लीग के लिए स्वाधीनता का अर्थ है–पहले देश विभाजन उसके बाद स्वतन्त्रता; कांग्रेस के लिए स्वाधीनता का अभिप्राय है–समस्त भारत के लिए बिना किसी शर्त के स्वतन्त्रता और जिसमें सभी देशी राज्य भी सम्मिलित हों और अब बची ब्रिटिश सत्ता उनके लिए भारत का मतलब है, जो ब्रिटिश स्वार्थों का पोषण करता हो, जिसका वे शोषण करते रहें। लेकिन अब जब उन्हें लग रहा है, सम्पूर्ण भारत में वे अब टिके नहीं रह सकते हैं, तो भारत के टुकड़े करने के लिए जैसे उन्होंने संकल्प ही ले लिया है।

–जी बापू...

–सबों ने देखा ही है कैबिनेट मिशन के बाद विलियम्स क्राफ्ट ने यह सलाह दी ही थी कि यदि मौजूदा संविधान कांग्रेस अन्तरिम सरकार की रचना के बारे में सहमत न हो तो जिन्ना जिसकी माँग करते हैं उसमें अम्बाला और पश्चिम बंगाल छोड़कर ब्रिटिश सरकार को मध्यम आकार का पाकिस्तान बना देना चाहिए। अंग्रेज़ों को शेष भारत खाली कर देना चाहिए और पाकिस्तान से करार करके उनके साथ रहना चाहिए। वायसराय वेवल भी उस के पक्षधर थे।

–सुना था, बापू, इसी से तो पण्डित जी ने मुस्लिम लीग और ब्रिटिश सत्ता की मानसिक मित्रता पर उस दिन सवाल भी उठाया था।

–सही बात तो यही है कि नेहरू को सरकार बनाने का न्यौता देकर ब्रिटिश सत्ता तब तक पछताती ही रही जब तक लीग उस सरकार में शामिल नहीं हो गयी। तभी कमरे में सरदार पटेल ने प्रवेश किया... हमेशा मस्ती में रहने वाले सरदार के चौड़े कन्धे झुके से लग रहे थे। मुखमण्डल पर तनाव साफ़ परिलक्षित हो रहा था।

—बापू, ब्रिटिश सत्ता और मुस्लिम लीग ने मिलकर सरकार चलाना मुश्किल कर दिया है। मैं गृहमन्त्री हूँ परन्तु एक सिपाही का वेतन देने के लिए भी वित्तमन्त्री लियाकत अली का मुँह देखना पड़ता है और वह एक–एक पैसे के लिए गृहमन्त्रालय को मजबूर कर रहा है।

सरदार और बेबस... दोनों एक–दूसरे के लिए विपरीतार्थक शब्द हैं। गाँधी को भी पता है और प्यारेलाल को भी, यहाँ तक कि जिन्ना और लियाकत अली को भी।

—सरदार, अखण्ड भारत को तोड़ने के लिए लीग और ब्रिटिश सत्ता के षड्यन्त्र की यह भी एक कड़ी है। तुम सबकी विवशता समझ रहा हूँ। मैं तो बस एक चीज़ समझ रहा हूँ कि अब अंग्रेज़ों का हिन्दुस्तान में एक मिनट भी रहना घातक होगा।

—जिस दिन वायसराय की प्रेरणा पर अन्तरिम सरकार में लीग शामिल हुई, उसी दिन अखण्ड भारत की लड़ाई हमेशा के लिए हाथ से निकल गयी हो, अब तो यही प्रतीत होता है... कहते हुए सरदार चले गये।

और गाँधी, उठकर खड़े हो गये—मैं अपनी पूरी ताक़त लगा दूँगा। भारत के बँटने में गाँधी का भी योगदान है, यह स्वीकार्य नहीं...।

उनका दावा था, जिस विचार को वे नहीं चाहते उनके मस्तिष्क में प्रवेश नहीं कर सकता था, आज विचारों का प्रवाह प्रवाहित हो रहा था, इस विचार प्रवाह को वे बड़े प्रेम से एक द्रष्टा की तरह निहार रहे थे।

मन कुलाँचे मारते दक्षिण अफ्रीका के शेख अब्दुल्ला के पास पहुँच गया। दूसरे ही क्षण तैयब जी के पास। कितना भरोसा था उन लोगों को अपने गाँधी भाई पर... और गाँधी भाई! उसने कस्तूरबा के भी पहले दक्षिण अफ्रीका में अपने मित्र शेख महताब को बुलाया था। कहाँ फ़र्क़ था हिन्दू गाँधी भाई और मुस्लिम शेख महताब में...। पर अंग्रेज़ों ने यह कैसी विषबेल लगायी...? कैसे जिन्ना को पटाकर इतनी चौड़ी खाई खुदवा डाली? कौन विश्वास करेगा एक ज़माने में जिन्ना के मन में दो राष्ट्र की कल्पना तक नहीं थी।

ख़िलाफ़त आन्दोलन में मुस्लिमों ने उन्हें अपना नेता बनाया था, आज जिन्ना कहते हैं, कांग्रेस मन्त्रिमण्डल में कोई भी मुस्लिम सदस्य नहीं होना चाहिए... यह कैसे सम्भव है? कांग्रेस हमेशा से धर्मनिरपेक्ष रही है। सभी धर्मों और जातियों, लिंगों का बिना कोई भेद–भाव किये हमेशा से काम किया है। क्या जिन्ना की ज़िद की वजह से वह अपने सिद्धान्तों की बलि चढ़ा दे?

एक बात और भी अजीब लगती है ब्रिटिश सत्ता की मंशा भी हमेशा यही रही कि कांग्रेस मुस्लिम लीग की शर्तों को मान ले।

दक्षिण अफ्रीका से लेकर आज तक वे हिन्दू–मुस्लिम भाईचारे के लिए कटिबद्ध रहे। एक पूर्वाभास–सा होता था, 'बाँटो और राज करो' सिद्धान्त पर चालित यह मदान्ध सत्ता... एक दिन हिन्दू–मुस्लिम भाईचारे को समाप्त कर देगी।

उनकी आँखें सिकुड़ रही थीं... भारतीय प्रजा अब जाग गयी है, ब्रिटिश हुक्मरानों का अब जाना तो तय है... लेकिन क्या यह गाँधी की जय और भारतीय जनता की जय बन पायेगी?

उनके मन में बिम्ब उभर रहे हैं, एक ओर गाँधी अकेला... हाथ में अहिंसक लाठी लिए खड़ा है... वह हिन्दू–मुस्लिम एकता को नहीं टूटने देगा, भले ही उसकी जान चली जाये। दूसरी ओर ब्रिटिश सत्ता खड़ी है–बौखलाई और आवेशित। एक चौकन्ने शिकारी की तरह, वह इस एकता का शिकार करने के लिए झपट्टा मार रही है, अब ब्रिटिश सत्ता अकेले नहीं है... उनके साथ कुछ भारतीय भी आकर खड़े हो गये हैं... उनमें अधिकांश के सिर पर लम्बी–लम्बी टोपियाँ लगी हैं..., ठीक वैसी ही टोपियाँ जैसी दक्षिण अफ्रीका में अब्दुल्ला पहनते थे... वही अब्दुल्ला शेख जिनकी मृत्यु पर गाँधी को लगा था, आज दूसरी बार पितृविहीन हो गया...।

ब्रिटिश सत्ता के साथ खड़ी भारतवंशियों की भीड़ में कुछ और लोग खड़े दिखायी पड़ रहे हैं, उनके माथे पर लाल टीका लगा है।

वे उन्हें समझाना चाह रहे है... मैं भी सनातनी हूँ... गीता के मर्म को समझा हूँ, सभी में वासुदेव हैं... यह वैर, वैमनस्य हिन्दू धर्म का अंग नहीं...। गाँधी की बात शायद उन तक नहीं पहुँच पा रही है... अंग्रेज़ी शासक अट्टहास कर रहे हैं... तुम हमें देश से भगाना चाहते थे... हम जा रहे हैं... सँभाल पाओगे तो सँभालो अपने देश को... मि. गाँधी... हम पराजित हुए या तुम... या तुम्हारी अहिंसा, विचार करना।

विचार प्रवाह के थमते ही बिम्ब समाप्त हो जाता है... और गाँधी के मुख से स्वतः निकल जाता है–अहिंसा कब पराजित होती है, कभी नहीं... हाँ, मैं पराजित हो सकता हूँ।

आज शाम की प्रार्थना में बहुत भीड़ रही थी... सब शान्त थे, उनके मुखमण्डल पर पूर्ण शान्ति विराजमान थी, पास से ही ठक–ठक की आवाज़

आ रही थी–जैसे कोई सैनिक अभ्यास चल रहा हो, लेकिन गाँधी ध्यानस्थ थे, उस आवाज़ से अप्रभावित, ध्यानमग्न...।

प्यारेलाल नैयर का आज प्रार्थना में मन नहीं लग रहा था। उन्हें इस ठक–ठक में अशुभ छाया नज़र आ रही थी। प्रार्थना–स्थल के पास ही हिन्दू नौजवानों का एक दल प्रतिदिन शारीरिक शिक्षा की कवायद करता रहता था, वे लोग लाठी चलाने का भी अभ्यास किया करते थे और अन्त में भारत माँ के भगवे झण्डे को सलामी दिया करते थे।

वह गाँधी की भारत–माता नहीं थी जो भारत की भूमि पर पैदा होने वाले सभी लोगों को जाति, धर्म या रंग का भेदभाव किये बिना समान रूप से अपना–अपना बालक समझती थी। उनकी भारत माँ के पुत्र मुस्लिम नहीं हो सकते थे... यह भारत माँ उनके संहार की आज्ञा देती थी।

प्यारेलाल नैयर काँप उठे... बापू झेल पायेंगे इसे, मुस्लिम लीग तो पहले से ही हिंसा का ताण्डव करने को तैयार बैठी है।

प्रार्थना समाप्त हो गयी थी, लोग धीरे–धीरे प्रार्थना–स्थल से बाहर जा रहे थे, अधिकांश लोग निकल चुके थे, तभी जवाहर लाल को अपनी ओर आते देख गाँधी ने विनोद से कहा।

–चिरयुवा जवाहर प्रधानमन्त्री की कुर्सी पर बैठते ही वृद्ध कैसे दिख रहा है?

तनाव में युवा भी बूढ़ा दिखने लगता है तो प्रौढ़ के वृद्ध दिखने में क्या आश्चर्य? पं. नेहरू के चेहरे पर तनाव स्पष्ट परिलक्षित हो रहा था। वे क्षोभ भरे स्वर में कह रहे थे–

–बापू, मुस्लिम लीग सारी हदें पार करती जा रही है... हमारे धर्म की परीक्षा कठिनतम दौर से गुज़र रही है। मुस्लिम लीग की अन्तरिम सरकार के मन्त्री गज़नफ़र अली ने लाहौर में छात्रों के बीच वक्तव्य दिया है, "हम पाकिस्तान के अपने प्रिय लक्ष्य के लिए लड़ने के ख़ातिर पैर जमाने का स्थान बनाने के लिए अन्तरिम सरकार में आये हैं। अन्तरिम सरकार सीधी कार्रवाई की मुहिम के हमारे मोर्चे में से एक है।"

–तुमने इस पर जिन्ना साहब से बात की?

–स्पष्टीकरण माँगा है, पर अभी तक कोई जवाब नहीं आया है।

–सीधी कार्रवाई का विचार देश का विनाश कर देगा।

–बापू, यही कारण है जो लोग कभी सम्प्रदायवाद की दृष्टि से सोचते तक नहीं थे, वे भी आज सम्प्रदायवादी बन गये हैं। सर्वत्र पागलपन फैल रहा है।

एक जगह रहने का निश्चय करें या अलग होने का ऐसा उन्हें सद्भाव और समझौते की भावना से करना चाहिए।

किसी को यह नहीं पता इस भीड़ में कौन लीगी है और कौन कांग्रेसी लेकिन एक लम्बी दाढ़ी वाले मुल्ले के चेहरे पर एक प्रकार का भय पसरता दिख रहा था–कहीं दोनों कौमों में यह बूढ़ा जादूगर समझौता न करा दे। उसने मुख से आग उग़लते हुए कहा–आप नोआखाली क्यों जाना चाहते हैं? बम्बई, इलाहाबाद या छपरा तो आप नहीं गये? नोआखाली क्या आप इसलिए जाना चाहते हैं कि इन दूसरे स्थानों पर पीड़ित लोग मुसलमान हैं जबकि नोआखाली में हिन्दू हैं। क्या ऐसी हालत में आपके नोआखाली जाने से भारत के हिन्दू और मुसलमानों का मौजूदा तनाव नहीं बढ़ेगा?

–आपके बताये हुए किसी भी स्थान पर मैं अवश्य जाता, यदि नोआखाली जैसी भीषण घटनाएँ वहाँ हुई होतीं और मुझे यह लगता कि घटना–स्थाल पर उपस्थित हुए बिना मैं उन स्थानों के लिए कुछ नहीं कर सकता। अत्याचार और बलात्कार की शिकार बनी हुई नोआखाली की नारियाँ मुझे तुरन्त बुला रही हैं। मैंने निश्चय कर लिया है, जब तक उपद्रव की अन्तिम आग बुझ न जायेगी तब तक मैं बंगाल नहीं छोड़ूँगा।

कुछ देर रुक कर उन्होंने पुनः कहा–मैं एक बात बताना चाहता हूँ–मैं यहाँ पूरे वर्ष या इससे भी अधिक ठहर सकता हूँ। आवश्यक हुआ तो यहीं मरूँगा परन्तु मैं हार नहीं मानूँगा।

यदि मेरे सशरीर उपस्थित रहने का एकमात्र परिणाम केवल यह हो कि लोगों के अन्दर आशा और विश्वास की जागृति हो जाय, पर जिसे चरितार्थ करने के लिए मैं कुछ नहीं कर सकता तो अधिक अच्छा यही रहेगा कि मृत्यु मेरी आँखें बन्द कर दे।

कलकत्ता पहुँचते ही उनके अन्दर आकार लेता हुआ 'करो या मरो' का दृढ़ निश्चय कलकत्तावासियों के सामने अपने विराट रूप में प्रगट हो रहा था।

नोआखाली जाने की उनकी अधीरता इतनी अधिक थी कि कलकत्ते में एक दिन से अधिक रुकने की वे कल्पना भी नहीं कर सकते थे। कल ही बकरीद का त्योहार था–सामने खड़े बकरीद के त्योहार ने सुहरावर्दी को उनके पद की औकात बता दी–वह समझ रहा था भारी पद, भारी भरकम पुलिस और प्रशासन या सेना भी बकरीद में कलकत्ते को शान्त

जवाहर लाल चले गये... गाँधी को विश्वास है अपने जवाहर पर; वह भारत को सम्प्रदायवाद जैसे ज़हर से बचा लेगा। उन्हें पता है, नेहरू की संवेदनशील और सुसंस्कृत आत्मा सम्प्रदायवाद की कल्पना से ही काँप उठती है।

परन्तु अभी तो इन्तज़ार करना ही होगा। अभी अन्तरिम सरकार बनी है, यदि सरकार प्रशासन व्यवस्था सुचारु रूप से चलाने में सफल नहीं हो पायी तो ब्रिटिश सत्ता बैठी ही है, सफल सरकार चलाने के लिए। सरकार तो इन्हें चलानी ही होगी। उन्हें अब सेवाग्राम जाने की तैयारी भी करनी थी। वे उठ खड़े हुए।

उनका इस पर अतिशय विश्वास था कि ईश्वर की इच्छा के बिना पत्ता भी नहीं हिलता.... उसकी मर्ज़ी ही सब कुछ है। इसी से वे हमेशा ईश्वर से प्रार्थना किया करते थे, मुझे सब कुछ जानने की आंकाक्षा नहीं, बस एक पग बढ़ा सकूँ... इतना प्रकाश दिखा दे, बस एक डग बढ़ा सकूँ, उतना ही पथ दिखा दे।

कलकत्ता में सीधी कार्रवाई के बाद नोआखाली की भयंकर घटना ने पूरे देश को कालिमा की चादर में ढँक लिया था... उसी समय ईश्वर गाँधी की प्रार्थना सुनकर उन्हें एक पग बढ़ाने का रास्ता दिखा रहे थे।

उनके मित्र उस अन्धकार को देखकर बेचैन हो रहे थे। उनकी समझ में नहीं आ रहा था कि एक ओर नितान्त निराशा और साहसहीनता के नरक का और दूसरी ओर जानबूझकर चलाये जाने वाले झूठ और धोखेबाज़ी का गाँधी पर क्या असर होगा। कहीं वे आमरण अनशन न प्रारम्भ कर दें।

उनके उपवास से सबको डर लगता था... देशवासियों को ही नहीं, विदेशियों को भी। तभी तो कुमारी म्यूरियल लेस्टर भी डर रही थी, कहीं वे उपवास न प्रारम्भ कर दें। उन्होंने बहुत सोचने के बाद गाँधी को जो पत्र लिखा... उसे वे बहुत गौरपूर्वक पढ़ रहे थे।

—कृपया, आप उपवास आरम्भ न करें। न केवल अपने मित्रों की ख़ातिर, परन्तु उन गुण्डों की ख़ातिर भी, जिन्हें अपने बीच गाँधी की उद्धारक उपस्थिति की कहीं अधिक आवश्यकता है। गुरिलम लड़कों और बालकों के समुदायों को भी आज उनकी जीतनदृष्टि से उबारने के लिए एक जीवंतता अनुभव की आवश्यकता है...।

वह पत्र उस काली स्याह अँधेरी रात में भी गाँधी की जीवन्तता बनाये हुई थी... जिस जीवन्तता की आवश्यकता मिस लेस्टर की दृष्टि में उन आततायियों के लिए भी थी, जिन्होंने क्रूरता की सारी हदें पार कर दी थीं।

सूर्योदय के साथ ही गाँधी को लेकर जितनी आशंकाएँ थीं निर्मूल साबित हुईं। उन्होंने अपनी मंशा प्रकट कर दी। सेवाग्राम नहीं बंगाल जाना है, नोआखाली जाना है।

—नोआखाली...! सतीशचन्द्र दास गुप्त ने चौंकते हुए कहा।

—हाँ, मैंने निश्चय कर लिया है।

उनके निश्चय से अनभिज्ञ वहाँ बैठे तीनों जनों में कोई भी नहीं था, लेकिन कुछ रास्ता निकालने की चेष्टा करने में तो कोई हर्ज नहीं था। अब इन्हें नोआखाली जाने से कोई नहीं रोक सकता। यह बात तो तीनों समझ रहे थे, इसी से उन्होंने कहा—पहले हमें नोआखाली जाने दीजिए, उसके बाद ज़रूरत हो तो आप वहाँ जा सकते हैं। गाँधी के चेहरे पर करुण मुस्कान थी...

—अभी से अधिक कब ज़रूरत होगी?

—क्या आप बंगाल में साम्प्रदायिक पागलपन का जो ताण्डव चल रहा है, उसे रोकने के लिए उपवास पर बैठेंगे... शरतचन्द्र बोस ने चिन्तित होकर पूछा।

—नहीं... गाँधी ने संक्षिप्त उत्तर दिया। सतीश सेन के मन की दुश्चिन्ताएँ दूर हो गयीं, उनके मुख से निकला, बहुत अच्छा।

—अच्छा—बुरा नहीं जानता, परन्तु भीतर से ऐसा कोई आदेश मुझे नहीं मिल रहा है। उपवास यान्त्रिक रूप में नहीं किया जा सकता। यह शक्तिशाली वस्तु है, लेकिन इसे अकुशल ढंग से किया जाये तो यह खतरनाक भी है। इसके लिए पूरी आत्मशुद्धि चाहिए।

—मि. गाँधी ऐसी आत्मशुद्धि कहीं दिखायी नहीं पड़ रही, पूछने वाले विदेशी मेहमान के चेहरे पर भी निराशा का भाव था।

—ऐसी बात नहीं कि भारत से आत्मशुद्धि विलुप्त हो गयी है। आपने सुना ही होगा बम्बई में एक हिन्दू और एक मुसलमान ने पागल बनी हुई भीड़ के कोप का बहादुरी से सामना किया और दोनों बाहुपाश में बँधकर मर गये परन्तु एक—दूसरे का हाथ नहीं छोड़ा।

यह इकलौती घटना नहीं है। अहमदाबाद में रजब अली और वसन्त राव हेग्विटे ने भीड़ के क्रोध को शान्त करने के प्रयत्न में अपने प्राण न्यौछावर कर दिये हैं।

—लेकिन इससे क्या हुआ बापू? आग तो अभी भी धधक ही रही है।

—मैं क्षण भर के लिए भी नहीं सोच सकता कि वह सब व्यर्थ गया। आज भले ही हमें उसका असर दिखायी न देता हो। हमारी अहिंसा अभी तक पूर्ण शुद्ध नहीं बनी है। वह लँगड़ी है फिर भी वह है, मौन और अदृश्य रूप में खमीर का कार्य कर रही है।

—अब हमें भी आज्ञा दीजिए बापू कि इस आत्मशुद्धि यज्ञ में हम लोग भी हिस्सा ले सकें। शरतचन्द्र बोस, सतीशचन्द्र दास गुप्त और सतीश सेन के मुखमण्डल पर सत्याग्रही का गौरव झलक रहा था।

—आप लोग जाइए... मेरा आशीर्वाद है, और मैं यह भी बता दूँ कि कल ही मुझे आप तीनों के मरने का समाचार मिले तो मैं आँसू न बहाकर प्रसन्न ही होऊँगा।

—इस तरह मारा जाना हमारे लिए शुद्ध आनन्द की बात होगी, तीनों ने एक स्वर में कहा।

—परन्तु मेरे शब्दों का ध्यान रखना। उसमें किसी प्रकार की मूर्खता नहीं होनी चाहिए। आपको इसलिए जाना चाहिए कि वहाँ जाना आप अपना धर्म समझते हैं, इसलिए नहीं कि मैं कहता हूँ... गाँधी गम्भीर थे।

—यह कहने की ज़रूरत नहीं—साम्प्रदायिक आग का सामना करने जाने वाले तीनों मित्रों ने गाँधी से विदा लेते हुए एक साथ कहा।

2

प्रार्थना का समय भी हो रहा था। जनसैलाब उमड़ रहा था। उस जनसैलाब में प्रतिशोध की ज्वाला धधक रही थी, हिंसा की बू को कोई भी महसूस कर सकता था तो गाँधी कैसे अछूते रह सकते थे। इसी से उन्होंने प्रार्थना सभा में अपने हृदय के उद्गार को रखते हुए कहा—आपका स्नेह और आदर खो जाने का ख़तरा उठाकर भी मैं यह कह देना चाहता हूँ कि आपकी अहिंसा एक कायर की मानी जायेगी, यदि वह सबल अंग्रेज़ों के विरुद्ध ही प्रयोग हो और अपने भाइयों के ख़िलाफ़ हिंसा का उपयोग करें।

प्रार्थना में सरदार कब आकर बैठ गये... उन्हें पता नहीं चला। परन्तु प्रार्थना के बाद सामने सरदार को देखकर उन्होंने धीमे स्वर में कहा–तुम्हारा स्वास्थ्य तो ठीक है न, तुम हमेशा अपने स्वास्थ्य के प्रति लापरवाही करते हो..., मणि भी तुम्हारी शिकायत कर रही थी। स्वस्थ रहोगे तभी तो देश का ख़याल रख सकोगे।

–बापू, मैं क्या सुन रहा हूँ... क्या सचमुच आपने नोआखाली जाने का निश्चय कर लिया है? हम लोगों को कुछ नहीं बताया। सरदार के चेहरे पर चिन्ता की रेखा स्पष्ट दृष्टिगोचर हो रही थी।

–सरदार, बस मैं यह जानने का प्रयत्न कर रहा हूँ कि आज मेरा क्या धर्म है?

सामने 'एसोसियेटेड प्रेस ऑफ़ अमेरिका' के प्रतिनिधियों को देख सरदार ने कुछ नहीं कहा। गाँधी भी उनकी ओर मुखातिब हो गये–मि. पेस्टन, मैंने आपको अधिक इन्तज़ार तो नहीं कराया। अभी सरदार की गिरफ़्त में था किन्तु अब आप प्रश्न कर सकते हैं।

–मि. गाँधी आपने नोआखाली जाने का निश्चय किया है; किन्तु क्या मुसलमान आपकी बात सुनेंगे?

–मुझे पता नहीं..., मैं कोई आशा लेकर नहीं जाता हूँ, परन्तु मुझे आशा रखने का अधिकार है। जो आदमी अपना कर्तव्य करने के लिए जाता है, वह केवल यही आशा रख सकता है, कि ईश्वर उसे कर्तव्य पालन की शक्ति देगा।

–महात्मा जी, आपके ख़याल से इस प्रकार के उपद्रव भारत में कब समाप्त होंगे?

–आप विश्वास रखिए वे ख़तम होंगे। यदि ब्रिटिश प्रभाव यहाँ से हटा लिया जाये तो वे बहुत शीघ्रतापूर्वक समाप्त हो जायेंगे। जब तक ब्रिटिश प्रभाव यहाँ रहेगा तब तक मुझे दुख के साथ स्वीकार करना पड़ता है, कि दोनों पक्ष सहायता के लिए ब्रिटिश सत्ता की तरफ़ देखते रहेंगे।

सरदार बापू को साक्षात्कार देते हुए देखकर सोच रहे थे, असली लौहपुरुष तो बापू हैं। इस घनघोर अँधियारे में भी प्रकाश के लिए न सिर्फ़ आशान्वित हैं बल्कि प्रकाश लाने के लिए कृत–संकल्प भी दिखायी पड़ रहे हैं।

दीपावली की रात अमावस्या की कालिमा के बावजूद दीपक और लड़ियों के प्रकाश से जगमगा उठती है। आज के ही दिन राजा रामचन्द्र के

अयोध्यापुरी पहुँचने के स्वागत में प्रकाशोत्सव का पर्व सदियों से देश मनाता रहा है किन्तु आज हर्षोल्लास और उत्साह का यह पर्व विषाद और नैराश्य की चादर ओढ़े हुए है। बाहर कुछ उजाला है भी तो अन्तस में ख़ालीपन और अँधेरे के सिवा कुछ भी नहीं बचा है।

बंगाल के हज़ारों घरों में और अन्यत्र भी लूटमार, आगजनी, प्रियजनों की हत्या और स्त्रियों के साथ होनेवाले अत्याचार की घटनाओं के कारण अन्धकार गहराता जा रहा था। धर्म के नाम पर ऐसे कुकृत्य हो रहे थें, जिनसे शर्म के मारे मनुष्य का सिर झुक जाये और मानव स्वभाव में विश्वास डगमगा जाये।

इस घिनौनी घटना के पहले से ही देश में और ख़ासकर बंगाल में भुखमरी और नग्नता का बोलबाला था ही, उस पर से हिन्दू–मुस्लिम की आपसी लड़ाई ने देश को विनाश के कगार पर ला खड़ा कर दिया था।

आगजनी, हत्या और लूट की अपेक्षा अधिक गहरा आघात उन्हें स्त्रियों की करुण पुकार से लग रहा था।

वे सोच रहे थे–मृत्यु का महत्त्व नहीं है। महत्त्व इस बात का है कि मृत्यु का हम किस तरह आलिंगन करते हैं। यदि बहादुरी से मरें तो अपने भाइयों के हाथों मरना स्वीकार्य है परन्तु स्त्रियों का क्या कहा जाय, जो भगाकर ले जाई जा रही है जिनका बलात् धर्मभ्रष्ट किया जा रहा है? भारतीय नारियों को इतनी लाचारी क्यों महसूस करनी चाहिए?

वे अपनी डायरी निकालकर लिख रहे थे, सच तो यह है कि हमें मृत्यु का ग़म सबसे अधिक होता है और इसलिए हम अन्त में श्रेष्ठ पशुबल के सामने झुक जाते हैं, कुछ लोग रिश्वत का आश्रय लेते हैं, कुछ पेट के बल रेंगे या कोई स्त्री किसी पुरुष की वासना के सामने झुक जाये, यह जीवन के प्रति उसी मोह की जिजीविषा–निशानी है जो हमसे कुछ भी करा लेता है। इसलिए जो अपने जीवन की आहुति देने को तैयार हो वही उसकी रक्षा कर सकता है। जीवन का आनन्द लेने के लिए मनुष्य को जीवन का लोभ छोड़ना चाहिए। भारत आज अत्यन्त कठिन समय से गुज़र रहा है। असल में तो सारे संसार को संकट का सामना करने के लिए जिस चीज़ की आवश्यकता होती है वह है–निर्भयता।

उन्हें सूत्र मिल गया। 'निर्भयता' लिखने के बाद ही डायरी बन्द कर दी। सूत्र हाथ लग चुका था, सुबह के तीन बज चुके थे, बाहर दीपावली के कुछ दीप टिमटिमा रहे थे। टिमटिमाते दीप भी गहन अन्धकार में आशा के प्रकाश प्रतीत हो रहे थे तो गाँधी के हाथ में निर्भयता जैसा प्रकाशपुंज

हाथ लग गया था। वे मुस्कुरा उठे, अब देर करना ठीक नहीं, आज ही नोआखाली निकलना होगा।

सूरज की पहली किरण के साथ गाँधी नोआखाली जाने के लिए तैयार थे–उनके मुखमण्डल पर छायी आशा की किरणें, सूरज की किरणों से मेल खा रही थीं।

प्यारेलाल विस्मित होकर बापू को देख रहे थे। अभी तो सतीशचन्द्र दास गुप्त, शरतचन्द्र बोस और सतीश सेन पहुँच भी नहीं पाये होंगे। अभी कलकत्ते में दावानल जल ही रहा है तो नोआखाली के क्या हालात होंगे? प्यारेलाल नैयर से बिना कहे रहा नहीं गया।

–बापू, गृहमन्त्रालय को एक चेतावनी का पता चला है कि गाँधी जी और उनके दल को कलकत्ते में रेल से उतरने के बाद उनकी मोटर की खिड़कियों में से तेज़ाब फेंके जा सकते हैं जिसके लिए उन्हें तैयार रहना होगा।

आनन्द टी. हिंगोरानी सहम गये। गाँधी के बिना उनका क्या जीवन है? उनकी दुनिया दो लोगों से आबाद थी–एक उनकी पत्नी विद्या और दूसरे गाँधी। विद्या को खोने के बाद जीवन वीरान हो गया, जीने की लालसा समाप्त हो गयी थी। गाँधी की सूक्तियाँ न होतीं तो शायद वे जीवित न बचते। विद्या की मृत्यु के बाद उन्हें सांत्वना देने के लिए उनके आग्रह पर प्रतिदिन स्वयं सूक्तियाँ लिखकर देते थे। वे गाँधी को मौत के मुँह में जाने कैसे दे सकते थे?

–बापू क्या आपके लिए ऐसे ख़तरे उठाने ठीक हैं? और नोआखाली में आपक़ी निःशक्त उपस्थिति से दंगे के शिकार बने हुए लोगों की रक्षा हो सकती है?

–मैं नहीं जानता मैं वहाँ क्या कर सकूँगा। बस इतना ही जानता हूँ कि जब तक मैं वहाँ नहीं जाऊँगा तब तक मुझे आन्तरिक शान्ति नहीं मिलेगी। टी हिंगोरानी ने कोई उत्तर नहीं दिया।

आज की प्रार्थना सभा में अपार भीड़ थी... प्रार्थना–स्थल पर शान्ति के स्थान पर कलरव हो रहा था, 'गाँधी जी बंगाल जा रहे हैं, महात्मा जी बंगाल जा रहे हैं?'

–हाँ, मैं नोआखाली जा रहा हूँ। नोआखाली के लोगों के पास जाने के लिए मेरे भीतर जो प्रेरणा स्वयं उत्पन्न हुई है उसे मैं दबाना नहीं चाहता।

मैं जिस यात्रा पर जा रहा हूँ वह लम्बी और कठिन यात्रा है। मेरा स्वास्थ्य भी अच्छा नहीं है परन्तु अपना मार्ग सरल बनाने के लिए मानव

को ईश्वर पर विश्वास रखना होता है और अपने कर्तव्य का पालन करना होता है।

गाँधी को विदाई देने लगभग पूरा मन्त्रिमण्डल आ गया था—जवाहर लाल, पटेल, आज़ाद, राजेन्द्र बाबू। जवाहर लाल ने मुस्कुराते हुए कहा—बापू ने एक बार विचार कर लिया तो उसे बदलना मुश्किल है—इनके विचार को बदलने की भला किसमें सामर्थ्य है।

जवाहर, विचार दो प्रकार के होते हैं—निष्क्रिय और सक्रिय। निष्क्रिय विचार हमारे मस्तिष्क में असंख्य हो सकते हैं, जैसे सूर्य की किरणों में असंख्य कण होते हैं। वे निर्जीव अंडे की तरह हैं। उनका कोई मूल्य नहीं होता परन्तु एक ही सक्रिय विचार जो हृदय की गहराई से निकले जो मूलतः शुद्ध हो और प्राण की सम्पूर्ण शक्ति से पूर्ण हो तो वह गतिशील बनकर इतिहास का निर्माण कर सकता है।

—हम सबको पता है बापू आप इतिहास रचते रहते हैं और आज भी रचने जा रहे हैं, सरदार ने हँसते हुए कहा।

प्रेस की गाड़ी को देखकर गाँधी ने मुस्कुराते हुए कहा—बस मेरी एक अपील है लोगों तक मेरा यह अनुरोध पहुँचा दें कि कृपया वे स्टेशनों पर भीड़ न करें। भारत ने मुझ पर अपार प्रेम बरसाया है परन्तु अभी शान्ति बनाये रखें।

—महात्मा जी बस एक सवाल—आप नोआखाली किस भूमिका में जा रहे है?

—मैं बंगाल किसी का न्यायाधीश बनकर नहीं जा रहा। मैं वहाँ ईश्वर का सेवक बनकर जा रहा हूँ और जो ईश्वर का सच्चा सेवक है उसे ईश्वर की सारी सृष्टि का सेवक बनना पड़ता है।

पूरी सृष्टि का सेवक जब चलेगा तो सृष्टिकर्ता की सृष्टि उस सेवक को कैसे नहीं सिर माथे चढ़ये। सेवक की अपील स्वामियों ने ठुकरा दी। दिल्ली रेलवे स्टेशन पर अपार जन समूह के 'महात्मा गाँधी अमर रहे', 'महात्मा गाँधी की जय हो' के नारों से धरती से लेकर आकाश आच्छादित हो रहा था, अपने सच्चे सेवक के पैर स्पर्श करने के लिए भीड़ आपे से बाहर हो रही थी।

दिल्ली से रेलगाडी खुल गयी किन्तु इसका मतलब यह नहीं था कि भीड़ कम हो गयी थी या नियन्त्रित हो गयी थी—कोई भी बड़ा स्टेशन नहीं था जहाँ विशाल जन—समुदाय इन्तज़ार नहीं कर रहा था।

इलाहाबाद में भीड़ डिब्बों के छतों पर चढ़ गयी। भीड़ रेलगाड़ी की खिड़कियों के शीशे तोड़ रही थी–और उनके जयकारे से तो आसमान गूँज रहा था–गाँधी अपनी सेवकाई का सम्मान देखकर सोच रहे थे आज समझ में आ रहा है सच्चा दासत्व व्यक्ति को क्या से क्या बना देता है।

कानपुर से गाड़ी धीरे–धीरे सरक रही थी पर भीड़ थी कि मानने को तैयार नहीं थी। प्यारेलाल का हृदय काँप गया कोई हताहत न हो जाय; तभी भीड़ में से किसी ने रेलगाड़ी की ज़ंजीर खींच दी। प्यारेलाल ने राहत की साँस ली।

पटना रेलवे स्टेशन ने तो सबको हरा दिया–चम्पारण के गाँधी तो उनके विशेष अपने थे, उस पर बिहारियों के अतिरेक उत्साह वाला स्वभाव! जिस रेलगाड़ी में गाँधी थे उसके ऊपर–नीचे अगल–बगल चारों ओर झिंगुर की तरह बिहारीवासी लटक गये थे। तभी रेलवे कर्मचारियों ने ऊपर लगे पानी के नलों को खोल दिया, पर इससे उनकी दीवानगी पर क्या फ़र्क़ पड़ना था? उलटा यह हुआ कि डिब्बों के अन्दर पानी भर गया, अन्य लोगों को अपनी साड़ी, धोती समेटनी पड़ी। गाँधी को उतनी भी समस्या नहीं हुई क्योंकि उनकी धोती पहले से ही घुटनों तक सिमटी थी, वे दुखी थे, उदास भी। इन भोले–भाले श्रद्धालुओं की अनमोल श्रद्धा से क्या नोआखाली में सफलता मिल सकेगी? रेलगाड़ी पटना स्टेशन से धीरे–धीरे सरक रही थी, उन्होंने जेब धड़ी निकालकर देखा, रेलगाड़ी नियत समय से तीन घण्टे लेट हो चुकी थी। उनकी मंज़िल नोआखाली थी। ये सारे व्यवधान उन्हें अखर रहे थे।

उन्हें घड़ी पर नज़र डालते देख प्यारेलाल नैयर ने कहा–बापू आप कहें तो डिब्बे की रोशनी बन्द करवा दी जाय तो दर्शनार्थी हतोत्साहित होकर लौट जायेंगे।

–यह कैसे सम्भव है प्यारेलाल? जनसाधारण की सरल श्रद्धा का तकाज़ा है कि मैं अपनी सम्पूर्ण शक्ति से उनकी सेवा करूँ और उनके प्रति अपना कर्तव्य पालन करते समय अपने आराम को कभी प्रथम स्थान न दूँ।

जनसाधारण के प्रेम में कलकता पहुँचने में रेलगाड़ी को पाँच घण्टे की देरी स्वाभाविक ही थी।

भीड़ को चीरते हुए गाँधी जब मोटर में बैठ गये तब प्यारेलाल नैयर को शान्ति मिली, परन्तु पूर्णरूपेण नहीं। अभी भी उनकी दृष्टि चौकन्नी

होकर तेज़ाब फेंकने वाले को ढूँढ़ रही थी, परन्तु गाँधी शान्त थे... इतने शान्त जैसे प्रार्थना–स्थल में बैठे हों।

खादी प्रतिष्ठान आश्रम सोदपुर में एकत्रित लोग लगभग छह घण्टे से उनका इन्तज़ार कर रहे थे। श्रान्त क्लान्त मन खिल उठा जब गाँधी क्षमा याचना करते हुए कह रहे थे–मैं किसी निश्चित योजना के साथ कलकत्ता नहीं आया हूँ, परन्तु ईश्वर की इच्छा पूरी करने के लिए कोरा दिमाग़ लेकर आया हूँ। ईश्वर मुझे अगला क़दम बतायेगा।

वे सोच रहे थे समय बहुत कम है और कार्य बहुत अधिक, एक दिन यदि सत्तर–बहत्तर घण्टे का भी हो जाय तो भी शायद समय कम पड़े। वे आज का कार्यक्रम देख रहे थे।

–बापू अभी गवर्नर से मिलने का समय तय है, सतीश चन्द्र दास गुप्त ने उनके कमरे में प्रवेश करते हुए कहा। उनके साथ उनकी पत्नी हेगप्रभा दासगुप्ता भी थी।

–हाँ यह औपचारिकता तो निभानी ही होगी, कहते हुए गाँधी उठ खड़े हुए।

कलकत्ते के विशाल गवर्नर हाउस में गवर्नर ने अभिवादन करते ही दाता की मुद्रा में कहा–आप मुझसे क्या कराना चाहते हैं? उस दाता को शायद अच्छी तरह पता नहीं था इस अधनंगे फकीर की सच्चाई। तभी तो जैसे ही गाँधी ने कहा–महोदय, कुछ नहीं। महोदय का चेहरा स्याह पड़ गया। वह अपने कोट से रुमाल निकालकर चेहरे पर आयी झुँझलाहट को छिपाने की कोशिश करने लगा। गाँधी ने अपनी मंशा स्पष्ट कर दी–आज भले ही मेरी आवाज़ अरण्यरोदन जैसी हो परन्तु मैं मानता हूँ जब तक ब्रिटिश सेना यहाँ है तब तक हिन्दू और मुसलमान दोनों सहायता के लिए उसकी ओर देखते रहेंगे, तब तक उपद्रव जारी रहेगा।

औपचारिक मुलाक़ात में कुछ अधिक ही सत्य का प्रयोग हो चुका था। इसके बाद अनमोल समय का एक क्षण भी अपव्यय करना गाँधी को मंजूर नहीं था। अभी कलकत्ता के स्वामियों से संवाद भी स्थापित करना शेष था, लाखों से कम संख्या उनकी नहीं होगी। गाँधी उनके साथ अपना अनुभव साझा कर रहे थे।

–जब मैं वकालत का पेशा करता था तब भी अदालत से बाहर दोनों पक्षों को अपने झगड़े निबटा लेने में मदद दिया करता था। भारत में दोनों कौमों के बीच मेलजोल क्यों नहीं कराया जा सकता? परन्तु दोनों कौमें

नहीं रख सकता। उसके हाथ–पाँव फूल रहे थे। यदि इस बार नहीं सँभाल पाया तो हाथ से गयी मुख्यमन्त्री की कुर्सी। मुस्लिम लीग को भी पद से हटाने का एक ज़बर्दस्त मौक़ा मिल जायेगा। सुहरावर्दी आँखें बन्द कर अल्लाह को पुकार रहा था तभी आँखों और जेहन में गाँधी उतर रहे थे। वह दौड़ते हुए कमरे से भागा–ड्राइवर, अभी तुरन्त चलो, खादी सोदपुर आश्रम।

गाँधी चरखा कात रहे थे। आज ही नोआखाली निकलना था किन्तु चरखा कातने का समय नियत था, नियम कैसे तोड़ सकते थे? उन्हें पता है, जो अपने नियमों से जितना बँधा होता है वह उतना ही स्वतन्त्रता का आनन्द ले सकता है।

चरखा कातना बस अभी समाप्त हुआ ही था कि सामने सुहरावर्दी साहब को खड़े देखा–बंगाल का मुख्यमन्त्री किसी तानाशाह से कम अहंकारी नहीं था। एक–एक हिन्दू की दृष्टि में दंगे का सबसे अधिक जिम्मेदार यही था।

कल ही तो गाँधी की सुहरावर्दी से प्रथम मुलाक़ात हुई थी। गाँधी सामने बैठे थे और सुहरावर्दी ठीक सामने कोहनी के सहारे कुर्सी पर अधलेटा सा था, गाँधी के प्रति उपेक्षा का भाव था। परन्तु गाँधी को भी सत्य के प्रयोग करने की आदत या स्वभाव, प्रकृति ही बन गयी है, सामने बैठकर धीमी आवाज़ में सत्य कह रहे थे–'शहीद साहब, क्या बात है कि हर आदमी आपको गुण्डों का राजा बताता है। कोई भी आपके बारे में अच्छा नहीं कहता।' शहीद ने अपने बालों को झटकते हुए उपेक्षा के साथ तिलमिलाकर कहा था –महात्मा जी! क्या आपकी पीठ के पीछे भी आपके बारे में लोग तरह–तरह की बातें नहीं करते हैं?

–ऐसा हो सकता है कि फिर भी कम–से–कम कुछ आदमी तो ऐसे हैं जो मुझे महात्मा कहते हैं परन्तु मैंने अभी तक एक व्यक्ति भी ऐसा नहीं देखा जो शहीद सुहरावर्दी को महात्मा कहता हो गाँधी ने हँसते हुए कहा।

सुहरावर्दी पर जैसे इसका असर ही नहीं हुआ–टेढ़ा मुँह करते हुए बोला–महात्मा जी आपके सामने आपके बारे में जो कुछ कहते हैं उस पर विश्वास न करें।

सुहरावर्दी ने अपने मुँह को टेढा करते हुए जो मर्ज़ी कह दिया पर अन्तस में कुछ चटखा–इस महात्मा में कुछ तो अवश्य है तभी तो मुँह

पर बताने की हिम्मत रखता है और फिर भी ऐसा महसूस हो रहा है जैसे उसके मन का स्नेह और प्रेम, मन को आकृष्ट कर रहा हो लेकिन अहंकार कहाँ टिकने देता है ऐसी बातें–बाल झटकते हुए उसने इन मनोभावों को भी झटक दिया था।

परन्तु आज तो महात्मा जी ही एकमात्र इस कष्ट से मुक्ति दिलाने वाले मुक्तिदाता प्रतीत हो रहे थे तभी तो भागता हुआ खादी सोदपुर आश्रम में आकर विनीत भाव में खड़ा हो गया।

–शहीद सुहरावर्दी साहब आप और यहाँ? गाँधी ने अपने चश्मे के अन्दर से झाँकते हुए पूछा।

–महात्मा जी आपसे एक रिक्वेस्ट करने आया हूँ, आप नोआखाली जाने का प्रोग्राम आज रद्द कर दीजिए प्लीज़, दो दिन बाद चले जाइएगा।

–आप जानते हैं, नोआखाली में आग लगी हुई है नोआखाली मुझे पुकार रहा है, एक मिनट भी वहाँ जाने में विलम्ब करना घातक हो सकता है।

–परन्तु महात्मा जी यदि आप कलकत्ते से आज चले जायेंगे तो हो सकता है कलकत्ता न बचे। कल बकरीद के मौके पर धू–धू जल कर समाप्त हो जाय और अगर कलकत्ता नहीं बचेगा तो नोआखाली भी नहीं बच पायेगा।

–आप धमकी दे रहे हैं? शरत बोस की आवाज़ तेज़ हो गयी।

–धमकी नहीं बोस साहब! अर्ज़ कर रहा हूँ। महात्मा जी से अनुनय कर रहा हूँ।

–सुहरावर्दी साहब, मैं कलकत्ते में दो दिन तक रुकने को तैयार हूँ लेकिन मेरी एक शर्त है–नोआखाली में एक छोटी–सी भी वारदात नहीं होनी चाहिए।

–मैं पूरी कोशिश करूँगा–सुहरावर्दी ने अपनी आँखों को मींचते हुए कहा।

–नहीं शहीद साहब, कोशिश शब्द से काम नहीं चलेगा, आपको वहाँ पुख्ता इन्तज़ाम करना होगा और वहाँ दो दिन शान्ति बनी रहे, इसकी ज़िम्मेदारी सीधे आपकी होगी। गाँधी ने सुहरावर्दी की आँखों में झाँकते हुए कहा।

सुहरावर्दी की आँखें झुक गयीं परन्तु क्षण भर बाद ही पलकें ऊपर उठीं और थोड़ी–सी चमकीं–ठीक है आपकी शर्त मंजूर है। ख़ुदा हाफिज, निकलता हूँ, नोआखाली की व्यवस्था दुरुस्त करनी है।

गाँधी सुहरावर्दी को जाते देख रहे थे–व्यक्ति परिस्थितिवश कितना बदल जाता है। सतीश सेन गाँधी के निकट खिसक आये।

–बापू, आपको पता है इस व्यक्ति पर कोई विश्वास नहीं करता है। सबों की दृष्टि में यही व्यक्ति कलकत्ते के भीषण हत्याकाण्ड के लिए और दूसरे असंख्य दुष्कृत्यों के लिए ज़िम्मेदार रहा है।

–सतीश बाबू,, जिस व्यक्ति का मैं अपने प्रेम से हृदय परिवर्तन करना चाहता हूँ, उसका अविश्वास करके मैं अपने प्रयत्न का आरम्भ नहीं करना चाहता।

–परन्तु बापू, नोआखाली के लोगों की सुरक्षा भी ख़तरे में पड़ सकती है, हो सकता है, सुहरावर्दी आपका उपयोग कलकत्ते की शान्ति में कर ले और नोआखाली के लोगों की सुरक्षा ख़ातिर नगण्य क़दम उठाये। शरत बोस ने आशंका ज़ाहिर की।

–नोआखाली में शान्ति रक्षा करने का भार स्वयं शहीद साहब ने लिया है और उन्होंने मुझे शपथ–पूर्वक वचन दिया है यदि वहाँ कुछ भी हुआ, एक घटना भी घटी तो उनकी इज़्ज़त की बाज़ी लग जायेगी।

–बापू, ऐसे लोगों को वचन भंग करने में कितनी देर लगती है? हेमप्रभा देवी ने बकरी के दूध के गिलास को टेबल पर रखते हुए कहा।

–मान लेता हूँ, वे वचन भंग कर देते हैं, तो मैं यह ख़तरा उठा लूँगा। मेरे लिए यह श्रद्धा का विषय है कि यदि हम अपने विरोधी पर अविश्वास के लिए कारण होने पर भी आँखें खोलकर–न कि डर से–विश्वास करें तो विरोधी अन्त में हमारे विश्वास का बदला अच्छा ही देगा। बशर्ते हम अन्त तक सदा ईमानदारी का पालन करें। मैंने जीवन भर इस सिद्धान्त का अनुसरण किया है। दक्षिण अफ्रीका में जनरल स्मट्स ने शुरु में ही अविश्वास किया लेकिन मैंने सदा उन पर भरोसा किया और अपने वचन का शत–प्रतिशत पालन किया। जनरल स्मट्स मेरे उत्तम मित्र बन गये। अपनी बात समाप्त करते हुए वे अन्दर कमरे में चले गये।

सतीश चन्द्र दास गुप्ता आश्चर्यचकित होकर सोच रहे थे–कैसे अद्‌भुत और अनोखे व्यक्ति हैं; गाँधी जी ने परस्पर विरोधी लगने वाले ढंग से नोआखाली में शान्ति कायम करने का मिशन, नोआखाली नहीं जाकर, आरम्भ कर दिया और उसका इस्तेमाल किया जो जनसाधारण की मान्यता में नोआखाली के उपद्रवों का जन्मदाता जाना जाता था। अद्‌भुत कार्यशैली–कैसे हर व्यक्ति के साथ तादात्म्य स्थापित कर लेते हैं?

प्यारेलाल ने सोचनीय अवस्था में बैठे सेन साहब के कन्धे पर हाथ रखकर हँसते हुए कहा–सेन साहब, आप निश्चित रहें। बापू का नोआखाली का काम असरदायक ढंग से अपना काम प्रारम्भ कर चुका है और देखिए न ईश्वर की मर्ज़ी... प्रान्त के मुख्यमन्त्री और दंगे के सूत्रधार की ही इज़्ज़त नोआखाली की अशान्ति से जुड़ गयी है।

प्रार्थना–स्थल पर जाने से पहले बंगाल में साम्प्रदायिक मेल–जोल स्थापित करने के लिए एक समिति का गठन भी हो गया और उसके सभापति बनाये गये, शहीद सुहरावर्दी।

सुहरावर्दी पर कौन विश्वास करेगा, और करेगा भी कैसे?... करना आसान काम था भी नहीं... इसी से गाँधी को प्रार्थना सभा में कहना पड़ा–

–मैं जानता हूँ आप लोगों को मुख्यमन्त्री के ख़िलाफ़ बहुत–सी शिकायतें हैं परन्तु मैं उनके द्वारा दिये गये आश्वासन पर अविश्वास नहीं कर सकता। स्वर्णमार्ग यह है कि सारे संसार के साथ मित्रता की जाये और मानव परिवार को एक समझा जाये। जो अपने धर्म के अनुयायियों में और दूसरे धर्म के अनुयायियों में भेद करता है वह अपने सहधर्मियों को कुशिक्षा देता है और फूट तथा अधर्म का मार्ग खोल देता है।

आजकल सुबह का अख़बार पढ़कर अधिकतर मन आहत ही होता है... फिर भी समाचार तो जानना ही होगा। मॉर्निंग न्यूज़ में बिहार के दंगे की ख़बर से गाँधी सन्न रह गये। बिना एक क्षण गँवाये नेहरू को तार दिया–बिहार की क्या रिपोर्ट है? लौटती डाक से नेहरू का तार था–मैं, सरदार पटेल, लियाकत अली ख़ाँ पटना में हैं।

कलकत्ते में बकरीद शान्ति से निकल जाने से सुहरावर्दी ने भले ही राहत की साँस ली किन्तु बिहार की घटना ने प्रार्थना–स्थल पर आये समस्त जनों के चेहरे पर प्रतिशोध, मुर्दनी और दहशत का भाव तो अवश्य भर दिया था। गाँधी रफू करने की कोशिश कर रहे थे–प्रतिशोध न तो शान्ति का मार्ग है और न ही मानवता का, अगर आप थप्पड़ मारने वाले को क्षमा नहीं कर सकते तो उसे बदले में थप्पड़ लगा सकते हैं, लेकिन वह भाग गया तो बदले में उस धर्म, जाति या लिंग के किसी व्यक्ति को मार देना मनुष्य होने के गौरव को कलंकित करना है। ख़ून के बदले ख़ून का नारा देना वहशीपन है।

गाँधी समझ रहे थे बिहार की घटना ने नोआखाली में उनके कार्य को और अधिक कठिन बना दिया है, उन्हें विश्वास था अपने ईश्वर पर...

वह जिसे स्वीकार करता है उसकी अधिक कठिन परीक्षा लेता है... परीक्षा में कैसे सफल हों, वे इसका मार्ग ढूँढ़ रहे थे–तभी सोदपुर आश्रम के फ़ोन की घण्टी टनटनायी। वैसे आज दिन भर आश्रम के फ़ोन की घण्टी बज ही रही थी, उन्होंने लपककर फ़ोन का चोंगा उठाया।

–बापू, बिहार को भी साम्प्रदायिक दावानल ने अपनी चपेट में ले लिया है लेकिन इन लोगों का तर्क है झगड़े की शुरुआत मुसलमानों ने प्रारम्भ की है, उधर पण्डित नेहरू थे।

–वे ऐसा कह सकते हैं किन्तु उन्हें जानना चाहिए कि वे इस तरह के उत्तर देने के प्रलोभन में न पड़ें बल्कि अपना आत्म निरीक्षण करें। यदि वे लोग बदले की भावना के शिकार हो जायेंगे तो हिंसा की आग उन सबको जलाकर भस्म कर देगी।

–बापू, आप अपने स्वास्थ्य का ख़याल रखें, बिहार के मुख्यमन्त्री श्रीकृष्ण सिंह मुस्तैदी के साथ काम कर रहे हैं।

–जवाहर, मेरी सम्भव मृत्यु के बारे में एक क्षण का विचार किये बिना तुम अपना काम करते रहना। मुझे ईश्वर की दया पर छोड़ देना, चिन्ता तो करना ही मत। गाँधी ने फ़ोन का रिसीवर रख दिया।

3

शहीद सुहरावर्दी पूरी रात सो नहीं पाये, करवटें बदलते रहे। समझ में नहीं आ रहा था कि वे गाँधी की किन बातों का विरोध करें... वे समझ रहे थे इतनी शिद्दत से जो यह नापसन्द की आग... दावानल का रूप धरा है इसको गाँधी बुझा तो अवश्य देंगे। आग बुझ जाने से मुस्लिम लीग की मंशा भी बुझ जायेगी। वह पसीने से लथपथ हो रहा था।

–अब्बा हुज़ूर! अभी तक आप तैयार नहीं हुए हैं, क्या आप गाँधी जी के साथ नोआखाली नहीं जा रहे? सुहरावर्दी की बिटिया ने पूछा।

–नहीं बेबी मैं नहीं जा पाऊँगा... कुछ अत्यन्त आवश्यक काम आ गये हैं, बेटी से आँखें चुराते हुए सुहरावर्दी ने कहा।

–ये क्या अब्बू, काम तो हमेशा रहता है और रहेगा, किन्तु गाँधी जी के साथ रहने का मौक़ा तो अल्लाह की मेहरबानी से मिला है, इसे यूँ ही गँवा देंगे, आश्चर्यचकित होकर बेबी ने पूछा।

सुहरावर्दी सोच रहा था : बेबी क्या जाने काम हमेशा नहीं रहेगा। कब कुर्सी छिन जाये क्या पता? जिसे वह अल्लाह की मेहरबानी समझ रही है, लीग उसी को मुख्यमन्त्री की कुर्सी छीनने के लिए अल्लाह का कहर न बना दे। वह मन–ही–मन गुन रहा था–गाँधी को क्या कहकर मना करूँगा।

–अब्बू को मन–ही–मन गुनते देख बेबी को पापा की परेशानी समझ में आ रही थी। उसने धीरे–से कहा –कोई बात नहीं पापा मैं चीफ़ सेक्रेटरी अंकल और उनकी बेटी पिंकी के साथ चली जाऊँगी।

कितना ही बड़ा तानाशाह हो या अहंकारी अपने बच्चे के सामने निरुत्तर हो ही जाता है ख़ासकर उस समय जब सन्तान को दुख पहुँचाने वाली बात बतानी हो लेकिन बतानी तो पड़ती ही है। सुहरावर्दी ने समझाया–चीफ़ सेक्रेटरी भी नहीं जा पा रहे हैं, मेरे साथ उनको भी रुकना पड़ रहा है।

–कोई बात नहीं बाबा, पिंकी और मैं चली जाऊँगी... बेबी उत्साहित थी।

सुहरावर्दी कैसे बताये बिटिया को कि वह पर्दा नहीं करती और बिना पर्दे में वह जब गाँधी जी के साथ गाँव–गाँव घूमेगी तो कट्टरपन्थी मुसलमानों को आघात लग सकता है। धर्मान्ध मुल्लाओं का जिनके लिए नोआखाली बदनाम है, विरोध खड़ा हो सकता है। सुहरावर्दी अपनी कुर्सी को लेकर सजग था, एक रत्ती रिस्क लेने को तैयार नहीं था–बेबी आपको पता नहीं है नोआखाली में बहुत पर्दा है, बिना पर्दे के आप वहाँ आ–जा नहीं सकती तो फिर गाँधी जी के साथ कैसे घूम सकती हैं?

–अब्बू, नोआखाली में पर्दा प्रथा है तो मेरी क्या मजबूरी है पर्दे में रहने की। मैं पढ़ी–लिखी लड़की हूँ, पर्दे की मर्यादा समझती हूँ, फिर मुझे नोआखाली में हमेशा तो नहीं रहना है।

–तुम नहीं समझ रहीं पिंकी, देश में अभी कट्टरवादी ताक़तें बहुत मज़बूत और सक्रिय हो गयी हैं। अभी भावनाओं की आँधी चल रहीं है सब उसी में उड़े जा रहे हैं कोई तर्क–वितर्क सुनने को तैयार नहीं, बस इतना समझ ले कि तेरे नोआखाली जाने से तेरे बाबा की मुख्यमन्त्री की कुर्सी भी छिन सकती है।

बेबी इतनी भी अबोध नहीं थी कि इस अन्तिम बात के बाद भी ज़िद करती। मायूस होकर अन्दर चली गयी।

गाँधी नोआखाली के लिए चल पड़े। सुहारवर्दी ने एक विशेष ट्रेन की व्यवस्था की थी।

—मेरे लिए विशेष ट्रेन, यह देश का अपव्यय है, मैं इससे नहीं जा सकता, इसमें आम जन क्यों नहीं जा रहे हैं?

—महात्मा जी, इस रेलगाड़ी से मुख्यमन्त्री भी जाने वाले थे। अभी भी दो—दो मन्त्री आपके साथ जा रहे हैं, मुख्य सचिव ने बताया।

—अच्छा तो हमारे ग़रीब मुल्क में मन्त्रियों के लिए स्पेशल रेलगाड़ी चलाई जाती है? गाँधी के स्वर में वेदना और क्षोभ दोनों था।

—नहीं, हमेशा ऐसा नहीं होता है। परन्तु आपके जीवन पर ख़तरा है, बंगाल के कुछ लोगों के मन में भ्रम है आप केवल हिन्दुओं को बचाने के लिए नोआखाली आये हैं, इस बात को इतना प्रचारित किया गया है कि लोगों के मन में ज़हर भर गया है। हो सकता है रास्ते में कोई उस ज़हर के कारण आपको नुक़सान पहुँचाने की कोशिश करे। सरकार आपको लेकर कोई रिस्क लेने को तैयार नहीं है पुलिस सुपरिंटेंडेंट समझाने की कोशिश कर रहा था।

—रिस्क क्या, मैं तो उस दावानल के अन्दर ही प्रवेश करने वाला हूँ। मेरे लिए इतना चाक—चौबन्द प्रबन्ध करने की कोई आवश्यकता नहीं।

इंज़न सीटी दे रहा था। गाँधी और उनके सहयोगी रेलगाड़ी में चढ़ गये। श्रममन्त्री शमशुद्दीन अहमद ने अपने साथ दो संसदीय सचिव को भी ले लिया था, नसरुल्ला ख़ाँ और अब्दुल रशीद साहब को।

गाँधी आधी धोती में थे तो उनके सहयोगी मोटी खादी में पर ये तीनों साहब और अधिकारी महँगे सूट—बूट में, जो तभी तक अपनी चमक कायम रख सके जब तक आधी धोती और मोटी खादी की परछाईं उन पर नहीं पड़ी थी।

रेलगाड़ी गोयालन्दो तक ही जा सकती थी। गोयालन्दो के कुश्तिया में ही तो श्रममन्त्री शमशुद्दीन अहमद का घर था, शायद उन्होंने ही ख़बर भिजवाई होगी तभी तो इतनी संख्या में लोग इकट्ठे होकर खड़े थे।

—महात्मा जी, रेलगाडी की यात्रा यहीं तक, इसके बाद की यात्रा स्टीमर में तय करनी होगी। यहीं पर मेरा ग़रीबख़ाना भी है। अगर आप तशरीफ़ लाते तो अल्ला की रहम होती पर मैं जानता हूँ आपको नोआखाली पहुँचने की जल्दी है। शमशुद्दीन अहमद जब ऐसा बोल रहे थे, तब डॉ. सुशीला को न जाने ऐसा क्यों लग रहा था बेचारे मन्त्री जी द्वन्द्व में है कि गाँधी जी को अपने यहाँ ले जाना सही फ़ैसला होगा या ग़लत। मुस्लिम लीग... पता नहीं इसे किस रूप में ले।

गोयालन्दो में पदमा नदी का पाट कितना चौड़ा था। विस्तृत रूप में पसरी हुई, स्वच्छ जलधारा कल–कल बह रही थी। उसके किनारे खड़ा था, एस.एस.कीबी स्टीमर। चल पड़े जिधर दो डग, चल पड़े, उधर कोटि पग।

स्टीमर बीच पदमा की जलधारा को बाँटता हुआ चल रहा था–लेकिन उसके आगे बढ़ते ही क्षण भर भी नहीं लगता कि वह जलधारा एक हो रही थी। वे एकटक उस जलधारा को निहार रहे थे क्या... इस ख़ौफ़नाक मंज़र के समाप्त होने के बाद बँटे हुए हिन्दुओं और मुस्लिमों में इस जलधारा के समान आपस में मेलमिलाप हो जायेगा?

–बापू, सतीश सेन बापू की विचारधारा को भंग करना नहीं चाहते थे, परन्तु दो शिष्ट–मण्डलों को गाँधी ने ही स्टीमर पर मिलने का समय दिया था।

पहला शिष्टमण्डल मुस्लिम लीग का था, रोष में भरा हुआ, विरोध करने के लिए ही मानो मिलने आया था–आप कहाँ जा रहे हैं? चाँदपुर सब–डिवीज़न में कोई दंगा नहीं हुआ। चाँदपुर में शरणार्थियों की भीड़ का कारण झूठे अख़बारी प्रचार से पैदा होने वाली घबराहट थी।

गाँधी चुपचाप सुन रहे थे, वह बोलता जा रहा था–मुसलमानों के हाथों केवल पन्द्रह हिन्दू मारे गये जबकि उससे दुगुने मुसलमान सेना की गोली से मारे गये। मारने वाले सैनिक हिन्दू थे, लीगी नेता थोड़ी देर के लिए चुप हो गया।

–एक बात और महात्मा जी, जो मैं आपका बताना चाहता हूँ, मैं यहाँ का जन प्रतिनिधि हूँ, विधायक हूँ। मेरा यह कर्तव्य है आपको सच्चाई बताऊँ जो यही है कि हिन्दू लीगी सरकार को बदनाम करने के लिए पुनर्वास में बाधा पहुँचा रहे हैं।

उनकी आँखें, जो लोगों को बहुत अन्दर तक बेंधती थी, कुछ देर तक उन लोगों को देखती रहीं। सामने बैठे लोग जैसे घबरा उठे, अगल–बगल झाँकने लगे। उनकी दृष्टि स्थिर थी, वे धैर्यपूर्वक कह रहे थे–जो कुछ आप लोगों ने कहा, उसी को यदि सच मान लिया जाये तो इसका अर्थ हुआ कि मुसलमान निर्दोष हैं। झूठे प्रचार और पुलिस एवं सेना की ज़्यादतियों के कारण दंगे को उत्तेजना मिली। इसीलिए ये लोग यानि, पुलिस, सेना तथा घबराहट फैलाने वाले हिन्दू ही दंगों के सच्चे अपराधी हैं।

गाँधी की आवाज़ थोड़ी तेज़ हो रही थी–यह इतना बड़ा झूठ है कि क्या कोई भी इस पर विश्वास कर सकता है, हरगिज नहीं।

अत्यधिक प्रमाण देना अपराध स्वीकार करना होता है। यदि नोआखाली में दंगे नहीं हुए तो सेना को क्यों बुलाया गया? मुस्लिम लीगियों तक ने यह स्वीकार किया है कि यहाँ भयंकर घटनाएँ हुई हैं। उनका विरोध केवल आँकड़ों को लेकर है।

परन्तु मुझे संख्या की चिन्ता नहीं है। यदि स्त्रियों को भगाकर ले जाने, बलात् धर्म परिवर्तन करने अथवा ज़बर्दस्ती शादी करने की एक भी घटना घटी है तो वह प्रत्येक : पुरुष और स्त्री के लिए सिर लज्जा से झुका देने के लिए काफ़ी है। सही मार्ग यही है कि जो हुआ उसे स्वीकार कीजिए। बुरा काम करने वाले को ख़ुदा भी माफ़ नहीं करता।

विधायक के चेहरे का रंग थोड़ा–सा ही सहीं लेकिन उड़ा, उसने होंठों पर जीभ को फेरते हुए कहा–मैंने सुना है आगजनी और लूटपाट की कुछ घटनाएँ हुई हैं। परन्तु लूटपाट घरवालों के भाग जाने के बाद हुई है। वीरान घरों को देखकर लोभ का संवरण करना बदमाशों के लिए कठिन था।

गाँधी का स्वर तीखा हो गया–परन्तु लोग अपने घरों से भागे क्यों? सब कोई जानते हैं कि जिस घर में कोई न हो और जिसकी रक्षा न हो, उसे कोई–न–कोई ज़रूर लूटेगा। क्या कोई आदमी केवल लीग को बदनाम करने के लिए अपना सर्वस्व खो देने का ख़तरा उठाएगा ?

शिष्टमण्डल के एक सदस्य ने विनम्रता से कहा–महात्मा जी, निन्यानवे प्रतिशत मुसलमान अच्छे थे, एक प्रतिशत ने गुंडई की।

–यदि निन्यानवे प्रतिशत लोग सही थे, तो जो कुछ हुआ उसे उन्होंने सक्रिय रूप में नापसन्द किया होता तो एक प्रतिशत लोग कुछ भी नहीं कर पाते। भले लोगों को बुराई का सक्रिय विरोध करना चाहिए। उनका स्वर संयत हो रहा था, उन्होंने अपनी बात आगे बढ़ाते हुए कहना जारी रखा–मेरे हृदय में इस्लाम के पैगम्बर का आदर आपसे कम नहीं है परन्तु तानाशाही और बलात्कार किसी धर्म को भ्रष्ट करने का मार्ग है, न कि उसे आगे बढ़ाने का।

शमशुद्दीन ने भी गाँधी की बात का समर्थन करते हुए कहा–कुरान की आयतों में स्पष्ट लिखा है मजहब में कोई ज़बर्दस्ती नहीं हो सकती।

शिष्टमण्डल के सदस्य भले ही पूर्वाग्रह से ग्रसित थे किन्तु आश्चर्यचकित थे। आश्चर्य से उस अस्सी साल के बूढ़े को देख रहे थे जो कितनी निर्भीकता से उनकी भूलों को बता रहा था... और दिलचस्प बात यह कि न तो उसकी वाणी में न घृणा झलक रही थी और न रोष।

दूसरा शिष्टमण्डल हिन्दुओं का था, भयभीत डरे हुए, पीड़ित पक्षों के कार्यकर्त्ता।

—महात्मा जी, हिन्दुओं के साथ जो हुआ, उसका वर्णन करना आसान नहीं है, पुलिस और सेना भी समय पर नहीं आयी।

—पुलिस या सेना के बिना अगर आपका काम नहीं चल सकता तो आप बिने लड़े हार जाते हैं।

—सेना, पुलिस नहीं रहेगी तो हमें पल—पल अपमान का दंश झेलना होगा और रक्षा का तो सवाल ही नहीं उठता, काँपते स्वर में उस हिन्दू कार्यकर्त्ता ने अपनी बात कही।

उन्होंने उसके कम्पन को देख कर क्षुब्ध होकर कहा—जो लोग कायर हैं, उनकी रक्षा कोई नहीं करा सकता। जब तक आपको लगता है कि आपको अपमानित किया जा सकता है आपको अपमान से कोई नहीं बचा सकता।

शिष्टमण्डल के ही एक नवयुवक ने धीरे—से कहा—यहाँ तो हम सागर में बूँद जैसे हैं।

—यदि पूर्व बंगाल में एक ही हिन्दू हो तो भी मैं चाहता हूँ कि उसमें वह साहस हो कि वह मुसलमानों के बीच जाकर रहें और मरना हो तो वीर की तरह मरे।

दूसरे सदस्य ने धीमे स्वर में ही प्रतिरोध किया—गुण्डे तर्क नहीं समझते, महात्मा जी।

—परन्तु निर्भयता को समझता है, यदि आप उससे अधिक निर्भय हैं तो वह आदर करेगा ही। गाँधी ने क्षणभर रुक कर शमशुद्दीन की ओर मुखातिब होकर कहा—मन्त्री महोदय, सर्वप्रथम ज़िले के मजिस्ट्रेट मि. मैकिनैर्जी को पूरे ज़िले भर में एक नोटिस निकालने का आदेश दें। उस नोटिस में यह अपील हो कि हाल के उपद्रव शुरू होने के बाद जिस किसी ने इस्लाम स्वीकार किया है, उसका ज़बर्दस्ती धर्म परिवर्तन हुआ है, वह वास्तव में हिन्दू ही है।

दोनों शिष्टमण्डलों के सदस्य, मन्त्री और सचिव ही नहीं... स्टीमर पर सवार सभी लोग अवाक् थे, क्षीण काया वाला यह वृद्ध... इसी संसार का है या किसी अन्य लोक से आया है, मन्त्री शमशुद्दीन सिर हिलाता हुआ सचिव को नोटिस निकालने का निर्देश दे रहा था। स्टीमर सौ मील की दूरी तय करके चाँदपुर के तट पर धीरे—धीरे सरकता हुआ किनारे लग रहा था।

चाँदपुर पहुँचने के पहले सरदार पटेल का तार वहाँ पहुँचकर गाँधी की प्रतीक्षा कर रहा था। उन्होंने तार पढ़ते ही उसका जवाब तैयार तो कर लिया परन्तु उसको भेजना मुश्किल हो रहा था। किसी तरह बड़ी मुश्किल से चाँदपुर से निकलने के पहले इन्तज़ाम हो पाया।

चाँदपुर से लक्षम पहुँचने के बाद मन इतना दुखी हो जायेगा उन्हें भी नहीं पता था। शरणार्थी कैम्प में पहुँचकर स्थितप्रज्ञ गाँधी भी स्थिर नहीं रह पाये, भाव विह्वल हो गये—इतनी बड़ी शरणार्थी छावनी.. इतने बेहाल लोग? स्त्रियों की इतनी कारूणिक दशा! वे भीगे नेत्रों से अपनी बात रख रहे थे—मैंने प्रण कर लिया है कि मैं बंगाल तब तक नहीं छोड़ूँगा जब तक कि यहाँ पुनः शान्ति स्थापित नहीं हो जायेगी और किसी अकेली हिन्दू लड़की में भी मुसलमानों के बीच आज़ादी से घूमने—फिरने की हिम्मत नहीं आ जायेगी।

स्त्रियों की आँखों से झरते आँसुओं को देखकर उन्होंने कुछ क्षण ठिठककर कहा—आप यह न समझें कि मैं आपकी मदद करने आया हूँ, मैं तो आपसे सहायता माँगने आया हूँ और आप सबसे बड़ी सहायता यह दे सकते हैं कि आप अपने हृदय से भय को निकाल दें और वह कौन—सा जादू है जो आपको निर्भय बना सकता है, वह जादू है—राम नाम। ईश्वर सदा शुद्ध लोगों के हृदय में निवास करता है। यदि आप उनसे डर कर चलें तो पृथ्वी पर और किसी से डरने की आपको ज़रूरत नहीं है। अल्लाह हो अकबर के नारों से भयभीत क्यों होना चाहिए? इस्लाम का अल्लाह और हिन्दुओं का राम एक ही है।

—भय लगता है, कहाँ जाऊँ, साड़ी से ढँके मुख से ही हिचकी लेती हुई एक स्त्री ने धीरे—से कहा।

—राम के नाम पर विश्वास रखें, वह निर्दोषों का रक्षक है। अगर राम नाम में आपको विश्वास हो तो आप पूर्व बंगाल छोड़कर जाने का विचार नहीं करेंगे। ख़तरे का सामना करने के बजाय उससे भागना मनुष्य में, ईश्वर में और अपने में भी श्रद्धा का अभाव सूचित करना है।

उनकी वाणी का असर था या राम के नाम का जादू यह तो नहीं पता पर चारु चौधरी को लग रहा था, कुछ तो हो रहा है जो कुछ समय पूर्व तक नहीं था। कुछ ऐसा परिवर्तन, जिसमें शोकग्रस्त चेहरे का अवसाद छँट रहा था।

गाँधी शरणार्थी छावनी से निकल गये–कितना कठिन है इस दौर का सामना करना, यदि ईश्वर पर विश्वास नहीं रहता तो कहाँ सम्भव है इस भीषण काण्ड को देखकर मन पर संयत रखना।

–बापू, यहाँ से चौमुहानी के लिए आधे घण्टे बाद ट्रेन है–चारु चौधरी ने धीरे–से कहा।

वे चारु चौधरी को अपलक निहार रहे थे, सोदपुर आश्रम का तपा हुआ सत्याग्रही कितना अलग दिखता था जैसे परोपकार में ही शरीर तपकर कुन्दन बन गया हो। नवयुवक चारु चौधरी अपने स्वयंसेवकों को कुछ निर्देश दे रहा था।

चौमुहानी स्टेशन पर सुचेता कृपलानी खड़ी थी... उदास और करुण मुख के साथ... गाँधी को देखते ही आँखें चमकीं, गाँधी भी मुस्कुरा दिये। कठिन घड़ी में होंठों पर मुस्कुराहट लाना कम बड़ा दुर्बध्य नहीं है... लेकिन आशावादी व्यक्ति के लिए यह दुर्बध्यता समाप्त हो जाती है।

–बापू! सुचेता कृपलानी का गला भर आया, आँखों की चमक भले ही लौट आयी थी किन्तु हृदय का सन्ताप कम नहीं हो रहा था, अभी–अभी चौमुहानी के गाँवों का दौरा करके लौटी थी...।

बापू ने सिर पर हाथ रखते हुए कहा–ईश्वर हमारी कठिन परीक्षा ले रहा है।

गाँधी धीरे–धीरे पग बढ़ा रहे थे। वर्षा के बाद बदबू ही बदबू थी; नाक पर रुमाल रखे बिना चलना–फिरना दुष्कर हो रहा था। सभी लोगों के चेहरे पर आतंक, क्रोध, निराशा–और भय का साया लहराता दिख रहा था। उन्हें देखते ही शरणार्थियों की भीड़ उनकी ओर दौड़ी, जैसे कोई तारणहार आ गया।

–इतनी सड़ाँध, इतनी बदबू... इसमें मनुष्य कैसे रह सकता है? गन्दगी देखकर वे सामान्य नहीं रह पाते थे।

–क्या किया जाये बापू, मज़दूर न पैसे से मिलते हैं और न प्रेम से... हम लोगों ने कोशिश की थी... वैसे यहाँ के बारे में चारु चौधरी अधिक अच्छी तरह बता पायेंगे।

–गन्तव्य पर पहुँचकर सुनूँगा, चारु चौधरी से नोआखाली का इतिहास, भूगोल और वर्तमान, कहते हुए उन्होंने अपनी चाल तेज़ कर दी।

चारु चौधरी ने नोआखाली का इतिहास, भूगोल, वर्तमान सब कुछ बता दिया। इस स्थान का गहन अध्ययन किये बिना इतनी अच्छी जानकारी

प्राप्त करना सरल कार्य नहीं है। कैसा होगा मियाँ गुलाम सरवर..? विधायक, होकर, जनप्रतिनिधि होकर कैसे इस तरह के कुकृत्य किये होंगे? आधुनिक इतिहास में इससे भयावह कृत्य आज तक नहीं हुए, और स्त्रियाँ। उनके साथ जो कुछ हुआ उस दुर्दशा को उन्होंने कैसे झेला होगा? गाँधी का शरीर पसीने से लथपथ हो रहा था वे बुद बुदा रहे थे—भारत की स्त्रियाँ आप हमेशा से क्षमाशील रही हैं... आपकी क्षमाशीलता को पुरुषों ने आपकी कमज़ोरी समझा है लेकिन आज जो कुकृत्य आपके साथ हुआ है... उस पाप की आग में जलने से कोई नहीं बचेगा। उनका चेहरा आँसुओं से तरबतर हो रहा था, और मन विचारों की गहनता में डूब रहा था। सत्ता के लिए धर्म की आड़ सदियों से ली जा रही है और आज भी... एक बार उसी धर्म की आड़ में इतने जघन्य अपराध और कुकृत्य हो रहे हैं।

पद, पैसा और पावर के लिए ख़ून की नदियाँ बहा दी गयीं। कितना दुखद है! यह त्रासदी अचानक घटित नहीं हुई। यह अप्रत्याशित और संयोगवश नहीं हुआ। लीगियों को जब कलकत्ता में आशातीत सफलता नहीं मिली, तब इस हरे—भरे इलाक़े का चयन हुआ। चारु चौधरी ने बताया था नोआखाली में बयासी प्रतिशत मुस्लिम हैं इसलिए लीगियों ने इस स्थान को डायरेक्ट एक्शन के लिए चयन किया।

कैसा समाज है हमारा और कैसे हैं हमारे नेता? जिन्हें नहीं पता किसी देश की सभ्यता इस बात पर कितनी निर्भर करती है कि उस स्थान पर अल्पसंख्यकों की क्या स्थिति है? पूरी दुनिया के सामने भारत माँ के मुख पर कैसी कालिख पोत दी गयी, कौन मानेगा हमारे देश को एक सभ्य देश?

गाँधी विचार कर रहे थे क्या सिर्फ़ बयासी प्रतिशत मुस्लिम के होने से नोआखाली में सीधी वार का ख़ूनी खेल खेला गया? चारु चौधरी ने ही तो बताया था यहाँ हिन्दू—मुस्लिम में सम्पत्ति का वितरण बहुत ही असन्तुलित है। अठारह प्रतिशत हिन्दुओं के पास चौंसठ प्रतिशत धन और ज़मींदारी और बयासी प्रतिशत के पास मात्र छत्तीस प्रतिशत सम्पत्ति।

वे काँप गये, इतना असन्तुलित धन का बँटवारा... नोआखाली तो बारूद की ढेर पर बैठा था, बस एक चिंगारी की आवश्यकता थी। लीगियों ने धर्म की चिंगारी सुलगा दी और सब कुछ जलकर राख हो गया।

उसी समय उनके जेहन में दक्षिण अफ्रीका का फ़िनिक्स आश्रम कौंधा। फ़िनिक्स का अर्थ एक ऐसा पक्षी जो राख से पुनः उत्पन्न हो जाता है।

क्या नोआखाली के राख से पुनः फ़िनिक्स का नव जन्म होगा? इस भयंकर समस्या का निदान क्या, कब और कैसे होगा...?

4

हरेन घोष चौधरी विधायक हैं। सच्चे जनप्रतिनिधि माने जाते रहे हैं, अभी के पहले तक हिन्दू हो या मुस्लिम जनता, मानती आ रही थी सभी जन प्रतिनिधियों को हरेन घोष की तरह होना चाहिए। यह अलग बात है कि उनके बाप–दादाओं के पास हज़ारों बीघा ज़मीन थी, वह भी नोआखाली में ही। आज वे भी गाँधी के पास विनीत भाव में खड़े थे। उनके कन्धे पर एक थैला टँगा था, साधारण कार्यकर्त्ताओं की तरह, उस थैले से वे कागज़ात निकाल रहे थे, वे सब रजिस्टर्ड डाक्यूमेंट से दिखायी पड़ रहे थे।

चारु चौधरी सोच रहे थे जिस व्यक्ति के पास जितनी अधिक ज़मीन–जायदाद है, उतनी आफत है... एक तो सँभालना मुश्किल उसके ऊपर मुक़दमेबाज़ी लगी ही रहती है। हरेन घोष चौधरी कागज़ात को कभी अन्दर रख रहे थे तो कभी बाहर–प्यारेलाल नैयर ने पूछ ही लिया–क्या बात है चौधरी महोदय ? आप इन कागज़ातों को बापू को दिखाना चाहते हैं?

–हरेन घोष ने धीरे–से कहा–दिखाना नहीं देना चाहता हूँ।

–क्या–गाँधी ने पूछा।

–अपनी समस्त ज़मीन, दो हज़ार बीघा से ऊपर है, मैंने आपके नाम रजिस्ट्री कर दी है... अब इसे जैसे चाहें, जो करें... दानकर्त्ता की नज़रें झुकी थीं।

–इतनी ज़मीन मेरे नाम...? क्या इतनी ज़मीन किसी व्यक्ति के पास होनी चाहिए? आपके पूर्वजों ने इतनी ज़मीन इकट्ठी की... उन पर क़ानूनन भले ही आपका हक है, लेकिन आध्यात्मिक रूप में यह अन्याय है। इतनी ज़मीनें सार्वजनिक होनी चाहिए... संस्थाओं की होनी चाहिए, जिसमें उन सभी परिवारों का पोषण होता हो जो उन संस्थाओं से जुड़े हैं। आपने ज़मीन का त्याग करके यह साबित कर दिया कि आप सच्चे सर्वोदयी हैं।

परन्तु हरेन घोष जी, आपको तो पता ही है मेरी व्यस्तता और ज़मीन जायदाद सँभालने की मेरी अयोग्यता... आप इसका एक ट्रस्ट बना दें और चारु चौधरी को उसका अध्यक्ष... आपने जो ज़मीन मुझे लिखी है मैं उसे

ट्रस्ट के नाम लिख देता हूँ। चारु चौधरी नौजवान है, इस दायित्व को इन्हें ही सँभालने दें। एक ट्रस्टी के रूप में ज़मीन को इनके नाम करना श्रेयस्कर होगा, मैं वही करने की अनुशंसा करता हूँ।

चारु चौधरी कुछ नहीं कह पाये, कुछ मिनट पूर्व जिस ज़मीन को वे आफत मान रहे थे, वह उनके गले मढ़ने की बात तो दूर, उनके ही गले की हार बन गयी, क्योंकि अब यह एक अकेले के लिए नहीं थी—सर्वोदय के लिए थी।

—चारु, गाँधी ने आवाज़ दी।

—जी, चारु चौधरी की आँखें डबडबा गयीं।

—समय बहुत कम है, सर्वोदय का मतलब जानते हो न 'सबों का उदय'। कैसे होगा सबका उदय, इसके लिए सबसे पहले हम लोगों को मज़दूर बनना होगा, शारीरिक श्रम करना होगा—उनकी बात समाप्त होते ही... वहाँ पर उत्साह का संचार होने लगा।

कार्यकर्त्ता टोकरियाँ, झाड़ू और फावड़े लेकर निकल पड़े। कोई मेहतर का काम कर रहा था, कोई मज़दूर का, सबसे आश्चर्यजनक बात यह थी कि बिना किसी भेद—भाव के काम में जुट गये वे सब के सब, जिन्हें अभी तक पता नहीं था कैसे नोआखाली का कष्ट निवारण हो।

चारु चौधरी और उनके साथी स्वयंसेवक विधायक हरेन घोष चौधरी के नेतृत्व में नोआखाली उद्धार, कष्टनिवारण तथा पुनर्वास समिति का गठन होने से प्रभाव नहीं पड़ता अगर समिति गाँधी की सिखाई रचनात्मक कार्यपद्धति को कार्यान्वित करने में नहीं जुट पड़ती।

प्यारेलाल के हाथ में कुदाल था, तो सुचेता कृपलानी के हाथों में डलिया, चारु चौधरी के हाथ में फावड़ा तो हीरेन घोष के हाथ में खंती थी तो गाँधी, कैसे ख़ाली हाथ रह सकते थे... उन्होंने भी खुरपी उठा ली।

गाँधी को इस बात की अच्छी तरह जानकारी है कि जब भी वे किसी भी काम को करने आगे बढ़ते हैं तो एक चमत्कार होता है... लोग उस काम को करने ऐसे दौड़ते हैं जैसे नदी की धारा समुद्र की ओर। फिर भी प्यारेलाल ने बापू से अनुनय किया—हम लोग कर लेंगे... आप दूसरे काम निपटा लें।

ठीक है, तो मैं शौचालयों की सफ़ाई कर लेता हूँ, तुम्हें तो पता है मुझे इस कार्य में कितना आनन्द आता है। अब कोई क्या करे और कहे भी तो क्या?

सड़कें इतनी टूटी–फूटी हुई थीं कि उस पर पाँव पैदल चलना भी मुश्किल था, सबसे पहले सड़कों की मरम्मत शुरू की... और मरम्मत भी ऐसी कि सड़कें पहले से भी बेहतर बन गयीं।

–एक प्रार्थना–स्थल भी तो बनाना होगा, सतीश दास गुप्त ने कहा।

–है तो वह बड़ी–सी खुली जगह लेकिन उसमें बहुत बड़े–बड़े गड्ढे हैं, सच कहें तो पूरी ज़मीन ही ऊबड़–खाबड़ है–समतल करना होगा... हीरेन घोष ने कहा।

–घोष दादा, आप चिन्ता न करें, हम और हमारे साथी कर लेंगे यह सब, अब आप लोग छोड़ दें बहुत थक गये हैं, चारु चौधरी ने उत्साहपूर्वक कहा।

कौन विश्वास कर पाता अभी कुछ देर पहले यहाँ कैसी विध्वंसक स्थिति थी, जिसने उस भयावनी सूरत को नहीं देखा होगा, उसके लिए विश्वास करना अविश्वसनीय था। काम सचमुच कठिन और मुश्किल था, किन्तु कठिनाई हल होती गयी। जिन्हें शंका थी वे भी प्रभावित हो रहे थे। अदृश्य रूप में उदासीनता और निराशा का भूत तेज़ी से भाग रहा था।

निताई गौर... हम लोग भी हाथ बँटायें... शरणार्थी कैम्पों से निकलकर एक नवयुवक आया, उसके गले में कण्ठी थी... चैतन्यदेव का अनुयायी था। पहले वह आया, उसके पीछे दूसरा और दूसरे के पीछे तीसरा... और तीसरे के पीछे हज़ारों स्त्री–पुरुष...! कैसा अद्‌भुत दृश्य उपस्थित हो रहा था? जिसकी कल्पना इतनी जल्दी करना दिवास्वप्न ही था।

मैं भी आऊँ... एक दाढ़ी वाले नौजवान कासिम ने पूछा, तभी उसको दूसरे मित्र रसीद ने टोका–लीग के नेताओं को पता चलेगा तो भुगतना परिणाम। दाढ़ी बाला नवयुवक रुक गया।

सामने समतल विस्तृत फैला हुआ प्रार्थना–स्थल... लोगों के मन में साहस भर रहा था। दमघोंटू वायुमण्डल में प्राणप्रद ताजे वायु का संचार हो रहा था।

अव्यवस्था में से व्यवस्था को जन्म लेते देखकर सुचेता कृपलानी की आँखें... सुखद आनन्द से भर गयीं, वहीं आकर बैठ गयीं जहाँ गाँधी पीड़ितों से बात कर रहे थे। एक नवयुवक प्रश्न कर रहा था–मौजूदा परिस्थिति में हम लोगों में सुरक्षा और आत्मविश्वास कैसे हो?

–बहादुरी से मरना सीखकर... गाँधी उत्तर दे रहे थे।

–अपना रोष, अपना क्रोध हम किस पर निकालें ? मेरा मन हमेशा आक्रोशित रहता है, दूसरे नवयुवक ने कहा।

—कायरता पर... गाँधी ने शान्तिपूर्वक जवाब दिया।

महिला कार्यकर्त्ता सीमा विश्वास बहुत देर से चुप—चाप सुन रहीं थी उसके मन में भी सैंकड़ों सवाल उठ रहे थे

—महात्मा जी मैं कभी क्रान्तिकारी थी, किन्तु आज ख़ूनखराबा से कोई रिश्ता नहीं है, मैं आपसे जानना चाहती हूँ, निराश्रितों के पुनर्वास के बारे में आपके क्या विचार हैं?

—उन्हें आसाम और पश्चिम बंगाल न भेजकर उनके भीतर साहस का संचार करना चाहिए ताकि वे निर्भय हो अपने घरों में रह सकें।

—यह कैसे सम्भव है? महिला ने आश्चर्यचकित होकर कहा।

—तुम्हें उनके बीच जाकर कहना चाहिए—तुम लोगों का बाल—बाँका भी नहीं होगा, जब तक हम में से एक भी जीवित है। ऐसा कर पाओगी तभी तुम पूर्व बंगाल में वीरांगनाएँ उत्पन्न कर सकोगी। बिहार में चौदह प्रतिशत मुसलमान हैं, वे नहीं भाग रहे।

—उन्हें पता है उन्हें कोई नहीं सताएगा, महिला ने तर्क दिया।

—वहाँ भी हत्याएँ हुई हैं, स्त्रियों पर भी अत्याचार हुए हैं। गाँधी सोच रहे थे, शायद वहाँ की सरकारें दंगे कराने में कोई भूमिका नहीं निभा कर रही हैं... परन्तु नोआखाली में तो सरकार का खुला समर्थन ही नहीं, हाथ भी है।

उस महिला के कान में दूसरी महिला ने जो कुछ कहा उसने गाँधी से पूछा—यदि सरकारें राशन न दें...

—राशन ख़रीदा जा सकता है, पर स्वाभिमान और प्रतिष्ठा नहीं। वह आह्लादित हो रही थी।

—महात्मा जी आपने हमारे सामने एक नयी दिशा खोल दी है। हमारी रगों में मानो नया ख़ून दौड़ने लगा है।

चौमुहानी का प्रार्थना—स्थल समतल होकर और भी अधिक विस्तृत नज़र आ रहा था। उतना बड़ा मैदान खचाखच भर गया था। स्त्री—पुरुष, बाल—वृद्ध... सभी इस आश्चर्यजनक व्यक्ति को देखने आये थे या सुनने, वो तो वही जाने... किन्तु प्रार्थना—स्थल में तिल रखने भी की जगह नहीं थी। बीस हज़ार से कम लोग नहीं होंगे... और उनमें अस्सी प्रतिशत मुस्लिम थे। चौमुहानी की कुल आबादी पाँच हज़ार थी... तो इसका मतलब साफ़ था कि पचहत्तर प्रतिशत बाहरी लोग थे, बाहरी मतलब यही अगल—बगल के

गाँवों से... आने वाले लोग ही रहे होंगे। वे सभी गाँधी को ध्यानपूर्वक सुन रहे थे–मैं आपके साथ क्रोध से नहीं दुख से बात करने आया हूँ। जब से मैं बंगाल आया हूँ तभी से मुस्लिम अत्याचारों की भयानक कहानियाँ सुन रहा हूँ। शहीद सुहरावर्दी और उनका पूरा मन्त्रिमण्डल इसकी निन्दा कर चुका है। मैंने इस्लाम का अध्ययन किया है–इस्लाम शब्द का अर्थ ही अमन या शान्ति है। सलाम अलैकुम का अर्थ है–तुम्हें शान्ति मिले। नोआखाली और टिपरा में जो घटना घटी, इस्लाम में उसकी इजाज़त नहीं। आपको यहाँ के अल्पसंख्यकों की रक्षा में खड़े हो जाना चाहिए था और हिन्दू स्त्रियों से कह देना चाहिए था, जब तक तुम यहाँ हो कोई तुम पर बुरी नज़र डालने की हिम्मत नहीं कर सकता।

लीगी मन्त्री शमसुद्दीन भी गाँधी की बात का समर्थन कर रहा था–जहाँ मुसलमानों का बहुमत है वहाँ हिन्दुओं को क़त्ल कर देने से पाकिस्तान बनाम हिन्दुस्तान मसला तय नहीं होगा। अपने नाम को सार्थक करने वाली सरकार चुपचाप तमाशा नहीं देखेगी। बलात् धर्मपरिवर्तन अथवा जो बुरी बातें हुई हैं वे इस्लाम के विरुद्ध हैं। गुण्डों का पता लगवाने और सज़ा दिलवाने में सरकार की मदद करें। मुझे आशा है कि कौमी आग की इस राख से बंगाल में स्थायी हिन्दू–मुस्लिम एकता की इमारत फिर से खड़ी हो जायेगी।

कासिम ने रशीद की ओर देखा, रशीद ने सिर पर हाथ मारते हुए कहा–ये राजनेता लोग तो गिरगिट से भी अधिक तेज़ी से रंग बदलते हैं। अब्बू ठीक कहते है पॉलिटिशियनों से सौ हाथ की दूरी ही रखो, कब क्या पैंतरा बदलें किसी को भी नहीं पता।

–पर मैं तो चला... महात्मा जी के पास... वे सत्य ही तो कह रहे हैं, मुस्लिमों को हिन्दुओं के घरों की मरम्मत कर प्रायश्चित्त करना चाहिए। कासिम के चेहरे पर पश्चात्ताप झलक रहा था। कासिम उठकर चला गया... रशीद उसे गौर–पूर्वक देख रहा था... कासिम आज कुछ बदला हुआ लग रहा था।

गोपार्दूरबाग़ गाँव, हर जगह धान के हरे–भरे खेत लहरा रहे थे। गाँधी उन हरी–भरी लहलहाती फ़सलों को देखकर सोच रहे थे–फ़सल कितनी अच्छी है परन्तु प्रकृति की इस उदारता को मानव की घोर निर्दयता ने कितना कलंकित कर दिया है।

ठीक सामने सुपारी और नारियल के पेड़ों के घने कुंजों के बीच एक मैदान में हिन्दू परिवारों के झोंपड़े के पाँच समूह दिखायी पड़ रहे थे और उनके चारों ओर लगभग पचास गुना मुस्लिम परिवार दिखलाई पड़ रहा था।

सामने एक बड़ा–सा भवन दिखायी पड़ रहा था। नीलम जैसे नील गगन की छाया में रेशम जैसे केले के पत्तों ने फैलकर शानदार मेहराब का रूप ले लिया था। सर्वत्र प्रकृति का सौन्दर्य बिखरा हुआ था... वायु में आनन्दप्रद ताज़गी और ठण्डक भी, परन्तु मानवीय दृश्य देखकर लहू जम रहा था।

उफ्फ... गाँधी के मुखमण्डल का दर्द उभर आया।

चारु चौधरी ने धीमे स्वर में कहा–यह एक धनवान पटवारी का मकान है। इस पटवारी की आमदनी लाखों रुपयों की थी।

–और उधर झोंपड़ियों में अभी एक भी व्यक्ति दिखायी नहीं दे रहा है, प्यारेलाल ने पूछा।

–उन झोपड़ियों में ग़रीब अस्पृश्य जातियाँ रहती थीं उनके साथ बहुत बुरा हुआ है। तेईस पुरुषों में इक्कीस को मार दिया गया है और सभी लाशें जला दी गयी हैं, चारु चौधरी के दल का एक कार्यकर्त्ता बता रहा था।

सामने झोंपड़ियों के कच्चे फ़र्श खुदे हुए थे। उन ग़रीबों के पास क्या होगा जिसे उन्होंने ज़मीन के अन्दर दबाया होगा। अभी भी दुर्गन्ध से नाक फटी जा रही थी लेकिन गाँधी ने नाक को नहीं ढ़ँका... जैसे वे शून्यवत् बन गये हों जैसे किसी अन्यलोक में चले गये हों। रास्ते में चारु चौधरी बता रहा था–

–महात्मा जी, सर्वनाश का यह चित्र जो आपके सामने पड़ा है उसे एक पड़ोसी ने ही अंजाम दिया है। इस हत्याकाण्ड को संगठित करने वाला कासिम अली है, जो सबसे नज़दीकी पड़ोसी था। वह शाही वायु सेना में नौकरी करता था। पढ़ा–लिखा व्यक्ति, शिक्षित भी था, ग्रेजुएट था। वे चुपचाप चल रहे थे, ऐसी शिक्षा जो मनुष्य को मनुष्य भी न रहने दे उससे सौ गुना भला अनपढ़ हैं।

जाड़े की अँधेरी रात और अधिक गहरा रही थी... गाँधी समझ रहे थे। अभी ऐसे भयावह दृश्य न जाने कितनी बार देखने पड़ेंगे। गहन अन्धकार को भेदने के ध्यान में गाँधी मग्न थे तभी निर्मल बोस ने आकर बताया–मन्त्री शमसुद्दीन अपने स्थानीय सहयोगियों के साथ आपसे कुछ विमर्श करने आये हैं।

–महात्मा जी, हमारी सरकार चाहती है कि अब शरणार्थी अपने गाँवों में लौट जायें, उसकी अपील भी वह कर रही है। आप भी उस अपील में अपना समर्थन देते...शमसुद्दीन ने कहा।

–पहले उचित सुरक्षा स्थापित होनी चाहिए और इसकी गारंटी मुसलमानों की ओर से मिलनी चाहिए। एक भला मुस्लिम और एक भला हिन्दू मिलकर क्या एक गाँव की गारंटी ले सकता है?

तभी पीड़ितों के एक शिष्टमण्डल ने भी प्रवेश किया। सामने ग्राम मण्डल के अध्यक्ष को देखकर वह अपने आप पर क़ाबू नहीं रख पाया। सामने गाँधी को देखकर वह निर्भय हो गया था तभी तो वह फट पड़ा–सामने जो ग्राम मण्डल के अध्यक्ष बैठे हैं, उनके सगे भाई ने ही हमारे गाँव दत्तपाड़ा में लूट और आगजनी को अंजाम दिया था।

वह युवक सच बोल रहा था, उसके सत्य से कौन इनकार कर सकता था। मण्डल के अध्यक्ष का मन तो स्वीकार कर रहा था, किन्तु अपने पाप को स्वीकार करना बहुत कठिन काम है। अध्यक्ष कहने लगा–मैं निर्दोष हूँ, दूसरे लोग और महात्मा जी इसकी जाँच करा सकते हैं।

–अच्छी बात है, क्या वे गारंटी देंगे या कोई भला मुसलमान देंगे जो गारंटी दे सके, गाँधी ने पूछा।

–मैं ऐसी कोई गारंटी नहीं दे सकता, मैं अकेले दम ऐसी घटनाएँ कैसे रोक पाऊँगा।

–तो फिर किसकी गारंटी पर पीड़ित पक्ष शरणार्थी कैम्प से अपने गाँव जायें। गाँधी का स्वर भले ही धीमा था लेकिन उसमें एक प्रचण्डता थी।

–अपने विभाग में मेरी नज़र के सामने कोई दंगा नहीं होने दूँगा। मेरी हाज़िरी में अगर दंगे फूट पड़े तो उन्हें शान्त करने के प्रयत्न में अपने प्राणों की बाज़ी लगा दूँगा–पुलिस सुपरिटेंडेट अब्दुल्ला ने जोशपूर्वक कहा।

–लेकिन कल ही आप काम में बाधा होने का कारण पुलिस जत्था न होने को बता रहे थे, जब पुलिस बल की कमी के कारण आपके काम नहीं हो पा रहे हैं तो इन लोगों की सुरक्षा की ज़िम्मेवारी कैसे ले सकते हैं? उनके प्रश्न का एस.पी. अब्दुल्ला के पास कोई उत्तर नहीं था।

उसे निरुत्तर देख शमसुद्दीन ने कहा–हमारी सेना... भी इस दायित्व का निर्वाह करेगी कैप्टन नियाजी आप बताइए महात्मा जी को...

–यस सर... मैं दायित्व लेता हूँ...।

–कैप्टन महोदय, हम लोग आज ही गोपाईरबाग़ से लौटे हैं वहाँ हमें ज्ञात हुआ है कि गोपाईरबाग़ हत्याकाण्ड का संगठक और संचालक जो एक भूतपूर्व फ़ौजी है उसे दत्तपाड़ा सैनिक छावनी में कुछ अफ़सरों के साथ चाय और सिगरेट पीते देखा गया है–प्यारेलाल ने कहा।

—हमारे पास आने वाले हर व्यक्ति का इतिहास हमें कैसे मालूम हो सकता है—कैप्टन नियाजी से ऐसे जवाब की आशा नहीं थी।

पीड़ित शिष्टमण्डल से एक बूढ़े ने सिसकी लेते हुए कहा—महात्मा जी, आपने राम नाम का बल हमें दिया है... उसी बल के दम पर पुलिस और सेना के सामने कहता हूँ—सेना और पुलिस के अधिकतर अधिकारी अपराधियों को सीटी बजाकर या कोई अन्य इशारे से मौक़े से भगाकर गिरफ़्तारी से बचा लेते हैं।

—थाने के दो मील त्रिज्या पर गाँव सुरक्षित है, एस.पी. अब्दुल्ला ने फिर अपनी बात रखी।

—क्या आप इस बात को हमें लिखित दे सकते हैं, सुचेता कृपलानी ने उसकी तरफ़ काग़ज़ बढ़ाते हुए पूछा।

—प्रशासन स्वयं किसी स्थान को असुरक्षित लिखकर कैसे दे सकता है? क्लेक्टर ने काग़ज़ को परे हटाते हुए कहा।

—फिर... सुचेता कृपालानी ने पूछा।

—मैं महात्मा जी को यह आश्वासन देता हूँ कि यथासम्भव अतिशीघ्र पुनर्वास की सुविधा प्रशासन करेगा... कलक्टर ने एक क्षण बिना गँवाये कहा।

—यथासम्भव का कोई अर्थ नहीं है। सरकार नष्ट हुए घरों के पुर्न निर्माण के लिए समयबद्ध संकल्प ले। सरकार मकान बनाने का सामान दे और स्थानीय मुसलमानों को अपनी नेकनीयती के सबूत के तौर पर मुफ़्त और स्वेच्छापूर्ण श्रमदान करना चाहिए, गाँधी ने बिना किसी लागलपेट के कहा।

वे लोग चले गये। ढेर सारे अनुत्तरित प्रश्न रह गये। जाते वक़्त किसी ने गाँधी के हाथ में एक पर्चा रख दिया था, उन्होंने लालटेन की आँच तेज़ की। उस पर्चे को पढ़कर गाँधी ने निर्मल बसु को बढ़ाते हुए कहा—असत्य के बारूद पर नोआखाली स्थित है, जो बारूद की गन्ध से भी अधिक दमघोंटू वातावरण है, इस वातावरण से निकलना होगा। दहशत के इस आलम में कौन व्यक्ति ख़ुशी से पर्चा छपवायेगा कि उसने ख़ुशी—ख़ुशी धर्म परिवर्तन किया है, क्योंकि इस्लाम सुन्दर धर्म है। निर्मल बसु चुपचाप सुनते रहे। प्यारेलाल ने सिर हिलाते हुए कहा—यह बिल्कुल सत्य है बापू किन्तु आपसे स्पर्शित वायु... लोगों के मन को सच बोलने को मजबूर कर रही है, तभी तो अभी कलक्टर के मुख से यह सच्ची बात निकल गयी कि लीग का एक सदस्य रेडक्रॉस स्वयंसेवकों की आड़

में एक निजी सेना तैयार कर रहा था। रेडक्रॉस के इन स्वयंसेतकों में अधिकतर हत्या और आगजनी के अभियुक्त थे, जो संगठन के नाम पर हिन्दू परिवारों की तलाशी लेते थे।

—जब चारों ओर गहन अन्धकार हो तो एकमात्र ईश्वर पर श्रद्धा और विश्वास ही सही रास्ता दिखा सकता है।

—बापू, आपके साथ, जो दो सचिव आये हैं, उनमें एक ने आपके साथ गाँव में जाने से मना कर दिया है... उनका कहना है मतदाताओं का सामना करना आसान नहीं हैं—दूसरी बात कि मुस्लिम लीग की अख़बारें आपके दौरे का विरोध कर रही हैं। निर्मल बसु ने कहा।

वे मन में गुन रहे थे... क्या वे सचिव और लीग के विश्वास पर आये हैं? जिसके विश्वास पर आये हैं वह हमेशा उनके साथ है और अन्तिम क्षण तक उनके साथ होगा। जितना गहन अन्धकार होता जायेगा..., सभी सहारे छूटते जायेंगे वह उतना ही अधिक अपना हाथ बढ़ाता जायेगा। लेकिन इसके लिए अपने को और भी शुद्ध करना होगा। सत्य, अहिंसा, ब्रह्मचर्य के नियमों का कठोरता से पालन ही नहीं, कसौटी पर कसने का समय भी आ गया है।

5

दत्तापाड़ा में दस हज़ार से अधिक की भीड़ थी, आज अर्द्धउपवास का एक सप्ताह से अधिक हो चुका था। उन्हें थकान हो रही थी। वे छह सौ कैलोरी से भी कम पोषण ले रहे थे, उनकी आवाज़ भी क्षीण होती जा रही थी, चेहरे पर पीड़ा स्पष्ट दिखायी पड़ रही थी, परन्तु आश्चर्य कि उनके भाषण में क्रोध या अधैर्य का नामोनिशाँ नहीं था, हाँ क्षमा और प्रेम का अनुभव लोगों को अवश्य हो रहा था।

लोग उन्हें ध्यान से सुन रहे थे—दोनों के लिए शर्म की बात है कि हिन्दुओं को इस ढंग से अपने घरों से भाग जाना पड़ा। मैं जानता हूँ कि हिन्दुओं को बहुत कष्ट उठाना पड़ा है और वे आज भी कष्ट सहन कर रहे हैं। परन्तु पुरानी बातों को याद करने से कोई लाभ नहीं। उन्होंने जो कुछ किया उसके लिए क्षमा कर देना चाहिए।

—महात्मा जी, हमने आश्वासन दिया है कि हम हिन्दुओं की देखभाल करेंगे परन्तु हिन्दू विश्वास नहीं करते—मौलवी शब्बीर ने शिकायत भरे स्वर में कहा।

–आपको हिन्दुओं के अविश्वास का कारण समझकर उनकी क़द्र करनी चाहिए और उनका डर दूर करना चाहिए, गाँधी ने सुझाव दिया।

–बापू हम उन पर कैसे विश्वास करें, उस समय उन्होंने क्यों नहीं बचाया? पचास भले लोग जब नहीं बचा पाये तो एक अकेले ये क्या बचायेंगे? हिन्दू युवक के रोष को गाँधी समझ रहे थे।

–आपको हिम्मत करनी होगी, कायरों की सहायता तो ईश्वर भी नहीं कर सकता, गाँधी रास्ता सुझा रहे थे।

तभी कुछ मुसलमान खड़े हो गये–यदि हिन्दू वापस आयेंगे तो हज़ारों मुसलमान मिलकर उनका स्वागत करेंगे।

गाँधी ने टोका–भीषण संकट की इस घड़ी के समय सौ प्रतिशत सच्चाई की ज़रूरत है, अतिशयोक्तिपूर्ण शब्दों का कोई महत्त्व नहीं। जहाँ तक निराश्रितों के घर लौटने का सवाल है, जैसा मौलवी साहब़ ने सुझाया है, उतना आसान नहीं है। मैंने दंगों के शिकार बने लोगों के भयभीत चेहरे देखे हैं।

प्यारेलाल दूर खड़े अपने बापू को देखकर सोच रहे थे, बापू कठोरतम सत्य लोगों से कह रहे हैं, कुछ भी छिपाकर नहीं रख रहे हैं। न कोई चीज़ दबा ही रहे हैं और किसी बात में लल्लो–चप्पो का तो सवाल ही नहीं। फिर भी यह एक सुखद आश्चर्य है कि इनकी वाणी से किसी को भी अभी तक आघात नहीं पहुँचा है। श्रोताओं को लगता है मानो उनकी अन्तरात्मा उनसे बोल रही है। दरअसल जो चीज़ हृदय से निकल रही थी वह ठेठ हृदय तक पहुँच रही थी।

दत्तापाड़ा शरणार्थी कैम्प में जाकर भला कौन है जो पिघलकर आँसू न बन जाये। ऐसी जगह जहाँ पत्थर भी सिर्फ़ मोम न बन जाये... बल्कि पाषाण से भी आँसू टपक पड़े...।

गाँधी के भी रक्त आँसू बनकर आँखों में जम गये, जब चौधरी परिवार की पाँच साल की छोटी–सी बच्ची अपनी तोतली ज़ुबान में... अपने घर विनाश के भीषण हत्याकाण्ड का आँखों देखा वर्णन कर रही थी। छोटी–सी बच्ची के लिए नृशंस हत्याकाण्ड का यह दृश्य क्या था? हिंसक जंगली जानवरों द्वारा बिना कारण लड़ते हुए एक–दूसरे को लहू–लुहान कर देना या हो जाना।

लक्ष्मी पूजा की उस भयानक रात को भला यह मासूम बच्ची कैसे भूल सकती थी? गाँव आयी थी अकेले वह नहीं, समस्त गृहवासी कलकत्ते से

अपने गाँव कटपारा आये थे। उस समय भी सब कुछ सामान्य नहीं लग रहा था, फ़िज़ाँ बदली हुई थी। प्रत्येक साल घाट पर पहुँचते ही लोग दौड़ते थे, चाहे वह रायसाहब चौधरी के परिवार के लोग हों या अतिथि। किन्तु इस बार न कोई दुआसलाम और न मुस्कुराहट भरा स्वागत ही हुआ था। लक्ष्मी पूजा मनाने के उल्लास ने इन बातों पर सोचने का समय नहीं दिया, बड़ी मुश्किल से ही सही सभी लोग घर पहुँच गये थे।

दरअसल मुश्किल से घर पहुँचने का कारण था नहरों से पानी उमड़ रहा था, बाढ़–सी स्थिति हो गयी थी और ज़िला बोर्ड़ द्वारा बनी सड़कें भारी बरसात के कारण एकदम से टूटफूट गयी थीं। छोटी–छोटी सारी सड़कें जलमग्न हो गयी थीं और बाँस के पुलों का ठेका गुण्डों ने स्वतः ही ले लिया था।

गुण्डों ने चौधरी रायसाहब के परिवार वालों को कुछ नहीं कहा। उन लोगों ने अपनी हवेली में सुरक्षित पहुँचकर चैन की साँस ली।

पर उस दमघोंटू वातावरण में चैन की साँस कोई कितनी देर तक ले सकता था? लीगी विधायक गुलाम सरबर ने तो ढोल बजवाकर कलकत्ते का बदला लेने की अपील कर दी थी और प्रशासन को तो जैसे साँप सूँघा हुआ था। गुण्डों के द्वारा इस बात का खुलेआम प्रचार किया जा रहा था–हिन्दुओं के प्राणों के साथ जो चाहे सो कर सकते हैं; सरकार इसमें हस्तक्षेप नहीं करेगी।

गुलाम सरबर को नोआखाली में सब लोग हिटलर बोलते थे, घृणा से नहीं उसकी पशुता में पौरुष देखने के कारण... इस छोटी–सी बच्ची के दादा चौधरी राय साहब इस हिटलर की आँखों की किरकिरी बने हुए थे। क्योंकि राय साहब हिटलर की गुंडई का विरोध करते थे। हिटलर को पता था झूठ की खेती कितनी तेज़ी से होती है उसने इस अफ़वाह को ख़ूब हवा दी। दरअसल रायसाहब चौधरी के घर त्रयम्बकानन्द नाम के भारत सेवाश्रम का साधु रहा करता था जो शीतला पूजा की परम्परा को फिर से प्रारभ करने का प्रयत्न कर रहा था। बस उन्हीं के बारे में अफ़वाह फैला दी कि साधु ने कहा है कि इस बार बकरे के रक्त की जगह मुसलमानों के रक्त से पूजा करेंगे।

गुलाम सरबर ने लोगों को उत्तेजित करते हुए कहा–उस साधु और राजेन्द्र लाल चौधरी का सिर काटकर लाओ।

'हमें रक्त चाहिए' कहती हुए दंगाइयों की भीड़ ने चौधरी बाड़ी पर

आक्रमण कर दिया, उस समय यह छोटी–सी बच्ची सब कुछ देख रही थी। चौधरी बाड़ी से भी गोली चली और तीन आक्रमणकारी मारे गये। आक्रमणकारी लौट गये, तीन घण्टे बाद दस हज़ार लोगों को साथ लेकर आये। काली प्रसन्न राउत नामक एक व्यक्ति चौधरी बाड़ी की छत से कई घण्टों तक गोली चलाता रहा, आक्रमणकारियों के लगभग चालीस आदमी मर गये और कई सौ घायल हो गये। आख़िरकार जब गोला–बारूद समाप्त हो गया तो आक्रमणकारियों ने उनके घर में पेट्रोल छिड़ककर आग लगा दी। क्रूरता की सारी हदें तब पार कर गयीं जब चौधरी राजेन्द्रलाल को नंगे कर उनका सिर धड़ से अलग करके उस हिटलर गुलाम सरबर को सौंपा गया।

चौधरी रायसाहब के घर की महिलाओं को अपमानित करने के लिए उन्हें वहाँ से वहाँ घुमाया जा रहा था और उनके आगे–पीछे करने वाले लोगों वाली भीड़ तमाशा देख रही थी।

रायसाहब के एक मुस्लिम नौकर ने उन महिलाओं को अपने घर में शरण दीया जो कभी उसकी मालकिन थी। लगभग एक सप्ताह के बाद रसदमन्त्री अब्दुल गोफरान ने आकर उन्हें मुक्ति दिलायी।

शरणार्थी कैम्प के कार्यकर्त्ता समीर गुहा की आवाज़ भर्रा गयी। क्षण भर के लिए वह मौन हो गया। सभी लोग जैसे जीवित लाश बन गये थे, जैसे काठ के बन गये हों। समीर गुहा ने भर्रायी आवाज़ में ही आगे कहना प्रारम्भ किया–क्या बताऊँ आपसे, रोंगटे खड़े हो जाते हैं, चौधरी परिवार की दो लड़कियों को दंगाई अपने साथ ले गये और उनके साथ बलात्कार करने के बाद एक को क्रूरतापूर्वक मार दिया, दूसरी को एक दयालु मुस्लिम दुकानदार ने किसी तरह बचाकर शाहपुर की राजबाड़ी में पहुँचा दिया। गुण्डों को जब उसके वहाँ होने की जानकारी मिली तो उसे सौंपने के लिए धमकी दी। बेचारी लड़की रोती हुई अपने हिन्दू शरणागतों से भीख माँगती रही मुझे ज़हर दे दो ताकि प्राणान्त कर सकूँ... पर अपनी जान बचाने ख़ातिर अँधेरी रात में उसे बाहर निकाल दिया... उस बेचारी का भी वही हाल... वह दौड़ती रही।

बस अब बस कीजिए... गाँधी का चेहरा आँसुओं से तरवतर था–

–मुझे अभी उस चौधरी बाड़ी में जाना है... उन्होंने अपने पैर की चप्पल उतार ली, वे नंगे पाँव चल पड़े।

–बापू, आपका चप्पल, सुशीला नैयर पीछे दौड़ी।

—इस तपस्थली में मैं चप्पल नहीं पहन सकूँगा। जिस स्थान पर हमारी बहन—बेटियों ने इतने भयंकर कष्ट सहे, इतनी वेदना झेली—जिस स्थान पर उनकी पवित्रता को कलंकित करने की कोशिश की गयी, हालाँकि उन देवियों की पवित्रता भंग तो नहीं हुई, पवित्रता तो उस पशु की गयी जिसने इस पशुतापूर्ण काम को अंजाम दिया।

—बापू आपके पैरों से रक्त निकल रहा है।...

—जहाँ पर इन्सानियत की हत्या हुई, जहाँ पर इतने निर्दोष इन्सानों के रक्त बहे वहाँ मेरे शरीर के थोड़े से ख़ून गिरने से जो वेदना होगी उससे मेरा दर्द, मेरी तकलीफ़ तो कम नहीं होगी... पर शायद कुछ शुद्धि हो जाये। जहाँ लोग तप करते हैं, कष्ट उठाते हैं वह जगह तपस्थली बन जाती है, इस स्थान के लोगों ने इतने कष्ट सहन किये हैं यह मेरे लिए तपस्थली है—वे नंगे पाँव आगे बढ़ गये।

चौधरी बाड़ी में एक भी लाश नहीं मिली, बस सन्नाटा पसरा हुआ था। ऐसा लगता था जैसे हवाई जहाज़ों से बम गिराकर इसे नष्ट करने की कोशिश की गयी है। अधजले घर में सायँ—सायँ करती हवा जैसे प्रकृति को भेद रही हो परन्तु आश्चर्य की बात कि गाँधी के पहुँचते ही हवा शान्त—सी हो गयी—जैसे वह शान्त होकर गाँधी को कुछ सुनाना चाह रही हो... पर कोई कुछ नहीं सुन पाया...।

—बापू, इन घर के शवों का भी पता नहीं चला, उनका दाहसंस्कार तक नहीं हो पाया, सुचेता कृपलानी ने कहा।

—मैं भी यही सोच रहा था, कम—से—कम इनके संस्कार कर पाता, परन्तु मेरी मर्ज़ी का क्या... उसकी मर्ज़ी के सामने नतमस्तक होने के सिवा क्या कर सकता हूँ? उन्होंने सिर झुकाते हुए कहा।

शायद गाँधी का सिर झुकाना ईश्वर को स्वीकार नहीं था, तभी तो उस मछुआरे अली ख़ाँ के मुख से बरबस निकल गया। वही अली ख़ाँ जो प्यारेलाल नैयर की नाव चलाता था।

—उस तालाब में नाव चलाते वक़्त कुछ टकराता तो है, हो सकता हो, वही हो जिन्हें आप लोग खोज रहे हैं।

क्षण भर में वह मछुआरा तालाब में कूद पड़ा। तालाब से ही चिल्लाया—मिल गया, मिल गया। हमेशा कुछ मिलना और पाना ख़ुशी ही नहीं देता है। अली ख़ाँ बोरों को निकाल रहा था, सुचेता कृपलानी के होंठ थरथरा रहे थे। तेरह लाशों से भरे थैले को उसने बाहर

निकाला। सुशीला नैयर ने पोस्टमार्टम करके बताया तेरह लाशों में दो स्त्रियों की हैं।

संस्कार करके लौटने के बाद गाँधी क्या, किसी के लिए भी सो पाना असम्भव था, पता नहीं उन दरिन्दो को रात में कैसे नींद आती होगी, जिसने इस कुकृत्य को किया था?

हत्या, लूट, आगजनी, बलात् धर्म परिवर्तन... सब एक से बढ़कर लोमहर्षक घटनाएँ थीं, परन्तु जो बात सबसे अधिक गाँधी को परेशान कर रही थी, वह थी–महिलाओं के साथ हुईं ज़्यादतियाँ। इस समय गाँधी को बेहद याद आ रही थी अपने ऑपरेशन की, जब पूना में उनका एपेंडिसाइटिस का ऑपरेशन हो रहा था, ऑपरेशन टेबल से लगी वह दयामयी नर्स ने अपनी आँखों देखी एक घटना सुनायी थी–कैसे एक गर्भवती स्त्री ने क्लोरोफार्म सूँघने से इनकार कर दिया था क्योंकि वह अपनी कोख में पल रहे बच्चे की जान को ख़तरे में नहीं डालना चाहती थी। उस वीरांगना की वीरता से कितनी बार गाँधी ने प्रेरणा ली है। गाँधी सोच रहे थे–स्त्रियों को अपनी वीरता का भान ही नहीं है वे अपने अन्दर की शक्ति को जानती ही नहीं।

दरअसल भारतीय स्त्री पर बचपन से यही संस्कार डाला जाता है कि वह या तो अपने पति के साथ सुरक्षित है या चिता पर...। गाँधी की आत्मा विद्रोह कर रही थी कोई भी स्त्री अपनी लाज बचाने वाले पुरुष के लिए कैसे गौरव अनुभव कर सकती है, वे स्त्री होते तो कभी न करते। सीता ने ऐसा ही किया था, हनुमान से भी उन्होंने अपने आपको बचाने के लिए नहीं कहा...।

आज सोमवार था, गाँधी का मौनवार। वे कागज़ पर लिख रहे थे–भारत की स्त्रियाँ अपनी आबरू को बचाने वाले किसी व्यक्ति के अभाव में लाचारी महसूस करें इसके बजाय मैं चाहूँगा कि वे हथियारों का उपयोग करना सीखें। आत्मसमर्पण तो किसी हालत में न करें... पहले सामना करें, जैसे लक्ष्मीबाई ने किया था। उन्होंने कागज़ रखकर आँखें बन्द कर लीं–न जाने अभी और ऐसे कितने दृश्यों को देखना बदा है।

नोआखोला था तो रामगंज थाना के अन्दर पर वहाँ पहुँचने का रास्ता दुरूह था। कुछ दूर मोटर से जाना पड़ा तो कुछ देर नाव पर। नाव खेने में भी कम कठिनाई नहीं थी, पानी में बढ़ने वाले शैवाल और लताएँ इतनी घनी होकर फैली हुई थीं कि तालाबों और नदियों के मार्ग को ही रोक–सा दिया था।

गाँधी अपने अनुसन्धान में जुटे हुए थे। यह उनके काम करने का तरीक़ा था। भारत में पहली बार चम्पारण सत्याग्रह आन्दोलन के सत्र में भी तो इसे ही अपनाया था। वह अनुसन्धान ही कैसा जो सत्य की कसौटी पर पूर्णरूपेण कसा हुआ न हो। अनुसन्धान को कसौटी पर कसने के लिए वे गाँव–गाँव घूम रहे थे, आज नोआखोला आये थे नोआखाली ज़िला के ही एक गाँव का नाम है नोआखोला।

सामने एक बड़ा–सा घर था–बड़–बाड़ी उसके इर्द–गिर्द छोटे–छोटे घर। लगभग सभी घर अधजले थे, यहाँ तक कि आग की लपटों में सुपारी और नारियल के पेड़ भी झुलसे नज़र आ रहे थे।

घर के अन्दर से स्त्रियों के रोने की आवाज़ आ रही थी... पुरुष नज़र नहीं आ रहे थे। सुशीला ने बताया–कुछ की हत्या कर दी गयी और कुछ भाग गये हैं कुछ का ज़बर्दस्ती धर्मपरिवर्तन करा दिया गया है।

सामने एक बहरा और गूँगा पुरुष बैठा था, वह बहुत कुछ कहना चाह रहा था पर कुछ भी नहीं कह पा रहा था। वह सब कुछ सुनना चाह रहा था, परन्तु कुछ भी नहीं सुन रहा था। उसके हाथ में कटी हुई वह चोटी थी, जिसे धर्मपरिवर्तन के समय ज़बर्दस्ती काट दी गयी थी, परन्तु उसके लिए वह शिखा उसके जीवन भर की पूँजी थी, गूँगा और बहरा होकर भी इस थाती को वह सँजो कर रखे हुए था। वह अपनी चोटी को, जिसे एक कपड़े में लपेटकर रखा था, उसे दिखा रहा था, वह दयनीय भाषा में अपनी बात बताने की कोशिश कर रहा था।

गाँधी उसको देखकर अपने को नहीं रोक पाये–क्या दुनिया का कोई भी धर्म इसकी इजाज़त दे सकता है? एक निरीह व्यक्ति के साथ धर्म के नाम पर क्रूरता करना... धर्म को कलंकित करना है।

बेचारा वह गूँगा अपनी चोटी को अनमोल थाती की तरह कपड़े में लपेट कर सँभालने की प्रक्रिया कितनी तन्मयता से अनवरत कर रहा था।

वे घर के अन्दर गये। उन्हें देखते ही महिलाओं के रुदन की आवाज़ तेज़ हो गयी। एक बड़ी उम्र की महिला शर्मिला देवी अपने सिर पर पल्लू रखते हुए आगे बढ़ी–महात्मा जी सब कुछ लुट गया, सर्वस्व चला गया, मेरा पन्द्रह साल का पोता बाबुल... कहकर उसने बाबुल की पुस्तकों को उठाकर छाती से चिपका लिया।

गाँधी ने देखा उस बच्चे की ताज़ा लिखी कापियाँ यत्र–तत्र बिखरी पड़ी थीं। वे मौन थे, वे जानते थे इतने दारुण दुख में शब्द मरहम का

काम नहीं कर सकते। बस संवेदना का भाव ही हृदय को हृदय के समीप ला सकता है।

निरीक्षण करने के बाद जब वे उस विनष्ट मकान से निकलने लगे तो एक तिब्बती कुत्ता जो न जाने कब से वहाँ बैठा हुआ था। आगन्तुकों के चारों ओर न जाने कितनी बार चक्कर लगा चुका था, वह गाँधी के पीछे हो गया। वह बहुत धीमी आवाज़ से उनका ध्यान अपनी ओर आकर्षित करने की कोशिश कर रहा था। वह कुछ क़दम दौड़ता, फिर लौट आता और उसके पीछे कोई न आता तो वह फिर इशारा करने का प्रयास करने लगता। वहाँ पर जितने लोग थे उस कुत्ते के असामान्य व्यवहार से परेशान हो रहे थे। वे लोग उसे भगाने लगे। गाँधी ने रोका—देखते नहीं कि कुत्ता हमसे कुछ कहना चाहता है।

वे कुत्ते के पीछे—पीछे हो लिए, वह एक स्थान पर जाकर अपने पंजों से मिट्टी को खोदने लगा। उसने तीन स्थानों पर यही हरकत की। उसमें तीन नर—कंकालो और कई खोपड़ियाँ और हड्डियाँ इधर—उघर बिखरी पड़ी थीं। उस वफ़ादार कुत्ते ने अपने स्वामी की और घर के अन्य सदस्यों की दंगे के दौरान हत्या होते देखा था, तभी से वह उस स्थान के इर्द—गिर्द मँडराता रहता था और जिस काली करतूत का वह साक्षी बना था, उसे प्रकाश में लाने का प्रयत्न न जाने कितने दिनों से कर रहा था।

उस कुत्ते को, उस पशु को अपने स्वामी के प्रति इतनी वफ़ादारी थी कि उस मूक पशु ने अपने मालिक के मर जाने के बाद भी उनकी हड्डियों की सिर्फ़ रक्षा ही नहीं की, उसके संस्कार हो सकें इसके लिए जैसे गाँधी का इन्तज़ार कर रहा था।

लेकिन मनुष्य सारे रिश्ते भूल गये थे। न स्वामी—सेवक का रिश्ता याद रहा, न पड़ोसी का रिश्ता याद रहा, न वर्षों पुराना भाईचारा याद रहा। न मुहल्ले की बहन याद रही और न भाभी। क्या रिश्ता याद रहता जब मनुष्यता ही नहीं रही। तो याद क्या रहा धर्म? सवाल ही नहीं उठता—यदि धर्म याद रहता तो वह एक भी रिश्ता भूलने नहीं देता।

धर्म याद रहता तो क्या मकान के बाहर सामने जो मन्दिर था उसके विग्रह को भ्रष्ट किया जाता? उस मन्दिर को नष्ट किया जाता?

गाँधी भग्न मूर्ति के सामने खड़े थे—जो पगडंडियों और मन्दिर के भग्नावशेषों में बिखरी पड़ी थी। वे उन भग्न मूर्तियों के सामने विनीत भाव

से खड़े थे–जैसे पूजा कर रहे हों, वे बहुत देर तक चुपचाप खड़े रहे अनुसन्धान के बाद उनके काम में एक और नया काम जुड़ रहा था मन्दिर का जीर्णोद्धार और मूर्तियों की स्थापना।

6

लौट आये गाँधी काजिरखिल, यहीं पर उनकी छावनी लगी थी एक विनष्ट मकान में, जहाँ अब कोई नहीं रहता था... चारु चौधरी ने स्वयंसेवकों के साथ मिलकर उसकी साफ़–सफ़ाई करके रहने लायक बना दिया था।

गाँधी की व्यथा बढ़ती ही जा रही थी, परन्तु वे अपने अन्तस के राम से शक्ति माँग रहे थे और उन्हें मिल भी रही थी तभी तो अर्द्ध–उपवास के बाद भी न वाणी में कम्पन था और न जोश में कमी। वे हज़ारों लोगों के बीच अपना वक्तव्य दे रहे थे–

मेरी आँखों में आँसू नहीं हैं, जो आदमी आँसू बहाता है वह दूसरों के आँसू नहीं पोंछ सकता। परन्तु मेरा ह्रदय अवश्य रोता है। मैंने दक्षिण अफ़्रीका में बीस वर्ष और पिछले तीस वर्ष से भारत में विदेशी सरकारों के विरुद्ध घोर लड़ाई लड़ी है परन्तु भाई–भाई की जो लड़ाई आप लोग लड़ रहे हैं वह मेरे अनुभव में भयंकर लड़ाई है, इससे मैं किंकर्तव्यविमूढ़ हो गया हूँ परन्तु मैं बंगाल से ख़ाली हाथ न जाने का निश्चय कर चुका हूँ। मेरे शब्दकोश में निराशावाद शब्द कहीं नहीं है।

बंगाल में मुसलमानों ने हिन्दुओं की हत्या और बिहार में हिन्दुओं ने मुसलमानो की हत्या की है। दोनों पक्षों में कम दुष्ट कौन है या उत्पात की शुरुआत किसने की, अब उससे कोई लाभ नहीं। बुराई का बदला भलाई से देना है, बचपन से मैंने यही सीखा है। हमें बंगाल में या तो शान्ति स्थापित करनी है या मरना है।

निर्मल बोस के हाथ में सामाचार–पत्र था। वे पढ़ कम रहे थे सोच अधिक रहे थे। एक ऐसा महात्मा जो कभी नोआखाली नहीं आया था यहाँ की भाषा नहीं जानता। भूगोल, इतिहास कुछ भी ज्ञात नहीं परन्तु धधकती हुई आग में राम नाम के बल पर कूदकर पीड़ितों की सेवा में अपने प्राणों की आहुति देने चला आया है...

और एक महात्मा यह भी है जिसका आज अख़बार में साक्षात्कार छपा है–वही रहस्मय साधु त्रयम्बकानन्द... जो स्वयं बता रहा है कि

किस तरह दंगाइयों ने जब पहली बार चौधरी बाड़ी पर आक्रमण किया था तो वह किस तरह वहाँ से खिसका–उसने उन लोगों को संकट में फँसकर मरने के लिए छोड़ दिया जिनसे न जाने कितने रुपये दान स्वरूप प्राप्त किया था।

उसने वहाँ से भागने का कैसा वीरतापूर्ण वर्णन किया है कि वह वहाँ से भागकर जंगल में छिप गया और अर्द्ध–रात्रि के बाद जल्दी ही पास वाली नहर को तैर कर पार कर गया। उस समय भारी वर्षा हो रही थी। वह धान के खेतों और जंगलों को पार करता हुआ किसी तरह रामगंज पहुँचा। वहाँ से सशस्त्र पुलिस के पहरे में उसे नोआखाली ले जाया गया और अन्त में उसे कलकत्ता पहुँचा दिया गया–जहाँ अभी वह साक्षात्कार दे रहा है।

निर्मल बोस ने यदि इस महात्मा का दर्शन नहीं किया होता तो शायद उस भगोड़े महात्मा से सहानूभूति होती। उसने अखबार को समेटकर अलग रख दिया और गाँधी को सुनने लगा, जो आज की प्रार्थना सभा में बोल रहे थे–

मैं यहाँ जितना घूमता हूँ, तो लगता है आपका सबसे बड़ा शत्रु भय है। डरने वाले और डराने वाले दोनों इसके शिकार हैं। आज तक कोई आदमी भी न तो ऐसा हुआ है और न आगे होगा जो उस व्यक्ति को डरा सके, जिसने अपने हृदय से भय को निकाल फेंका है। क्योंकि ईश्वर हमेशा निर्भय के पक्ष में खड़ा रहता है। यदि हम केवल ईश्वर की ही शरण लें तो हमारा सारा भय मिट जायेगा।

–बापू हम स्त्रियाँ क्या करें? कहाँ जायें? हमारी सुरक्षा कैसे होगी? आख़िर कबतक हम क़ैदियों की तरह जीवन–यापन करें... हम लोग सिर्फ़ आपकी शक्ति पर विश्वास करके यहाँ तक आयी हैं–मधुपुर से आयी हुई ग्रामीण स्त्रियाँ प्रश्न कर रही थीं।

–जो लोग स्वतन्त्रता से अधिक सुरक्षा को महत्त्व देते हैं, उन्हें जीने का अधिकार नहीं है। मैं स्पष्ट शब्दों में यह कहने यहाँ आया हूँ कि स्त्रियों को या तो बहादुर बनना होगा या मिट जाना होगा।

सुशीला पै ने अपनी आँखें बन्द कर लीं–बापू अपनी निर्भयता, अपनी निर्भीकता को हम स्त्रियों में भरने की कोशिश कर रहे हैं और बहुत हद तक सफल भी हुए हैं तभी तो दसधरिया गाँव में अमतुररालाग बापू के

पहले अकेले पहुँचकर निर्भीकतापूर्वक काम कर रही है। सुशीला पै उठकर खड़ी हो गयी। कल सबेरे बापू को दसधरिया जाना है।

क़ाजिर ख़ान छावनी में सबेरे–सबेरे गाँधी मुस्लिम शिष्टमण्डल से मिल रहे थे। उसमें पचास प्रतिशत तो मौलवी थे–गाँधी उन मौलवियों को ध्यानपूर्वक देख रहे थे–जिनके चेहरे पर अपने धार्मिक ज्ञान का दम्भ झलक रहा था। लम्बी दाढ़ी वाला मौलवी गाँधी को समझा रहा था–महात्मा जी आपको पता है या नहीं, नोआखाली सम्पूर्ण भारतदेश में मौलवियों का निर्यात करता है।

वे चुपचाप सुन रहे थे। मौलवी ने अपनी बात कहना जारी रखा–मुसलमान हिन्दुओं को भगाना नहीं चाहते। वे लोग अपने को असुरक्षित महसूस इसलिए करते हैं क्योंकि कई निर्दोष प्रतिष्ठित मुस्लिम पुलिस द्वारा गिरफ़्तार कर लिए गये हैं, और यही बात दोनों की दोस्ती में रुकावट है।

अब गाँधी चुप नहीं रह पाये–मेरी समझ में नहीं आता कि इससे हिन्दुओं के साथ अच्छे सम्बन्ध स्थापित करने में बाधा कैसे हो सकती है? उलटे इससे तो हिन्दुओं के साथ दोस्ती करने और उनका विश्वास करने की प्रेरणा मिलनी चाहिए क्योंकि इससे निर्दोष मुसलमानों को फँसाने का कोई कारण नहीं रह जायेगा। इस बात का हमारे सामने जो प्रश्न है उसके साथ वस्तुतः कोई सम्बन्ध नहीं है। जब बहुत से लोगों ने अपराध में भाग लिया। तब यह स्वाभाविक ही है कि कुछ निर्दोष आदमी भी अपराधियों के साथ फँस जायें। दुनिया भर में ऐसा ही होता है लेकिन इसका यह अर्थ नहीं कि अपराधियों के ख़िलाफ़ कोई कार्रवाई न की जाये। अधिकारियों और स्थानीय मुसलमानों की सच्चाई की खरी कसौटी यह है कि सच्चे अपराधियों को सज़ा दिलायी जाये।

–वैसे किस निर्दोष को फँसाया गया है, मियाँ गुलाम सरबर को? प्यारेलाल ने पूछा। मौलवी सकपका गया, क्षण भर के बाद बोला–गुलाम सरबर की जितनी बदनामी हुई है, दरअसल वैसा बुरा आदमी वह है नहीं।

शिष्टमण्डल के साथ प्यारेलाल भी बाहर निकल गये।

गाँधी सोच रहे थे जिनकी नैतिक हिम्मत टूट गयी है उनके लिए जीवन का नया आधार कैसे रचा जाये? जो धर्मान्धता, धार्मिक कट्टरता उपद्रवों का मूल कारण थी, उसका विष कैसे उतारा जाये? सर्वजातीय स्वरूप की सामूहिक सार्वजनिक प्रार्थना ही इसके लिए सबसे उपयुक्त है।

सामूहिक प्रार्थना से दंगे के शिकार बने लोगों में ईश्वर के प्रति सजीव श्रद्धा उत्पन्न होगी?

उसी समय कमरे में सतीशचन्द्र दास गुप्ता ने प्रवेश किया—बापू, लगभग एक महीने आपको आये हुए हैं। नोआखाली में कितना फ़र्क़ आ गया है। क़ाजिर ख़ान छावनी में आपकी देख—रेख में चारु चौधरी बहुत अच्छी व्यवस्था सँभाल रहे हैं—इस छावनी के अन्दर जो बीस उपकेन्द्र हैं, उनके कार्यकर्त्ता भी सच्चे सत्याग्रही हैं, बहुत मेहनत कर रहे हैं। यदि इसी तरह काम चलता रहा तो प्रेम का खमीर अवश्य बनेगा।

दसधरिया में अम्तुस्सलाम को देखकर कोई भी समझ सकता था कि गाँधी की पुत्री ऐसी ही हो सकती है। जब गाँधी वहाँ पहुँचे तो अम्तुस्सलाम सैकड़ों हिन्दू स्त्रियों के साथ बैती हुई थी... उस गाँव की लगभग सारी स्त्रियाँ वहाँ उपस्थित थीं। कुछ के चेहरे पर विषाद झलक रहा था तो, किसी की आँखों में चमक भी थी, आगे शायद कुछ अच्छा होने वाला है। गाँधी को देखते ही विषादग्रस्त चेहरे पर भी फीकी ही सही लेकिन चमक तो दिखायी पड़ रहीं थी।

—बापू, इसमें अधिकांश वे बहनें हैं जो उपद्रव के दिनों मुसलमान बना दी गयी थीं, अब सब की सब अपने मूल धर्म में वापस आ चुकी हैं। इस गाँव में अब एक भी ऐसी स्त्री नहीं बची है जो अपने मूल धर्म में वापस नहीं आ गयी। अम्तुस्सलाम के चेहरे की चमक देखने लायक थी।

—वे सब भी जिनके साथ ज़बर्दस्ती शादियाँ की गयीं? गाँधी ने पूछा...

—हाँ बापू वे सब भी, इस गाँव में एक भी लड़की या स्त्री नहीं बची।

—बहुत अच्छी बात है, रिपोर्ट भी यही आयी है कि नोआखाली ज़िले में ज़र्बदस्ती मुसलमान बनाया हुआ कोई भी व्यक्ति ऐसा नहीं रहा जो अपने मूल धर्म में वापस न आ गया हो... फिर भी मैं इसकी तहक़ीक़ात अपने स्तर से भी करूँगा, कहते हुए गाँधी खाट पर बैठ गये।

वे सभी औरतें एक साथ मिलकर रामधुन के साथ, हरे कृष्ण का गान कर रही थीं। बीच—बीच में जय गौर हरि की जयध्वनि के साथ नृत्य भी कर रही थीं। अम्तुस्सलाम ध्यान से उन चेहरे को देख रही थीं जिन पर अभी से पहले एक अजीब—सी अशान्ति थी, तनाव था, अभी उन्हीं चेहरों पर शान्ति झलक रही थी।

जब उस घर से गाँधी बाहर निकल रहे थे, स्त्रियाँ हुलु–हुलु की जयध्वनि कर रही थीं। घर के बाहर लीगी नेता खड़े थे जिन्हें अपने सत्य उन्हें बताने थे। जिसके बारे में वे स्वयं निश्चित थे कि इसमें सत्य का शतांश भी नहीं है। फिर भी वे बहुत ही ज़ोरदार ढंग से हीरेन घोष के सामने अपने सत्य को रख रहे थे–घोष दादा, घटनाएँ इतनी गम्भीर थीं ही नहीं, जितनी बतलायी गयी हैं। स्त्रियों से बलात्कार की अथवा स्त्रियों को भगाने की कोई घटना हुई ही नहीं। आगजनी तथा सम्पत्ति विनाश का कोई बड़ा सबूत हमें नहीं मिला।

आज गाँधी को अपने ऊपर बहुत क्षोभ हो रहा था। वे उस असत्य से परेशान हो रहे थे जो सामने वाला बोल रहा था। उन्हें अपनी सत्यता की न्यूनता का बोध हो रहा था। इतना असत्य... भले ही लीगी नेता हीरेन घोष से कह रहे थे पर वे भी तो इसके साक्षी थे। उन्हें आज अपने राजनीतिक गुरु गोखले का कथन याद आ रहा था जिसकी चर्चा वे हमेशा सबसे किया करते थे–जो लोग गाँधी के सम्पर्क में आये हैं, उन सबको इस पुरुष के अद्‌भुत व्यक्तित्त्व का अहसास अवश्य हुआ है। निःसन्देह वे इस धातु से बने हुए हैं जिस धातु से सूरमा और बलिदानी लोगों का निर्माण होता है, इतना कहना कम होगा, बल्कि उनमें वह अद्‌भुत आत्मिक शक्ति विद्यमान है जो उनके इर्द–गिर्द लोगों को सूरमा और बलिदानी बना देती है। ये ऐसे व्यक्ति हैं जिनके सामने कोई अशोभनीय कार्य करते हुए न केवल हमें शर्म आती है बल्कि जिनकी उपस्थिति में मन में भी कोई अशोभनीय बातें लाते हुए डर लगता है।

पर आज उनकी आँखें जिस सत्य को देख रही हैं उसी को असत्य बनाकर कानों को सुनाया जा रहा है। वे बुदबुदा रहे थे–मैं आज भी उस सत्य से एक इंच पीछे नहीं हटा हूँ अपनी कोशिश उस सत्य को पाने की, सत्यस्वरूप से मिलने के लिए हर क्षण प्रयत्नशील है।

हीरेन घोष की आवाज़ तेज़ हो गयी–लीगी महाशय, कृपया इतना असत्य न कहें, इतना अविश्वसनीय! मानता हूँ आपकी नेतागीरी इसी झूठ से चमकती है पर कुछ तो ख़ुदा का भय कीजिए।

मैं आज ही पंचधरिया गाँव से आ रहा हूँ। आरती नाम की एक लड़की को अगवा किया गया ताकि स्थानीय यूनियन बोर्ड के अध्यक्ष के भतीजे से उसकी शादी जबरन कराई जा सके। उस लड़की को धमकी दी गयी कि यदि उसने विवाह की बात स्वीकार नहीं की तो उसके परिवार और

गाँव की सभी हिन्दू बस्ती का बुरा हाल कर दिया जायेगा। बेचारी वह बाला सहमत हो गयी तब गुण्डों ने गाँव को छोड़ा।

—एकाध प्रेम विवाह के ऐसे मामले से इनकार नहीं कर सकता पर क्या यह सच नहीं हिन्दुओं ने मस्जिद में आग लगायी? लीगी नेताओं की आँखों में शर्म—हया कुछ भी नहीं बची थी।

—मुझसे अधिक बेहतर आपको ज्ञात है कि आपकी पार्टी की यह कार्यपद्धति पुरानी रही है, मस्जिदों में स्वयं आग लगाकर निर्दोष को फँसाना। कम—से—कम अब तो असत्य का साथ छोड़िए... हीरेन घोष भी अब निर्भीक हो गये थे।

गाँधी को प्रार्थना सभा में जाना था, वे आगे निकल गये थे, हीरेन घोष लपककर उनके साथ हो गये—बापू, आरती के श्वसुर ने तो उसे अपनाने का वचन दिया है किन्तु बहुत सारी अपहृत लड़कियों को उसके माता पिता अपनाने को तैयार नहीं, पति अपनी पत्नी को घर लाने को तैयार नहीं... बड़ी अजीब स्थिति है... भयंकर त्रासदी है यह।

प्रार्थना सभा में वे हीरेन घोष की बातों का जवाब दे रहे थे—समस्या उन लड़कियों के भविष्य की नहीं है, जो भगा ली गयी थीं, या जिनसे बलात्कार हुआ था या वे भी जिन्हें ज़बर्दस्ती मुसलमान बना दिया गया, या जिनकी इच्छा के विरुद्ध विवाह कर दिया गया था।

इस तरह अत्याचार की शिकार होने वाली स्त्रियों को समाज से बहिष्कृत समझना नारी की शुद्धता के आदर्श का विपर्यय है। भगा ले जाने के कारण या बलात् धर्म परिवर्तन कर दिये जाने के कारण भगाई हुई लड़की के वापस घर आने में कोई रुकावट नहीं होनी चाहिए। ऐसे मामले में कोई शुद्धि या प्रायश्चित्त आवश्यक नहीं है। ऐसी लड़कियों पर प्रायश्चित्त लाद कर हिन्दू समाज ग़लती करता है। ऐसी लड़कियों ने कोई ग़लती नहीं की है। वे प्रत्येक विचारशील व्यक्ति की दया और सक्रिय सहायता की पात्र हैं। ऐसी लड़कियों का उदारता और स्नेह के साथ अपने घरों में स्वागत होना चाहिए और योग्य व्यक्तियों के साथ उनके विवाह होने में कोई कठिनाई नहीं होनी चाहिए। मैं इसके लिए देश भर के युवाओं से आह्वान करता हूँ।

प्रार्थना सभा में आज बहुत भीड़ थी, उस भीड से निकलने में बहुत समय निकल गया। अर्द्ध—उपवास से उनकी क्षीण काया और क्षीण होती जा रही थी, परन्तु मन में एक क्षण के लिए निराशा का प्रवेश नहीं होने

दे रहे थे। रात्रि का भोजन सामने रखा था, सौ ग्राम उबली हुई भिण्डी जिसे सौ ग्राम बकरी के दूध में मिला दिया गया था, उसको ही दिन भर की मेहनत के बाद प्रेम से पा रहे थे।

सब मिलाकर कुल दो घण्टे सोने के बाद वे उठ गये... एकदम तरोताज़ा महसूस कर रहे थे। सामने खड़ी समस्या भी अब रूप बदलकर फिर से खड़े होने की तैयारी कर रही थी। मुस्लिम लीग का एक आदेश सर्वत्र घूम रहा था–गाँधी के मिशन में कोई सहयोग न दिया जाये। मुस्लिम लीग हर गाँव से हर एक मुस्लिम से सुरक्षा दिलवाने की ज़िम्मेवारी से भी अपने को अलग रखने की घोषणा करवा रही थी।

इन सबके बीच गाँधी की समझ में यह बात नहीं आ रही थी कि कट्टरपन्थी हिन्दुओं का क्या किया। जाये ? इतनी दुर्दशा के बाद भी, इतने भीषण दुख सहने के बाद भी परिस्थितियों से सीखने की बजाय वे अन्धविश्वास और पाखण्ड को बढ़ावा दे रहे थे। जो अस्पृश्य जातियाँ हिन्दू होने के कारण लीगियों के कहर का शिकार हो रही थीं, उनके साथ सारे भेदभाव मिटाकर खड़े होने की बजाय आज भी अस्पृश्यों–सा व्यवहार कर रहे थे।

बेचारी स्त्रियाँ क्या करें? अपने ही माता–पिता अपनी पुत्रियों–बहुओं को अपवित्र मान कर घर में रखने को तैयार नहीं हो रहे हैं और कट्टरपन्थी तत्त्व इन बातों को हवा दे रहे हैं कि उनको घर में रखने से पूरा घर अपवित्र हो जायेगा। कोई–कोई पण्डित दक्षिणा प्राप्त करने हेतु लड़कियों की शुद्धि की बात कर रहा है, वह भी नोआखाली आकर नहीं। बेचारी अधमरी माँ या अधमरा पिता उन लड़कियों को लेकर शुद्धिकरण हेतु त्रिपुरा जायेगा और दक्षिणा देने के बाद कंगाल होकर लौटेगा।

पीड़ित और पीड़क सभी भयभीत थे। अपने से थोड़े से भी बलशाली व्यक्ति के सामने तो भीगी बिल्ली बन जाते हैं और अपने से कमज़ोर के सामने हिंसक शेर।

गाँधी उपाय ढूँढ़ रहे थे–इन लोगों का भय कैसे दूर किया जाये। वे हमेशा की तरह प्रार्थना कर रहे थे–बस एक पग बढ़ा सकूँ। इतनी रोशनी दिखा मेरे परमात्मा। परमात्मा ने भी हमेशा की तरह उतना प्रकाश दिखा दिया, वह हर उसको उतना प्रकाश दिखा देता है, जितने से व्यक्ति अपना पाँव बढ़ा सके।

गाँधी ने निर्णय ले लिया–अभी तक मैं प्रायः हिन्दुओं के घर रहा हूँ। मैं नोआखाली में मुस्लिम आबादी के बीच पड़ा हूँ, इसलिए मैं किसी हिन्दू

परिवार में ठहरना पसन्द नहीं करूँगा। यदि हिन्दू मुझे किसी मुस्लिम लीग भाई के साथ अकेले रहते देखेंगे तो इससे उनमें हिम्मत आयेगी और कदाचित उन्हें विश्वास के साथ घर लौटने की प्रेरणा मिलेगी। मुसलमान भी निकट से परीक्षा कर सकेंगे कि मेरी कोई वस्तु गुप्त नहीं है, वे मेरी हर बात को देखेंगे तो समझ जायेंगे कि मैं उनका दुश्मन हूँ या दोस्त।

वे विचारमग्न थे—हिन्दू धर्म के दो पहलू हैं, एक ऐतिहासिक हिन्दू धर्म है, जिसमें अस्पृश्यता है, अन्धविश्वास है, पत्थरों और प्रतीकों की पूजा है, पशुयज्ञ है... और भी न जाने क्या-क्या; दूसरी ओर गीता, उपनिषदों और पातंजलि के योगसूत्र से सम्बन्धित हिन्दू धर्म है जिसमें अहिंसा की, प्राणि मात्र के साथ एकता की तथा एक अन्तर्यामी, अविनाशी निराकारं और सर्वव्यापक ईश्वर की विशुद्ध उपासना की चरम सीमा है और अब उसी चरम सीमा को प्राप्त करना है, प्राणि मात्र के साथ एकता स्थापित करनी है और उस एकता को स्थापित करने के लिए अब अकेले रहना होगा, समूहों में नहीं, छावनियों में नहीं।

सवेरे की प्रार्थना प्रारम्भ होने में कुछ मिनट शेष थे। सामने राजेन्द्र बाबू का तार पड़ा हुआ था—बिहार की हालत में तेज़ी से सुधार हो रहा है। गाँधी उन्हें पत्र लिख रहे थे—मेरा वर्तमान मिशन मेरे जीवन का सबसे पेचीदा और कठिन कार्य है। मैं शत-प्रतिशत गा सकता हूँ, रात अँधेरी है और मैं घर से दूर हूँ, हे ईश्वर! तू मार्ग प्रकाशित कर। मैंने अपने जीवन में पहले कभी इतना अन्धकार अनुभव नहीं किया था। रात लम्बी मालूम होती है, इतनी ही सान्त्वना है कि न स्वयं को पराजित अनुभव करता हूँ और न निराश अनुभव करता हूँ। मैं किसी भी घटना के लिए तैयार हूँ, करो या मरो की परीक्षा यहीं होगी। करो का अर्थ हिन्दू-मुस्लिम मेलजोल के साथ रहना सीखें अन्यथा इस प्रयत्न में मुझे मर जाना चाहिए।

आज के प्रभात का प्राकृतिक सौन्दर्य अद्‌भुत था। सारे का सारा प्राकृतिक दृश्य एक मुस्कुराता हुआ उद्यान दिखायी पड़ रहा था। नारियल और सुपारी के आकाश छूने वाले घने झाड़ों के सिरे आपस में मिलकर एक हो रहे थे। उनकी एक अलग ही तरह की कुदरती छत्री बनकर छाया प्रदान कर रही थी। गाँधी उस सौन्दर्य से शायद सत्य का संचय कर रहे थे तभी तो उनके मुखमण्डल पर परमशान्ति व्याप्त रही थी।

सवेरे की प्रार्थना के बाद वे अपने सहयोगियों से कह रहे थे–मैं पीड़ितों से कहता हूँ अकेले भी रहो तो निर्भय रहो, ईश्वर पर विश्वास रखकर भय का सामना करो, भय भाग जायेगा और मैं स्वयं आप लोगों के साथ रहता हूँ, अपने सहयोगियों के साथ रहता हूँ तो मेरी बात का प्रभाव उन पर कैसे हो सकता है? इसलिए मैंने निश्चय किया है आज से मैं तमाम साथियों को अपनी सेवाओं से अलग करता हूँ और उस समय तक बंगाल में डटा रहूँगा जब तक हिन्दू–मुस्लिम मेलजोल और शान्ति के साथ रहना न सीख लेंगे। हमारे सभी सदस्य एक–एक पीड़ित गाँव में बैठा दिये जायें और ख़ास बात यह कि उस गाँव में हिन्दुओं की सुरक्षा के लिए उन्हें जामन बनना पड़ेगा।

अपने सहयोगियों से अलग होकर निर्मल कुमार बोस, जो उनके स्टेनोग्राफ़र दुभाषिये भी थे, को साथ लेकर वे कोलम्बस की तरह अन्धकारपूर्ण अज्ञात का सामना करने आगे बढ़ रहे थे। तो चारु चौधरी की आँखें बरस उठीं। प्रस्थान के समय सभी लोग मिलकर उनके प्रिय भजन 'वैष्णव जन तो'... गा रहे थे। अधिकांश की आँखें भरी हुई थीं और स्वर विह्वल गद्‌गद हो रहे थे। वे लोग तब तक गाँधी को निर्निमेष नेत्रों से निहारते रहे जब तक बाँस की देहाती नाव गाँधी को लेकर रामगंज के पुल की मेहराबों से गुज़रती हुई श्रीरामपुर की दिशा में जाती हुई धीरे–धीरे विलीन नहीं हो गयी। लगभग ढाई घण्टे लग गये..., रामगंज से श्रीरामपुर पहुँचने में, छोटी–सी नौका डगमग करती हुई किनारे लगी। गाँधी ने नवयुवकों सी चपलता के साथ अपना क़दम नाव से बाहर रखा। इस तरह अपने सहयोगियों से अलग होकर काम करना उनका बिल्कुल नया प्रयोग हो, ऐसा लग ही नहीं रहा था।

सामने टीन की छतवाली एक छोटी–सी कुटिया नज़र आ रही थी। वह कुटिया पानी से भरे धान के खेतों और ऊँची सुपारी एवं नारियल के कुंजों के मध्य धूपवाले खुले स्थानों में खड़ी थी, वहाँ पहुँचते ही गाँधी अपनी कुटिया को व्यवस्थित करने में लग गये। कुटिया में रखी लकड़ी के पाट पर अपनी चटाई स्वयं ही बिछा ली। वे मन–ही–मन अनुमान लगा रहे थे दिन में यह पाट उनके दफ़्तर का काम करेगा और रात में बिस्तर का...। अपनी सुघड़ता कितनी भी विपरीत परिस्थिति हो वे कभी नहीं छोड़ते थे तो अभी कैसे छोड़ सकते थे–वे पाट के एक सिरे पर अपनी पुस्तकें, अन्य काग़ज़ात को जमा रहे थे।

गाँधी ने कुटिया के भीतर झाँका, कुछ लकड़ी के अधजले सामान इधर–उधर बिखरे पड़े थे यानि इस घर में भी आग लगायी गयी थी, इस सत्य के लिए किसी असत्य प्रमाण की क्या आवश्यकता पड़ सकती थी?

उन्हें महसूस हो रहा था, रक्तचाप बढ़ रहा है, परन्तु मरो और करो की मुहिम छेड़ देने के बाद सबका गौण हो जाना स्वाभाविक था। वे कुटिया से बाहर निकलकर मुआयना कर रहे थे, श्रीरामपुर में कुल कितने परिवार हैं, कोई यह नहीं कह रहा था आप मुआयना करने वाले कौन हैं, जज या हाकिम? श्रीरामपुर वासी उत्तर दे रहे थे–

–मूल परिवार पाँच सौ बयासी।

–मुस्लिम ?

–तीन सौ बयासी

–हिन्दू ?

–दो सौ, सभी लोग इधर–उधर चले गये हैं बहुत कम परिवार अभी यहाँ बचे हैं।

–कितने कम... गाँधी का सीधा सवाल था।

–तीन परिवार–उत्तर भी सीधा आया, क्योंकि जवाब देने वाला नेता नहीं ग्रामीण था।

गाँधी की दृष्टि अधजली लकड़ी पर स्थिर थी, शायद वे कुछ सोच रहे थे। उन्हें ध्यानमग्न सोचनीय मुद्रा में देख कमाल मियाँ ने कहा–महात्मा जी, जो कुछ हुआ है उसके लिए हम सबको दुख है। हम सब बुरे नहीं हैं, हमारे ग्रामवासियों में कुछ लोग ज़रूर हैं। एक हिन्दू डॉक्टर की जान बचाने के लिए उनके वफ़ादार पड़ोसियों ने दंगाइयों को उनकी मनमानी करने से यह कहकर रोक दिया 'जो कोई हमारे डॉक्टर साहब के घर पर हमला करेगा, हम लोग उसे मार डालेंगे...' सच मानिए महात्मा जी दंगाई भाग गये और डॉक्टर आज भी सुरक्षित हैं।

–किसी भी जगह सभी लोग बुरे नहीं हो सकते किन्तु अच्छे लोगों की निष्क्रियता ही बुरे लोगों को प्रोत्साहन देती है, मैं यहाँ प्रत्येक निवासी के हृदय में प्रवेश करने के लिए आया हूँ, गाँधी ने कहा।

–महात्मा जी, मैं इस गाँव का चौकीदार हूँ, इन बुरी बातों का दुख है, परन्तु हम क्या कर सकते हैं? सब अल्लाह की मर्ज़ी है, चौकीदार ने ऊपर हाथ उठाते हुए कहा।

—ईश्वर की इच्छा सर्वशक्तिमान है परन्तु हमें अपना फ़र्ज़ तो अदा करना ही होगा, उन्होंने समझाने की कोशिश की।

—महात्मा जी, मैं मौलवी हूँ और ख़ुदा के भय से अनजान भी नहीं हूँ। मैं आपसे प्रार्थना करता हूँ आप हिन्दुओं को शरणार्थी कैम्पों से लौट आने के लिए कहें। एक निवेदन और भी है। कृपया आज के भोजन का निमन्त्रण स्वीकार करें।

—भोजन का निमन्त्रण तो स्वीकार है किन्तु अभी लौटने में जल्दबाज़ी नहीं कर प्रतीक्षा करनी चाहिए, मैं स्थानीय मुसलमानों के विचार जानकर ही इस मामले में सलाह दे सकता हूँ। उस समय वहाँ पर खड़े पीड़ित समूह गाँधी के कथन के समर्थन में गर्दन हिला रहे थे।

शाम की प्रार्थना प्रारम्भ हो चुकी थी, हज़ारों की संख्या में लोग जमा होकर गाँधी को सुन रहे थे—पहले मैं हिन्दुओं से कहता था वे साहस पर निर्भर रहें और मैं स्वयं कई साथियों से घिरा रहता था। लेकिन अब मैं अकेला हूँ, अब सच्चा समय आ गया है, यदि अपने को जानना चाहते हो तो अकेले निकल पड़ें।

पाँच नवयुवक सचमुच आगे आकर खड़े हो गये—आप इतनी वृद्धावस्था में अकेले इतनी दूर हमारे गाँव में हमें हिम्मत दे रहे हैं और महात्मा जी हम लोग नौजवान हैं, हमारे पिता, काका की हत्या कर दी गयी है और हम सब जान बचाने की ख़ातिर मुसलमान बन गये हैं। हम लोगों को आज आपकी बात सुनकर लज्जा आ रही है, अपनी ही नज़र में हम गिर रहे हैं।

—तुम अभी से अपनी ही नज़रों में ऊपर उठ जाओगे—जिस क्षण हम कायरता से मुक्ति पा लेते हैं, उसी क्षण हमारा नवजन्म हो जाता है। लेकिन अभी तक तुम्हारे साथ जो कुछ हुआ पूरी दास्तान को लिखकर दो...। मैं इसकी तहक़ीक़ात करवाता हूँ, हाँ एक बात और याद रखो धर्म परिवर्तन भय और बलात् वैध नहीं होता है। तुम्हारा मूल धर्म ही तुम्हारा स्व—धर्म है।

निर्मल कुमार बोस ने अपने हाथों उन्हें मालिश करते देखकर टोका—बापू कम—से—कम, मालिश तो आप स्वयं करने का कष्ट न करें। आभा गाँधी को भी आपने अपनी सेवा से हटाकर सोलह मील दूर भेज दिया है।

—मुझे स्वीकार करना चाहिए कि मैं उसकी सेवा का अभ्यस्त बनता जा रहा था। परन्तु एक विशेष व्यक्ति से ही सेवा लेने की आदत तपस्या

के साथ सुसंगत नहीं कहते हुए वे पावभर बकरी के दूध में लगभग उतने ही सब्ज़ी के रस को मिलाकर अपने भोजन की तैयारी में जुट गये।

निर्मल बोस उनको अस्वाद व्रत का पेय पदार्थ पीते देख सोच रहे थे, ऊँची राजनीतिक, ऊँचे कूटनीतिज्ञों और राजनीतिज्ञों से कैसे उन्होंने अपने आपको अलग कर लिया है। आज की तिथि में इनकी दुनिया, ग़रीबों, छोटे आदमियों और अधिकांश बे–घर, निर्धनों, मालियों, चौकीदारों, नाइयों, लोहारों, जुलाहों, बढ़इयों, मछुआरों इत्यादि की बन गयी है।

गाँधी का भी मानस चल रहा था, वह भी अपने बदलाव को महसूस कर रहे थे। इससे पहले उन्होंने आम लोगों की सेवा के लिए राजनीति का उपयोग किया था परन्तु आज उन्होंने साधारण लोगों की सेवा के द्वारा देश की राजनीति को ढालने का कार्य प्रारम्भ कर दिया है। वे स्वयं अनुभूत कर रहे थे, जनता का मानस तैयार करने के लिए यह एक अनोखा प्रयोग है।

निर्मल बसु ने घड़ी देखी, गाँधी को काम प्रारम्भ किये हुए सोलह घण्टे हो चुके थे। हालाँकि यह वाकया तो प्रतिदिन का था परन्तु अभी तक दूसरी अन्य सेवाएँ तो दूसरे कर दिया करते थे परन्तु आज अपना बिस्तर भी ख़ुद लगाया... और रसोईघर में जाकर पाकशास्त्री होने का धर्म निभाने में भी पीछे नहीं रहे। अख़बारों के लिए तो लिखना ही था और दैनिक हिसाब किये बिना तो वे रह ही नहीं सकते थे। अपने आप से की गयी प्रतिबद्धता उनके लिए भीष्म प्रतिज्ञा से कम नहीं थी।

एक अवतार और था गाँधी का जो श्रीरामपुर में प्रकट हुआ था। उपद्रव के समय सभी दवाखाने लगभग बन्द हो गये थे। दरअसल अधिकतर दवाखाने हिन्दुओं के थे और स्वाभाविक है डॉक्टर भी हिन्दू ही थे। एकाध डॉक्टर बचे हुए भी तो लाख पैसे दे दो या प्रेम से नहला दो... डॉक्टरी करने को तैयार ही नहीं थे जैसे उनके चिकित्सा विज्ञान के सारे ज्ञान मनोमस्तिष्क से कर्पूर की तरह उड़ गये हों।

हाँ, तो गाँधी का नया अवतार था–प्राकृतिक चिकित्सक का। उन्होंने रामनाम के अचूक रोग निवारण के साथ प्राकृतिक चिकित्सा का काम प्रारम्भ कर दिया। प्राकृतिक चिकित्सा के प्रति अपार श्रद्धा भले ही थी परन्तु कट्टर बनकर थोपते नहीं थे। लोग तो कहने लगे थे, क्या मुसलमान क्या हिन्दू, सन्त पुरुष के हाथों में जादू होता है... लेकिन वे कोई पोंगा

पण्डित तो थे नहीं...। दो ग़रीब मुस्लिम लड़कों को कालाजार हो गया तो जागीर गाँव में सुशीला नैयर को ख़बर भेजी—इन लड़कों का तुम्हें इलाज करना है। सुशीला नैयर भी छह मील पैदल चलकर पहुँच गयी उन बच्चों के पास सूई देने। सिर्फ़ एक दिन आने से काम चलना सम्भव नहीं था। कोई दूसरा व्यक्ति तो सूई देना जानता न था—सुशीला नैयर छह मील चलकर सूई देने आती थी... और फिर वापस जागीर गाँव अपनी डिसपेंसरी में लौट आती थी।

7

कलकत्ते में मुख्यमन्त्री निवास में सुहरावर्दी अख़बार पढ़ रहा था—गाँधी यहाँ की दोनों कौमों के मित्र हैं, गाँव के मुसलमान और हिन्दू उनसे सहायता लेने के लिए उनके पास आने में हिचकिचाते नहीं हैं। वे दोनों के मित्र, दार्शनिक और पथप्रदर्शक हैं। वे अपने एकाकी जीवन में सब कुछ अपने हाथ ही करने का प्रयत्न करते हैं। वे अपना भोजन ख़ुद बनाते हैं। अपनी चीज़ों को व्यवस्थित करते हैं, अपने शरीर की मालिश स्वयं करते हैं और स्वयं ही अपने डॉक्टर भी हैं।

सुहरावर्दी ने दूसरा अख़बार उठाया—महात्मा गाँधी अपना अधिकांश समय ग़रीबों और बीमारों की देखभाल में ख़र्च कर रहे हैं।

सुहरावर्दी ने उस समाचार—पत्र को भी रख दिया। इस अनोखे व्यक्ति से जब अंग्रेज़ी हुकूमत नहीं जीत पायी तो लीग क्या कर सकती है। जो व्यक्ति अपना सबकुछ कुर्बान करने को तैयार बैठा है उसको दबाना नामुमकिन है, परन्तु लीग इस बात को समझेगी तब न?

आज सवेरे से श्रीरामपुर की इस छोटी—सी कुटिया में पार्सल लाते—लाते डाकिया परेशान हो गया था। रास्ते में किसी ने पूछा पोस्ट मास्टर जी, इतनी सामग्री लेकर कहाँ जा रहे हो? हालाँकि डाकिया जानता है, वह पोस्टमास्टर नहीं है लेकिन जब भी उसे कोई पोस्ट मास्टर बोलता है तो वह हमेशा जोश में भर जाता है। आज भी जोश में भरकर कहा—मैं कैसे जानूँगा किसमें क्या है? बस इतना बता सकता हूँ कि महात्मा जी के राजबाड़ी में सामान पहुँचाना है, कुछ पार्सल पंजाब से आये हैं तो कुछ आसाम से और कुछ... बस अभी समय नहीं है मेरे पास कहता हुआ डाकिया उस कुटिया पर पहुँच गया, जो सच में किसी राजबाड़ी से कम

नहीं थी... उसमें रहने वाला आदमी ही इतना बड़ा था कि उसके निवास स्थान का नाम राजबाड़ी कैसे न पड़े भले ही वह टीन की छप्पर वाली छोटी–सी कुटिया ही क्यों न थी।

निर्मल बसु ने पंजाब से आये पत्र को खोलते हुए कहा–बापू, पंजाब की अहमदिया जमात ने पाँच हज़ार रुपये और साथ में एक पत्र भी भेजा है–इस्लाम एक उसूल के नाते, वर्ग या धर्म की परवाह किये बिना सभी दुखियों और शोषितों की सहायता और मुक्ति का पक्षपाती है। हम इसे अपना पवित्र कर्तव्य समझते हैं कि दुखी कोई भी हो, कष्ट निवारण के लिए हम भरसक सहायता और सहयोग दें।

आसाम से भेजी गयी सैकड़ों जोड़ी शंख की चूड़ियाँ, कई किलो लाल–लाल सिन्दूर देखकर वे सोच रहे थे–यह वस्तु नहीं संवेदना का सम्प्रेषण है।

संवेदना सिर्फ़ वस्तुओं के रूप में ही सम्प्रेषित नहीं हो रही थी, लोगों में वह इतनी बढ़ रही था कि देशभर से गाँधी के अनुयायी नोआखाली आने के लिए मचल रहे थे परन्तु उनका फंडा दूसरा था... वे स्थानीय लागों के मेलमिलाप से काम करवाने की दिशा में लगे हुए थे।

परन्तु आज़ाद हिन्द फ़ौज़ के सरदार निरंजन सिंह गिल का क्या करते? वह पहुँच गया गाँधी के पास। बापू, नेताजी ने अपने विदाई सन्देश में हम सबों से कहा था–भारत लौटकर अपने आपको अहिंसा का सिपाही बना लेना और गाँधी जी के आदेशों पर चलना।

सरदार अपनी ख़ूबियाँ गिना रहा था, हमने आज़ाद हिन्द फ़ौज में काम किया था और हमें यह कह सकने का गौरव है कि हमने जाति, धर्म या प्रान्त के सारे भेदभाव भुला दिये थे, निरंजन सिंह गिल के चेहरे पर सेकुलर होने का दर्प झलक रहा था।

–तुमने बंगाल सरकार से नोआखाली आने की अनुमति ले ली है न।

–मैं जानता था बापू... आपके इस आदेश की जानकारी मुझे थी, तभी तो मैं सरदार पटेल और सुहरावर्दी साहब से इजाजत लेकर उपस्थित हुआ हूँ। आज़ाद हिन्द फ़ौज के पचास नौजवान आपकी सेवा में और भी आने वाले हैं, कहा तो एक हज़ार फ़ौजियों ने था आने को, पर पचास ही आ पाये...।

गाँधी ने सुहरावर्दी को ख़बर भेजी–आज़ाद हिन्द फ़ौजियों के ख़र्चे को कृपया वहन करें।

–मेरे पास पैसे नहीं हैं, सुहरावर्दी ने हाथ खड़े कर लिए।

—एक रुपया भी तो दीजिए आज़ाद हिन्द के फ़ौजियों के लिए उन्होंने पत्र में लिखा।

उसी समय गाँधी पटेल को भी पत्र लिख रहे थे—मेरा यह विश्वास अनुभव के फलस्वरूप दिनोंदिन दृढ़ होता जा रहा है कि रूपयों की बुनियाद पर बनायी गयी इमारत ताश के महल की तरह ढह जाती है। इसी से आप रुपयों में अपना विश्वास रखना छोड़ दीजिए। रुपयों को अपना देवता बनाकर हम ईश्वर को पदच्युत कर देते हैं। गाँधी ने पत्र को लिफ़ाफ़े में रख दिया, उनके सोने का समय हो गया था।

श्रीरामपुर कितना बदल गया था, प्रेम के इस खमीर को कोई भी महसूस कर सकता था। गाँधी जब टहलने के लिए निकले तो हिन्दुओं से अधिक मुस्लिमों की जनसंख्या भीड़ की शक्ल अख़्तियार कर रही थी। किसी के हाथ फल से भरे थे तो किसी के फूल से, उसी भीड़ में इलहास मौलवी अपनी भावना व्यक्त करने से अपने को नहीं रोक पाया—महात्मा जी, हम लोग समझ गये हैं हममें से सबों के साथ आपका मानवता का ऐसा नाता है जो जाति और धर्म के सारे भेदों से परे है। हिन्दुओं का तो कहना ही क्या था? गाँधी के प्रेम भरे सन्देश से उनके अन्दर आत्मा में गहरे तक जैसे नयी ऊर्जा का संचार हो रहा था।

तभी जब चार दिसम्बर को छह सौ हिन्दू नर—नारियों और बालकों का एक जुलूस छह मील तक हरे कृष्ण महामन्त्र की तुमुल ध्वनि करते खोल और करताल के साथ जयध्वनि करता श्रीरामपुर पहुँचा तो पहली बार गाँधी भी किसी ऐसे जुलूस के हिस्सा बन गये।

यह एक ऐसा दृश्य था कि कोई भी इसे देखकर सुखद आश्चर्य में पड़कर बिना आनन्दित हुए नहीं रह सकता था।

इस दृश्य को देखकर गाँधी ध्यानमग्न हो रहे थे—सुरक्षित स्थिति में जब हम भगवान की स्तुति गाते हैं यह कोई ख़ूबी नहीं, स्तुति तो तभी वास्तविक होती है जब वह भय और संकट के समय की जाती है। तभी एक व्यक्ति गाँधी के पैरों पर गिर पड़ा—महात्मा जी, मेरा नाम त्रिलोक महाराज है। महात्मा जी—जीवन भर मैं क्रान्तिकारी संस्था का सदस्य रहा हूँ। लेकिन हम लोगों में से कोई यह नहीं जानता कि लोगों को जिस भयंकर भय ने इस समय जकड़ रखा है इसका निवारण क्या है? हम जीवन भर हिंसा के आदी रहे हैं परन्तु अब लगता है कि आपकी अहिंसा ही कुछ कर सकती है। उन्होंने उसे ऊपर उठाया, थोड़ा रुक कर त्रिलोकी

महाराज ने पूछा–कैसे हिन्दुओं में आत्म रक्षा की शक्ति संगठित की जाये कृपया आप ही उपाय बतायें।

–हिंसक पद्धति से कोई भी संगठन बनाया जायेगा तो शस्त्रों की होड़ लगेगी और भारत के लिए नाशकारी होगा। पिछले पचीस वर्षों में जो अहिंसा का पालन हुआ वह भले ही लूला–लँगड़ा हो फिर भी सम्पूर्ण भारतीय राष्ट्र का साहस बढ़ा है।

–महात्मा जी हम लोग प्रायश्चित्त करना चाहते हैं। हिन्दू भाइयों के साथ सहभोज का आयोजन करना चाहते है। शायद इससे हमारी दूरियाँ कुछ कम हो जायें, सुलेमान मौलवी ने आगे बढ़कर अपनी इच्छा बतायी।

हर बात सफल ही हो ज़रूरी नहीं, हर बात सफल हो भी नहीं सकती। सहभोज भी सफल नहीं हो पाया, रामनारायण मण्डल ने सहभोज में आने से इनकार कर दिया–आज खाना खाने को कह रहे हैं, कल कलमा पढ़ने को कहेंगे और फिर कहेंगे अपनी बेटी से विवाह करो–बापू कृपया हमें यह आदेश न दें...।

–आपका डर निराधार नहीं है, मैं कोई नियम नहीं बनाऊँगा, आप स्वयं निर्णय लेंगे।

गाँधी ने सुलेमान की ओर मुड़कर कहा–हिन्दुओं में यह संकोच है इसे अन्यथा नहीं लेना चाहिए। प्रेम ही सारी खाई पाट सकता है।

सरदार निरंजन सिंह का आज नोआखाली में पहला दिन था, वह मुग्ध हो रहा था, महात्मा जी तो एक निष्णात डॉक्टर की तरह हर बीमार की बीमारी देखकर ही दवा की खुराक देते हैं।

श्रीरामपुर गाँव में पूर्ण शान्ति छायी हुई थी। अभी सबेरा होने में देर थी। आकाश में तारे अभी भी चमक रहे थे, चन्द्रमा का प्रकाश मद्धिम पड़ गया था।

गाँधी लालटेन की रोशनी में कुछ लिख रहे थे, वे एक सफ़ेद चादर ओढे हुए थे, उनके ललाट की चमक तारों की चमक से कम नहीं थी।

वे लिख रहे थे–मैं बंगाल से हार कर नहीं लौटना चाहता, ज़रूरत हुई तो मैं किसी हत्यारे के हाथों मरना अधिक पसन्द करूँगा। मैंने शुरू में ही कहा है कि यह बहुत ही ख़तरनाक काम सिद्ध होगा। इससे अधिक ख़तरनाक काम हमारे जीवन में नहीं आने वाला है। हमें अपने आपको पूरी तरह ईश्वर के चरणों में रख देना चाहिए। मैं नोआखाली में अपने आपको और भी अधिकाधिक ईश्वर के हाथों में सौंप रहा हूँ।

8

काजिरवाल में प्यारेलाल की तबीयत में आज सुधार था। चारु चौधरी तो सन्निपात में उन्हें बड़बड़ाते देख घबरा ही गये थे। शारीरिक कष्ट में डॉक्टर ही है जो ताड़क नज़र आता है। पास ही गाँव भटियालपुर से प्यारेलाल की बहन डॉ. सुशीला नैयर को ख़बर भेजकर बुला दिया। चारु चौधरी ने सुशीला नैयर को बहन के नाते नहीं डॉक्टर के नाते ही बुलाया था। चारु चौधरी को गाँधी की यह बात स्मरण नहीं रही, उन्होंने तब कहा था, जब अम्तुस्सलाम को सिरंदी, सुशीला पै को कारपाड़ा, कनु गाँधी को रामदेवपुर, आभा गाँधी को हैमचर, प्रभुदास को पारकोट, सुशीला नैयर को भटियालपुर और प्यारेलाल नैयर को जागीर गाँव भेज रहे थे।

प्यारेलाल गाँधी की उन्हीं बातों का स्मरण कर रहे थे–सेना में सैनिक अपने पैरों की देखभाल नहीं करता और पैरों में घट्टे पड़ने देता है, उसे नौकरी से हटा दिया जाता है या सज़ा दी जाती है। अहिंसा के सैनिक से तो इससे कहीं अधिक की आशा रखी जाती है, अभी हम लोगों को बीमार पड़ने का भी अधिकार नहीं है।

प्यारेलाल को कहाँ पता था अपनी बीमारी का, बीमारी सूचना तो देती नहीं। वह तो बहुत ख़ुश थे, लोगों से कहते भी रहे थे सात सौ पोखरों का पानी चखने के बाद भी मेरा कुछ भी बाल बांका नहीं हुआ। उस दिन जब जागीर गाँव से आये तो बिल्कुल तन्दुरुस्त थे... अचानक लौटते वक़्त बहुत ज़ोरों से ठण्ड लगी, हाथ–पाँव काँपने लगे, बदन तप रहा था तेज़ बुखार में खाट पकड़ ली। मलेरिया में तुरन्त उठकर जागीर गाँव जा नहीं पाये।

प्यारेलाल बापू का ही स्मरण करते रहे थे तभी उनका पत्र मिला। काँपते हाथों से पत्र पढ़ रहे थे–तुम्हें अपने गाँव नहीं जाना है। जिन्हें गाँवों में जाना है उन्हें करने या मरने का निश्चय करके जाना होगा। यदि वे वहाँ बीमार हो जायें तो या तो उन्हें अच्छा हो जाना चाहिए या वहीं मर जाना चाहिए। तभी उनके जाने का कोई अर्थ होगा। व्यवहार में इसका अर्थ यह है कि बीमारी की हालत में या तो उन्हें घरेलू दवाइयों से या प्रकृति के पंच तत्त्वों के इलाज से सन्तोष करना होगा। सुशीला की डॉक्टरी सेवाएँ हमारे दल के सदस्यों के लिए उपलब्ध नहीं मानी जातीं। उसकी सारी सेवाएँ तो पूर्व बंगाल के ग्रामवासियों के लिए पहले ही गिरवी रख दी गयी हैं। उसके अपने गाँव में उसका बहुत काम है। जब अच्छे

हो जाओ तब मेरे पास आना। तब मैं करो या मरो का अर्थ और ज़्यादा समझाऊँगा। इस पत्र ने प्यारेलाल के मलेरिया को दो दिन में ही भगा दिया। जब वे श्रीरामपुर पहुँचे तो गाँधी रास्ते में मिल गये, वे दो बाँसों के बने पुल पर बिना सहारा लिए पार करने का अभ्यास कर रहे थे। वैसे निर्मल बोस सहारा देने के लिए खड़े थे।

श्रीरामपुर में प्यारेलाल को करो या मरो की निष्णात दीक्षा मिल गयी तभी तो उन्होंने जागीर गाँव वापस आकर अपनी पूरी शक्ति झोंक दी।

प्यारेलाल स्त्रियों से बातें करने की जितनी कोशिश कर सकते थे उतनी कोशिश कर रहे थे परन्तु ज़ुबान खोलने के लिए कोई भी तैयार नहीं थी। जिस पीड़ा से वे सब गुज़री थीं..., प्यारेलाल उसे समझ रहे थे, वे घर के अन्दर चले गये।

—क्या बताऊँ भाई साहब, बाहर निकलते वक़्त माथे की बिन्दी और माँग का सिन्दूर लगाने में भी डर लगता है... हम अपना सुहाग चिह्न शंख की चूड़ियाँ पहनने में भी डरती हैं। ज़बर्दस्ती धर्मपरिवर्तन किया गया था, उस समय हाथों की चूड़ियाँ खोल या तोड़ दी गयी थीं, कहते—कहते सुनयना फफक पड़ी।

प्यारेलाल ने ध्यानपूर्वक उसे देखा—उसका चेहरा पिचका हुआ और पीला पड़ गया था। उसकी आँखें अभी भी भयग्रस्त थीं, इनकी वेदना को कोई भी महसूस कर सकता था। प्यारेलाल घर के बाहर निकल गये। बाहर दो—चार मौलवी एक निरीह प्राणी सुनील को साथ लेकर खड़े थे। सुनील तेज़ी से प्यारेलाल की ओर बढ़ा—जो मुसलमान भाई यहाँ खड़े हैं, वे हमारे सच्चे उद्धारक और रक्षक हैं। सुरक्षा फिर से स्थापित हो इसके लिए अब इस बात की ज़रूरत है कि मियाँ साहब गुलाम सरबर रिहा होकर लौट आयें, वह उतना बोलकर चुप हो गया जितना उसे रटाया गया था। प्योरेलाल आश्चर्यचकित नहीं हुए। उन्हें उसकी बेबसी पर तरस आ रहा था। उनकी आँखें भर आयीं। गाँधी सत्य कहते हैं, भय आत्मा को मार देता है।

कुछ देर बाद ही वह 'बेचारा' छुपता—छुपाता उनके कमरे में पहुँचा—उन लोगों के बीच आप मुझसे और क्या कहने की आशा रख सकते थे ? उस समय भी प्यारेलाल ने कुछ नहीं कहा।

'बचाओ—बचाओ' प्यारेलाल के कानों में भी आवाज़ आ रही थी। कोई मदद के लिए पुकार रहा था, शायद कोई संकट में था। उस समय, शाम का समय था, वे प्रार्थना कर रहे थे। उस पुकार को सुन प्रार्थना छोड़ वे

दौड़ पड़े कहना सही नहीं, वे असली प्रार्थना करने दौड़ गये। उन्हें भागते देख रामशरण गुप्ता भी साथ हो गया, दो क़दम बढ़ा था कि जमाल भी पीछे हो लिया, प्यारेलाल को और क्या चाहिए था? गाँधी ने हमेशा से सबको यही समझाया था यदि एक गाँव में एक सच्चा हिन्दू और एक सच्चा मुसलमान का साथ मिल जाये तो समझो तुम्हारा आधे से अधिक काम हो गया।

–साहब आगे न जायें, वह अच्छी जगह नहीं है। उपद्रव–स्थल आप लोगों के जाने के उपयुक्त जगह नहीं है, फरार और बदमाश लोगों का अड्डा है। एक सज्जन मौलवी ने दोस्ताने ढंग से रोका।

प्यारेलाल आगे बढ़ गये। अड्डे पर पीड़ित तो नहीं मिला उलटे प्यारेलाल की पूछताछ ऐसे हुई जैसे कोई घुसपैठिया आ गया हो। तभी एक लम्बे–तगड़े व्यक्ति ने आँखों में आग और जुनूनी अन्दाज़ में प्यारेलाल पर ज़ोर से लाठी का वार कर दिया लेकिन तब तक साथ आये मौलवी ने प्यारेलाल को हटाया और उसके सामने स्वयं खड़ा हो गया।

प्यारेलाल बच गये परन्तु पूरी रात्रि ठीक से सो नहीं पाये। सवेरे की प्रार्थना के बाद अकेले ही फिर उसी बदनाम अड्डे पर खड़े थे। सामने वही व्यक्ति बैठा था जिसने लाठी से उन पर प्रहार किया था। प्यारेलाल उसके नज़दीक चले गये, एकदम पास... वह बैठा रहा, वह चाहकर भी नहीं उठ सकता था। उसके हाथ–पैर घायल होकर सूजे हुए भयंकर दिखायी पड़ रहे थे।

–यह कैसे हुआ? प्यारेलाल ने पूछा।

–कुछ देर तक वह चुप रहा, फिर कष्टपूर्वक कहा–कल रात्रि नारियल के पेड़ से गिर गया था।

–मेरे अपने साथी डॉक्टर चन्द्रशेखर भौमिक को लेकर अभी आता हूँ। प्यारेलाल डॉक्टर भौमिक को लेने दौड़े।

–बाप रे वह व्यक्ति, कसाई सिर्फ़ नाम ही नहीं... पूरा राक्षस है, उपद्रव के समय वह हँसिया लेकर मुझे मारने आया था। लेकिन एक सत्य यह भी है जब उसने मुझ पर वार किया था तो बचाने वाला भी मियाँ अनवर ही था। वह ख़ुदा का सच्चा बन्दा है। वह उसके पैरों पर गिर कर अनुयय–विनय कर रहा था तभी भीड़ से किसी ने मुझ पर हमला कर दिया तो अनवर बीच में कूद गया और छुरा उसे लग गया। ईश्वर को शुक्रिया कि वह बच गया। भौमिक इलाज करने के लिए तैयार हो गया। के लिए तैयार हो गया।

प्यारेलाल को या भौमिक को ही यह कहाँ पता था, हँसिया लेकर पीछे दौड़ने वाला राक्षस इतना बदल जायेगा, मित्र बनकर एक दिन हिन्दू–मुस्लिम के बीच के प्रेम का सेतु बन जायेगा।

प्यारेलाल नारियल से साबुन कैसे बने इसकी विधि सिखाने में तल्लीन थे, वे गिनती कर रहे थे... कितने नारियल से कितने साबुन बनेंगे और एक व्यक्ति को उससे कितने पैसे मिलेंगे?

कुछ दूर सामने खड़ा जो समूह उन्हें गौर से देख रहा था वह अधिक देर तक दूर नहीं रह पाया उसमें अधिकांशतः वृद्ध और प्रौढ़ थे, उनकी आँखें डबडबाई हुई थी। अवरुद्ध गले से जुम्मन काका की आवाज़ निकली—उस जमाने को रोते हुए याद करता हूँ जब हिन्दू और मुसलमान भाई–भाई की तरह रहते थे। जो कुछ हुआ इसके लिए सिरफिरे नौजवान और उनकी नयी–नयी उसूलें हैं। इस इलाक़े में ऐसा कभी नहीं हुआ था। ख़ुदा जाने इस दुनिया का क्या होने वाला है?

—आप सब जानते हैं कि महात्मा गाँधी नोआखाली इसी उद्देश्य से आये हैं कि हिन्दू–मुस्लिम एकता पुनः स्थापित हो सके—प्यारेलाल के स्वर में उत्साह झलक रहा था।

—हम लोग महात्मा जी का उद्देश्य पूरा करने में सहयोग का वचन देते हैं आज ही एक समिति बनाकर हाल की घटनाओं का निन्दा प्रस्ताव पास करते हैं। हम लोग प्रतिज्ञा करते हैं लूटी हुई जायदाद हो या भगाई हुई स्त्रियाँ... उनको वापस करने की ज़िम्मेवारी हमारी...

प्यारेलाल को बापू की याद आ रही थी, उन्होंने धीरे–से कहा—शुक्रिया।

—शुक्रिया कहकर शर्मिन्दा न करें हम लोग बर्बाद किये हुए घरों को फिर से बनाने में सहायता देंगे और मुस्लिम लीग के नाम पर जो चन्दा उगाहा गया है, उसे भी वापस दिलायेंगे... क्षण मात्र रुक कर जुम्मन मियाँ ने दुगने जोश में कहा—हमें ख़ुदा का ख़ौफ़ है, आप विश्वास रखिए, आवश्यकता हुई तो अपने प्राण देकर भी भविष्य में अल्पसंख्यक समुदाय के लोगों के जीवन, सम्मान और धर्म की रक्षा करेंगे।

प्यारेलाल का मन विश्वास और अविश्वास के द्वन्द्व में झूल रहा था। उनके हृदयाकाश का गाँधी कह रहा था—विश्वास रख। प्यारेलाल का मन भी विश्वास करना चाह रहा था पर इतनी अधिक अच्छी बातें एक साथ,

अतिशयोक्ति–सी लग रही थीं, पर विश्वास तो करना था क्योंकि गुरु से इसकी दीक्षा मिल चुकी थी।

प्रमाण भी इतनी जल्दी मिल जायेगा, नहीं पता था प्यारेलाल नैयर को, जब ख़बर मिली तो फिर पहुँचे अपने डॉक्टर भौमिक के साथ उस स्थान पर जहाँ उनके सामने घायलावस्था में ज़मीन पर एक युवक पड़ा हुआ था।

–क्या बात हुई? इस निरीह की यह हालत कैसे बनी और किसने बनायी–प्यारेलाल ने पूछा

–निरीह और यह, एक नम्बर का पाजी है, समर ख़ाँ ने कहा।

–डॉ. भौमिक पहले आप इसकी चिकित्सा प्रारम्भ करें तब तक मैं मौलवी साहब की बात सुनता हूँ, प्यारेलाल ने भौमिक को आगे करते हुए कहा।

–क्या बताऊँ, बताने में भी लज्जा हो रही है। गाँव की ही एक छोटी–सी लड़की, बारह–चौदह साल की होगी, अपने घर में अकेली थी। इस अपराधी ने नमक माँगने का बहाना किया और जब लड़की नमक लेने अन्दर गयी तो उसके पीछे–पीछे झोंपड़ी में घुस गया और दरवाज़ा बन्द कर लिया। लड़की ने अपने बाबा को बुलाने की धमकी दी, जो बाहर खेत में काम कर रहा था तो बदमाश ने उसके गले पर छुरी रख दी।

लेकिन भाई साहब महात्मा जी का निर्भीकता का पाठ पढ़ी लड़की निडरतापूर्वक चिल्लाई। बाप अपनी बेटी की आवाज़ सुनकर भागा आया तो यह पाजी फरार हो गया। जब हम लोगों को जानकारी हुई तो समिति ने दण्ड स्वरूप भरपूर पिटाई की है और साथ ही आर्थिक सज़ा भी सुनायी। अपने कुकर्मों की सज़ा भुगत रहा है, छोड़ दीजिए साले को मरने...।

प्यारेलाल का द्वन्द्व मिट रहा था, प्यारेलाल के क़दम उन घरों की ओर बढ़ रहे थे, जहाँ ग़रीब और छोटे लोग रह रहे थे।

–अरे रुको, रुको तुम लोग मुझसे क्यों भाग रहे हो? बच्चों को भागते देख प्यारेलाल ने ज़ोर से आवाज़ दी।

–बाबूजी, अनजान लोगों को देखकर बच्चे डर के मारे अपने घरों की ओर भागने लग जाते है–पंकज ने बच्चे को रोकने की कोशिश की।

प्यारेलाल ने प्यार से बच्चों के सिर पर हाथ रखते हुए कहा–भय से तो बाहर निकलना होगा।

–धीरे–धीरे निकलने की कोशिश कर रहे हैं। महात्मा जी के यहाँ आने के पहले सभी बच्चों को मुस्लिम पोशाक पहनना पड़ रहा था,

एक मौलवी रोज़ इन्हें नमाज सिखाने आया करता था। उसके चेहरे की वेदना से प्यारेलाल भी भीग गये।

—तुम कभी राम नाम लेते हो? प्यारेलाल ने बात को दूसरी ओर मोड़ा।

—लेने का साहस नहीं है, और न किसी पर विश्वास रहा।

—अपने घरों के भीतर एकान्त में भी नहीं?

—नहीं। आप नहीं जानते हम पर क्या बीती है। इस भरी दुनिया में हमारा कोई सहायक नहीं, हम सर्वथा निस्सहाय हैं। हमारे मालिक लोग तो यहाँ से छोड़कर कलकत्ता चले गये, हमलोग उनके यहाँ चौकीदारी, माली, धोबी आदि का काम वर्षों से करते आ रहे थे... पर आज हमारा कोई नहीं।

—तो आज से ही राम नाम लेना शुरू करो और उस सहायक की सहायता माँगो जो कभी धोखा नहीं देता। अभी यहीं राम नाम शुरू कर दो, प्यारेलाल को लग रहा था उसके भीतर से बापू बोल रहे हैं।

उनकी आँखें चमक उठीं—क्या यह सम्भव है?

—अवश्य सम्भव है।

रामधुन का संगीत ज़ोर पकड़ता जा रहा था... वे सब, जैसे आसपास के वातावरण को भूल गये। उनके मुखमण्डल पर एक नयी आभा, एक नया प्रकाश फैल रहा था। क्षण भर के लिए ही सही उन सबको 'निर्बल के बल' राम मिल गये थे।

प्यारेलाल को भी निर्बल के बल राम का ही सहारा लग रहा था। आसपास में दूर—दूर तक कोई साधु—सन्त नज़र नहीं आ रहे थे, जो ऐसे समय में इन्हें राह दिखाते। जान का भय किसे नहीं होता जिन्हें सच्ची श्रद्धा नहीं उनके लिए अपने प्राण से बढ़कर भला और क्या चीज़ हो सकती है? जिनके लिए साधु बनना एक व्यवसाय है भला उन्हें क्या पड़ी थी इन संकटों में पड़ने की? वैसे लोग तो अख़बारों में साक्षात्कार दे रहे थे और नफ़रत की आँधी को हवा दे रहे थे।

प्यारेलाल ग्रामवासियों को एकटक निहार रहे थे—भला इन ग्रामीणों से सच्चा साधु कौन होगा?

—क्यों न हम लोग दो—तीन गाँवों के लोग इकट्ठे होकर संकीर्तन करें; प्यारेलाल ने प्रस्ताव रखा।

—हरिबोल... ग्रामीणों ने जयकारा दिया।

स्त्रियों को अभी भी भय लग रहा था। अनवर ने सलाह दी कुछ हिन्दू युवकों के साथ मैं अपने साथियों के साथ पहरे पर बैठूँगा, कुछ नहीं होने दूँगा।

भौमिक ने एक छोटी–सी मेज़ पर गाँधी का चित्र फूलों और हरी पत्ती से सजाकर रख दिया। प्यारेलाल को महादेव देसाई की याद आ गयी, कैसे बापू ने उन्हें घर–घर भेजकर मेढ़–महार जातियों के घरों से अपनी तस्वीर पूजा–स्थली से यह कहकर हटवाई थी–

'मैं एक मरणापन्न साधारण व्यक्ति भला ईश्वर का स्थान कैसे ले सकता हूँ? जब तक पूजा–स्थली से सारे चित्र नहीं हटा लिए जाते, तब तक, भोजन नहीं करूँगा।'

प्यारेलाल डर गये। अपनी तस्वीर की पूजा होते देख बापू नाराज़ हो जायेंगे। प्यारेलाल ने डॉ. भौमिक को सचेत करने की कोशिश की।

–जेई कृष्ण, सेई गौर, गौर ही गाँधी बनकर आये हैं ग्रामीण अड़ गये। अपने तारनहार से बड़ा भगवान अभी उन्हें कौन लग सकता था?

प्यारेलाल अड़ नहीं पाये। इन ग्रामीणों के उत्साह को भंग करने से कम ख़तरा उन्हें बापू की डाँट लगा। उनके सामने मण्डप सज गया था। सन की डंडियों पर रंगीन काग़ज़ चिपकाकर छोटा–सा कलापूर्ण मण्डप बहुत सुन्दर दिख रहा था। जलती हुई अगरबत्ती अपनी सुगन्ध बिखेर रही थी।

–कीर्त्तन के बाद प्रसाद बाँटने के लिए हम लोगों के पास मिठाइयाँ तो हैं ही नहीं? वसु मालकार ने उदास स्वर में कहा।

–ईश्वर का नाम तो ऐसे ही बहुत मीठा है, उसे और मीठा बनाने की भला क्या आवश्यकता? प्यारेलाल की सान्त्वना काम कर गयी।

हरिकीर्त्तन में सभी मस्त थे, धीरे–धीरे ही सही कुछ मुस्लिम भी इकट्ठे हो रहे थे। आश्चर्य तब हुआ उन्हीं में से एक मौलवी रिजवान कीर्त्तनियों को समझा रहा था।

–डरकर धर्मपरिवर्तन करना सच्चे धर्म का अपमान है। बहुत दिनों बाद इतने ज़ोर की शंखध्वनि बजी। लेकिन सब बातें इतनी तेज़ी से कहाँ बदलती हैं? कुछ लोग तो अभी भी बचे हुए थे। उन्होंने आपत्ति ठोक दी–शंखध्वनि से उनकी स्त्रियाँ डर रही हैं।

अब प्यारेलाल से भी नहीं रहा गया। वे पहुँच गये उस चाय की दुकान पर, जहाँ से धमकी आयी थी। शाम का समय था, वैसे भी सर्दियों

में अँधेरा जल्दी हो जाता है। अँधेरा हो चुका था। दुकान में लम्बी–सी एक गन्दी मेज़ रखी हुई थी, उस पर एक मोमबत्ती जल रही थी। चालीस से कम नहीं, अधिक ही लोग वहाँ इकट्ठे थे, चन्द बुर्ज़ुर्गों का छोड़कर अधिकांश तो नौजवान ही थे।

एक नौजवान तमतमाते हुए कह रहा था–इन सब बातों का क्या मतलब है? इसके पहले किसी ने शंख बजाने की हिम्मत नहीं की थी। क्या हिन्दू बदले की भावना से मुसलमानों को मारने की तैयारी कर रहे हैं?

–तो फिर क्या आप यह चाहते हैं कि आपके हिन्दू भाई आपके बीच इस तरह हमेशा भयभीत बने रहें? क्या यहाँ शंख बजाना हिन्दुओं की दैनिक धार्मिक विधि का नियमित अंग नहीं रहा है? और मुसलमानों का यहाँ भारी बहुमत होते हुए भी शंख की ध्वनि से यदि मुस्लिम स्त्रियाँ डर सकती हैं तो आपके बीच रहने वाले उन मुट्ठीभर हिन्दुओं का क्या हाल होता होगा, जो दंगों के इतने सारे त्रासों से गुज़रे हैं? प्यारेलाल की निर्भीकता उन्हें ओजस्वी बना रही थी।

–ब... ब... बात बस इतनी सी है... सत्य और निर्भीकता की चकाचौंध में उसका गला बैठ सा रहा था।

–इस तरह के माहौल में आप उन पर उलटे यह दोष लगाते हैं कि वे अपने घरों से भाग गये हैं और वापस नहीं आ रहे... प्यारेलाल ने अपने को सँभाला, वे चुप हो गये।

–सब परिस्थितियों का दोष है, मियाँ साहब ग़ुलाम सरबर के जेल जाने से सब कुछ गड़बड़ हो गया। वे बाहर रहते तो अब तक फिर से भाईचारा स्थापित हो चुका होता। वे हिन्दू और मुसलमान दोनों के रक्षक थे।

–सामने जली हुई दुकानों को किसने आग लगवाई? प्यारेलाल ने सामने जली हुई दुकानों को दिखाते हुए पूछा।

–उस समय पीर साहब (ग़ुलाम सरबर) यहाँ नहीं थे। सब बाहर के गुण्डों का काम है।

–उस समय मियाँ साहब कहाँ थे? कारपाड़ा में, राय साहब राजेन्द्र लाल चौधरी का कटा सिर लाने का इन्तज़ार कर रहे थे? प्यारेलाल की आवाज़ में थोड़ी सी तल्खी थी।

–मुझे कारपाड़ा के बारे में नहीं पता। ग्रामीणों ने साफ़ इनकार कर दिया।

—जिन लड़कियों की अभी तक वहाँ बरामदी नहीं हुई? उनका क्या? प्यारेलाल ने पूछा।

—क्या यह बात सच है, ऐसी बात है तो बड़े शर्म की बात है, हम लोग सच में उस विषय में कुछ भी नहीं जानते। उन सबों के चेहरे पर अब जोश नहीं शर्मिन्दगी झलक रही थी।

—जहाँ तक मियाँ साहब की रिहाई का सम्बन्ध है इसका फ़ैसला बंगाल की मुस्लिम लीगी मन्त्रिमण्डल करेगी.... और न्यायालय करेगा, प्यारेलाल ने स्पष्ट किया।

प्यारेलाल ने आकाश की ओर देखा, चन्द्र ग्रहण प्रारम्भ होने में अब कुछ ही देर शेष था। उन्हें ध्यान आया उनका मेजबान तो उन्हें खिलाये बिना खायेगा नहीं और चन्द्र ग्रहण शुरू होने के बाद तो वह बिल्कुल नहीं खायेगा। बिना एक क्षण गँवाये वे निकल गये।

सबेरे जब प्यारेलाल की नींद टूटी तो गृहपति नदी से स्नान करके लौट चुका था। ग्रहण को अपने सिर पर से उतारने के लिए सुबह होने का इन्तज़ार करने का धैर्य भी नहीं रख पाया था।

प्यारेलाल को चाँद के ग्रहण से कोई परेशानी नहीं थी परन्तु नोआखाली पर लगे ग्रहण और अपने बापू की परेशानी से अवश्य परेशानी थी। चन्द्र ग्रहण तो स्नान से दूर हो गया था परन्तु यह ग्रहण कैसे दूर हो?

प्यारेलाल के घर के सामने की बड़ी–सी बाड़ी, जंगलों जैसी थी, एकदम गन्दी, ग्रहण लगी–सी। उस ग्रहण को समाप्त करने कुदाल लेकर वे अकेले निकल पड़े किन्तु कारवाँ बनने में अधिक देर नहीं हुई, चले तो अकेले ही थे परन्तु कारवाँ बनता जा रहा था। कुछ देर में ही सामने की गन्दी सी बाड़ी साफ़–सुथरी होकर चमक रही थी। एक–एक कर उस गाँव की सारी बाड़ियाँ साफ़ हो रही थीं।

जागीर गाँव की तो क़िस्मत बदल गयी थी, जंगलों की सफ़ाई हो गयी थी, तालाबों के पालों की मरम्मत हो चुकी थी, पगडंडियाँ साफ़–सुथरी बनने के कगार पर थीं।

—कृपया हमारे गाँव में भी आयें... दूसरे गाँव का एक धनिक व्यक्ति ज़िद पकड़े बैठा था।

—बस एक शर्त्त है... आप सभी ग्रामीणों के साथ स्वयं भी शारीरिक श्रम करेंगे... प्यारेलाल ने मुस्कुराते हुए कहा।

—जी अवश्य।

–तो फिर आवश्यक सामग्री लेकर अपने–अपने गाँवों में एक जगह खड़े हो जायें हमारी सफ़ाई के प्रशिक्षित कार्यकर्त्ता पहुँच जायेंगे।

अब धीरे–धीरे लोग अपने घरों में लौटने का मन बना रहे थे। स्थानीय लोगों के सामूहिक श्रमदान से उनकी बाड़ियों की सफ़ाई की जा रही थी। वह इतनी साफ़–सुथरी दिखायी देने लगी कि विनाश और बरबादी के दृश्यों के बजाय सुखद आश्चर्य से मुलाक़ात हो रही थी।

मज़ेदार बात तो तब हुई जब ज़िला मजिस्ट्रेट को ग़लतफ़हमी हो गयी। उसे लगा रास्ता भूल तो नहीं गया, दरअसल उसने पिछली बार जो कुछ देखा था उससे सब कुछ भिन्न था, स्थान तो स्थान व्यक्तियों की आँखों में भी निराशा और उदासीनता की जगह आत्मविश्वास और आशा की चमक दिखायी पड़ रही थी। स्त्रियाँ, लड़के, लड़कियाँ तक घर से बाहर निकलकर स्वावलम्बन का आनन्द ले रहे थे।

कालिमा छँट रही थी, स्थिति सामान्य–सी होती दिखायी पड़ रही थी, परन्तु भय का एकदम से भाग जाना इतना आसान भी नहीं था।

प्यारेलाल स्त्रियों, छोटे–छोटे लड़के और लड़कियों तक से प्रतिज्ञा करवा रहे थे–'वे मृत्यु का डर छोड़ देंगे और अँधेरी रात में भी अकेले किसी भी जगह, जहाँ उन्हें भेजा जायेगा, बिना लालटेन के चले जायेंगे।'

तभी संदीप दौड़ता हुआ आया–दादा, पास वाले गाँव से ख़बर मिली है कि मुस्लिमों के जुलूस की चीत्कार सुनकर प्रतिज्ञा लेने वाली एक माँ इतनी डर गयी है कि भागकर पूरी रात एक बाड़ी में छुपी रही, सबेरे होते ही उसे तेज़ बुख़ार ने ग्रस लिया, वह बिछावन में पड़ी है, उसके घर पर कोई नहीं है।

किसी को भेजना होगा, कौन जायेगा...? प्यारेलाल ने पूछा।

–हम लोग जायेंगे, एक साथ झीनू, मीनू दोनों ने अपने हाथ खड़े कर दिये।

–इतनी छोटी बच्चियाँ... कैसे जायेंगी? प्रतिज्ञा लेने से क्या ये बड़ी हो गयी? पीछे से आवाज़ आयी।

–प्रतिज्ञा करने से सच में बच्चा भी बड़ा बन जाता है।

–तुम जा सकती हो, साथ में एक बिजली का टॉर्च भी रखना किन्तु जब तक डर न लगे, जलाना मत। प्यारेलाल ने समझाया।

झीनू, मीनू दोनों फुर्ती से निकल गयीं। प्यारेलाल ने सबल चटर्जी से कहा–आप इनके पीछे जायें बस दूर से नज़र रखें, ज़रूरत नहीं पड़े

तो अपने को प्रकट न करें। झीनू–मीनू अपने को झाँसी की रानी से कम नहीं समझ रही थीं। रास्ते में अन्धकार था, सुपारी के घने जंगलों में दिन की ठेठ दुपहरिया में बड़ी मुश्किल से सूरज की किरणें प्रवेश कर पाती थीं और उस जंगल में उन्हें आराम से जाते देखकर सबल चटर्जी भी आश्चर्यचकित हो रहा था।

आश्चर्यचकित तो प्यारेलाल भी हो गये जब दोनों लड़कियाँ उस डरी–सहमी रीना डे को लेकर वापस लौटीं।

चमत्कार तो तब हुआ जब कल होकर दस बजे रात्रि को वही रीना डे घर वापस लौट रही थी। तो किसी को भी अपनी सुरक्षा के लिए साथ ले जाने से इनकार कर दिया।

सबेरे उठकर प्यारेलाल सबसे पहले उन दोनों लड़कियों, झीनू और मीनू से मिलने गये, जिसके बारे में देर रात्रि तक सोचते रहे थे।

–तुम इतनी बहादुर हो, बिल्कुल झाँसी की रानी की तरह, तुम्हारी जैसी लड़कियाँ हो जायें तो कोई उनका बाल भी बांका नहीं कर सकता।

–दादा, गोपाईरबाग के हत्याकाण्ड में गुण्डों ने मेरे मामा की हत्या कर दी थी। मैं हमेशा उन गुण्डों के बारे में सोचती रहती हूँ। जानती हूँ, मैं बहुत छोटी हूँ... फिर भी मैंने मन–ही–मन एक प्रतिज्ञा की है किसी भी दिन जाकर उस गुण्डे के मुँह पर कहूँगी–तुम मेरे मामा की तरह मेरा गला भी काट सकते हो, पर मैं न तो तुम्हारे सामने डर से काँपूँगी और न तुम्हारे सामने से भागूँगी।

–क्या तुम उस स्थान को जानती हो? प्यारेलाल ने पूछा।

–हाँ, वह कासिम की बाड़ी है।

–तुम कासिम को जानती हो ? कभी उसे देखा है ?

–नहीं...

–चलो मैं तुम्हें कासिम के पास ले चलता हूँ, चलोगी?

–हाँ, झूनी क्षणभर में तैयार हो गयी।

कासिम बाड़ी में सामने ही एक व्यक्ति बैठा था–देख लो सामने जो बैठा है, वही कासिम है, कहते हुए प्यारेलाल कासिम के समीप आ गये।

–अब तो तुम्हें विश्वास हुआ कि यह तुम्हारे और मेरे जैसा ही आदमी है, कोई सींग पूँछ वाला राक्षस नहीं है, प्यारेलाल के कहते ही झीनू–मीनू दोनों हँसने लगीं। उन मासूमों के मन पर पड़ा कई महीनों का बोझ जैसे

एकाएक हलका हो गया। कासिम भी हँस दिया, प्यारेलाल ने पूछा तुम इन लड़कियों को जानते हो ?

—नहीं, कासिम ने सिर हिला दिया।

—उन लड़कियों का मामा उन लोगों में था जो गोपाईरबाग़ के हत्याकाण्ड में मार डाले गये थे। बड़ी बहन झीनू तुमसे कहने आयी है तुम उसका गला काट सकते हो, लेकिन वह न तो तुम्हारे सामने काँपेगी और न तुम्हारे सामने से भागेगी।

—दादा, सच कह रहे हैं, मैं हमेशा सोचती रहती हूँ मेरे मामा को कोई कैसे मार सकता है? वह इतने अच्छे थे, मुझे बिल्कुल देवता जैसे लगते थे, मेरे बाबा, दादा कोई उनके जैसा नहीं है... वे मुझे बहुत प्यार करते थे। तीन महीने हो गये मैं उन्हें एक क्षण के लिए भी नहीं भूल पाती हूँ, वे हमेशा मेरे सपने में आते हैं। जब मेरा स्वप्न टूट जाता है मैं ख़ूब रोती हूँ और उसके बाद मन करता है, दौड़ जाऊँ उनके पास जिन्होंने मेरे मामा को मार दिया, पूँछूँ उनसे उन्होंने उन्हें क्यों मारा ?

कासिम के चेहरे पर एक बेचैनी स्पष्ट दिखायी पड़ रही थी, वह सूखी हँसी हँसने का प्रयत्न कर रहा था परन्तु सफल नहीं हो पाया।

सचमुच आज का दिन तो बहुत ही अद्भुत था, महान दिवस भी कहें तो ग़लत नहीं। पहली बार कोई गुण्डा स्त्रियों के बने न्यायालय में एक अपराधी की तरह पेश हो रहा था। दरअसल एक अपराध हुआ था, अपराधी का नाम कमाल था।

कमाल प्यारेलाल के पास पहुँच गया—

—मैं क्षमा माँगना चाहता हूँ, कृपया आप मुझे क्षमा दिलवा दें।

—तुम यदि सच्चे दिल से कह रहे हो तो मैं तुम्हें वहाँ ले चलूँगा, तुम माफ़ी माँग लेना, चूँकि तुम्हारा अपराध स्त्रियों के प्रति है इसी से फ़ैसला तो वही करेंगी। प्यारेलाल ने स्पष्ट शब्दों में कह दिया।

पिछली रात से ही इतनी बारिश हो रही थी कि चारों ओर कीचड़ ही कीचड़ हो गया था और पोखरों का पानी बाहर निकलकर उगड़ आया था। कमाल ख़ुश हो रहा था, इस बाढ़ में स्त्रियों के आने का सवाल ही नहीं उठता। परन्तु कमाल की ख़ुशी अधिक देर तक टिक नहीं सकी। कीचड़, बाढ़, पानी, पोखर को लाँघती हुई सैकड़ों स्त्रियाँ चार गाँवों से इकट्ठी हो गयी। स्त्रियों के इस न्यायालय में पुरुषों का प्रवेश निषेध था

परन्तु प्यारेलाल तो ज़िन्दा पीर के अनुयायी थे—अन्दर आने की इजाज़त मिल गयी। कार्रवाई प्रारम्भ हुई।

—तुम यह स्वीकार करते हो कि सुवर्णमयी जब सुपारी के बाग़ में अकेली थी तब उसके पास गये और अश्लील इशारे किये ?

—नहीं, मैंने ऐसा कुछ भी नहीं किया—कमाल ने साफ़ इनकार कर दिया।

प्यारेलाल का अब वहाँ बैठने का कोई अर्थ नहीं रह गया था वे उठकर चल दिये—स्त्रियाँ न्याय करेंगी।

—तुमने अपराध नहीं किये...? कड़कती आवाज़ में डपटती रेहाना सचमुच काली लग रही थी

—आज तुम्हें छोड़ेंगे नहीं... देखो ये स्त्रीशक्ति क्या कर सकती है? आवेश में मीना दास खड़ी हो गयी। कमाल की समझ में नहीं आ रहा था, अचानक इन स्त्रियों को हो क्या गया है। कहीं सचमुच इनकी काली मैया तो इन लोगों पर सवार नहीं हो गयी? वह डर गया—मैं अपनी ग़लती क़बूल करता हूँ आगे कभी ऐसी हरकत नहीं करूँगा, कृपया माफ़ कर दें, वह घिघिया रहा था।

स्त्रियों ने मुस्लिम पंचायत को बुलवा भेजा। मुस्लिम पंचायत ने भी अपनी ओर से सज़ा सुना दी जितनी स्त्रियाँ हैं सब उतने जूते एक—एक कर मारें, वैसे स्त्री न्यायालय का फ़ैसला ही अन्तिम मान्य होगा।

स्त्रियों ने इस फैसला को अमान्य कर दिया, न्यायाधीश की तरह निर्णय दिया—स्वेच्छापूर्वक दोष स्वीकारने और आत्मसमर्पण कर देने की बात का ख़याल करके ऐसी सज़ा देना उचित प्रतीत नहीं लगता। स्त्री न्यायालय का निर्णय है कि शिकायतकर्त्री महिला से सार्वजनिक रूप से क्षमायाचना करे और पश्चात्ताप चिह्न के रूप में ज़मीन पर अपनी नाक रगड़े।

जान बची तो लाखों पाये—मेरी माँ मुझे क्षमा कर दो, कहकर नाक रगड़ने में कमाल ने एक क्षण भी देर नहीं की।

इतने भयंकर दंगे में दुर्दशा झेलने के बाद छोटी—सी ही सही पर इस घटना से इन स्त्रियों का गौरव जैसे बढ़ गया था, तभी तो उनका ललाट चमक रहा था और पान की लाली से रंगे होंठ विहँस रहे थे। बहुत दिनों बाद वे सब इतनी खिलखिलायी थीं। उनकी खिलखिलाहट इस विषम परिस्थिति में, धधकती प्रचण्ड आग में ओस की बूँदों सी ठण्ढक का अहसास करा रही थी।

9

कारपाड़ा में स्थित राय साहब राजेन्द्रलाल चौधरी की विनष्ट हवेली में इतनी बर्बादी के बाद भी अपनी भव्यता और कलात्मकता नहीं खोयी थी। रात के अँधियारे में उसके जले हुए अंश की कुरूपता छुप–सी गयी थी। कुरूपता छिपाने का यत्न सुशीला पै भी कम नहीं कर रही थी और वह सफल भी हो रही थी।

इतनी भयंकर स्मृतियों वाले राय साहब चौधरी के विनष्ट घर की छाया में चल रहे शिविर को देखकर सुशीला पै, आत्ममुग्ध तो नहीं पर मुग्ध ज़रूर हो रही थी और होती भी कैसे नहीं? यही स्थान तो स्त्रियों में साहस का संचार करने का अड्डा बनता जा रहा था। विद्यालय प्रारम्भ करते हुए सुशीला पै को कहाँ विश्वास था, इतनी जल्दी इतनी अधिक छात्राएँ चली आयेंगी और हटिया में भी इतनी रौनक हो जायेगी, सुशीला पै उस दिन के ध्यान में डूब–उतर रही थी जब उन्होंने पूरी हटिया में एक अकेले ही अपनी दुकान लगाकर हटिया की शुरुआत कर दी थी। तभी शर्मिला वणिक ने आवाज़ दी–दीदी मणि, आरती के विवाह में आप जायेंगी न? आरती ने आपको आने के लिए विशेष आग्रह किया है।

–आग्रह नहीं भी करती तो नहीं जाती क्या...? आरती के लिए मैं बहुत ख़ुश हूँ... आरती के जीवन में जैसे ख़ुशियाँ लौट आयी हैं। ईश्वर से दुआ करती हूँ सभी सन्तापत्रस्त लड़कियों के जीवन में ऐसी ही ख़ुशियाँ लौट आयें, सुशीला पै ने ऊपर की ओर हाथ उठाते हुए कहा।

–दीदी मणि, हमने सुना है देश भर से बहुत सारे युवकों का भगाई हुई या बलात्कार पीड़ित लड़कियों से विवाह का प्रस्ताव आया है? शर्मिला वणिक ने धीमे स्वर में पूछा।

–तुमने सही सुना है, विवाह के पैग़ाम तो अभी तक आ ही रहे हैं, बापू के आह्वान का असर है.., अभी तो आरती के विवाह में चलना है... वह इन्तज़ार कर रही होगी।

आज पंचधरिया गाँव में आरती का घर केले के पत्तों, आम्र पल्लवों और पुष्पों से सुसज्जित होकर मंगलमूर्ति लग रहा था... यही घर कल तक अमंगल सूचक प्रतीत हो रहा था। आरती आईने में खड़ी अपने मुख–मण्डल पर सजे कुमकुम और रोली को देखकर विश्वास नहीं कर पा रही थी कि दर्पण में उसका ही प्रतिबिम्ब झलक रहा है।

वह अपने प्रतिबिम्ब को पहचानने की कोशिश कर रही थी, तभी उसके प्रतिबिम्ब की बगल में महमूद खड़ा हो गया। आरती ने घबराकर अपनी आँखें बन्द कर लीं... वह जानती थी महमूद उसे कभी नहीं छोड़ेगा... उसके कानों में महमूद की आवाज़ आ रही थी... आरती, मैं तुमसे ज़बर्दस्ती करना नहीं चाहता था, तुम्हें अपनी बेगम बनाना चाहता हूँ तुम्हें नहीं भूल पाता, तुम्ही बताओ... तुम्हें तुम्हारे ईश्वर ने इतना सुन्दर क्यों बनाया?

तुमसे कहा था न... मुझे धोखा देने की कोशिश मत करना। तुम क्या सोचकर यहाँ भाग आयीं? तुम्हारा परिवार अब बच सकेगा?

आरती ने अपने दोनों कानों को दोनों हाथों से बन्द कर लिया।

—आरती, तुम तैयार हो न बारात... आने ही वाली है सुशीला पै ने कमरे के अन्दर घुसते हुए कहा।

—आरती चैतन्य होकर खड़ी हो गयी, वह अपनी आँखों के आँसू छुपाते हुई सुशीला पै के चरण स्पर्श करने झुक गयी। सुशीला पै ने उसे हृदय से लगाते हुए कहा—आरती, बापू ने हमें निर्भीकता का पाठ पढ़ाया है तुम जानती हो न हम सारी बहनें जिन्हें बापू ने अपनी पुत्रियाँ माना है... उन्हें पता ही नहीं भय किसे कहते हैं, अब तो नोआखाली की सारी स्त्रियाँ बापू की पुत्रियाँ हैं... और तुम तो बहादुर बेटी हो, आरती।

शंखध्वनि और हुलू–हुलू की आवाज़ आ रही थी। शायद बारात आ गयी है, आरती ने खिड़की से झाँका, संदीप ऊपर की ओर ही देख रहा था। आरती खिड़की से पीछे हट गयी... संदीप उसके जीवन में आ रहा है, उसका जीवन साथी बनने वाला है, उसे कैसे विश्वास हो। ईश्वर भी कैसे–कैसे खेल खेलता है... एक क्षण लगता है अब सब कुछ लुट गया, सबकुछ समाप्त, ज़िन्दगी एक जीवित लाश की तरह लगने लगती है और दूसरे ही क्षण रेगिस्तान से नखलिस्तान बनते देर नहीं लगती।

उसकी आँखों के सामने आज भी वह दृश्य डरावने दुःस्वप्न की तरह जम से गये हैं, जब उस भयानक दिन महमूद का चचेरा भाई रज्जाक यूनियन अध्यक्ष का बेटा चिल्ला रहा था—कान खोलकर सुन लो अब तुम्हारे हाथ में ही तुम्हारे परिवार का जीवन है, एक को भी नहीं छोड़ूँगा... और तो और समूची बस्ती को जलाकर राख कर दूँगा। महमूद उसके सामने हाथ जोड़े खड़ा था—मान जा तुझे अपनी इकलौती बेगम बनाकर रखूँगा..., क्यों अपनी ज़िद पर पूरे परिवार को कुर्बान कर रही है...? पूरी बस्ती

तबाह कर देगा रज्जाक, तू तो जानती है उसे, चचाजान यूनियन बोर्ड के अध्यक्ष हैं... उसका कुछ नहीं बिगड़ेगा।

—नहीं आरती तुम्हें हमारे लिए अपने को बलिवेदी पर चढ़ाने की आवश्यकता नहीं, मैं लड़ूँगा—एक दिन तो मरना ही है, यदि तू उस दरिन्दे के साथ जायेगी तब भी हम लोग जी नहीं पायेंगे बेटा! पल—पल मरेंगे, ...एक दिन तो सबको मरना है... थोड़ा पहले, थोड़ा बाद में।

आरती इतिहास की विद्यार्थी है, वह समझ रही थी कि वह किसी राजा की बेटी राजकुमारी जोधाबाई नहीं है जो उसके बाबा उसे महमूद को सौंपकर अपना घर बचायेंगे। आरती को पता है उसके बिना उसके बाबा का घर, घर कहाँ रहेगा। बाबा की सल्तनत तो है नहीं.. लेकिन आरती के लिए बाबा कोई सल्तनत से कम नहीं। बाबा की नाराज़गी मोल लेकर भी वह महमूद के पीछे—पीछे चली गयी थी—

—बाबा मैं महमूद के साथ जाती हूँ, पर वचन देती हूँ जैसे सीता मैया ने रावण की सोने की लंका में अपने आपको रावण को स्पर्श नहीं करने दिया था मैं भी महमूद को स्पर्श नहीं करने दूँगी...यदि इसने ज़बर्दस्ती की तो अपनी जान दे दूँगी...

—तूने यदि जान दी तो मैं तुम्हारे परिवार को नहीं छोड़ूँगा... लेकिन वचन देता हूँ तुम्हारी मर्ज़ी के ख़िलाफ़ तुमसे ज़बर्दस्ती नहीं करूँगा, पर जानता हूँ तुम स्वयं चलकर मेरी बाँहों में आओगी। महमूद को बेशरम की तरह खींसे निपोरकर दाँत दिखाते देख... आरती बिना एक क्षण गँवाये घर के बाहर निकल गयी। इससे अधिक बेबसी वह नहीं झेल सकती थी। उसके बाबा डॉक्टर थे, ऐसे डॉक्टर जिन्हें पूरा नोआखाली भगवान का दूसरा रूप ही कहता था, कितनी बार महमूद के चचा की, जो आज यूनियन बोर्ड का अध्यक्ष बनकर अब मनुष्य नहीं रह गया है, बाबा ने जान बचाई थी।

—आरती... बेटा तुझे हमारे लिए शहीद होने की आवश्यकता नहीं.. ईश्वर पर विश्वास रख, वह सबकुछ ठीक कर देगा...

परन्तु आरती ईश्वर पर भरोसा नहीं कर पायी.. तभी तो वह महमूद के साथ चली गयी।

—देख कितनी ठसक के साथ महमूद के पीछे—पीछे जा रही है, कौन विश्वास करेगा महमूद ने इसके साथ ज़बर्दस्ती की है... जेबा अख़्तर ने जब हृदय हलदार की घरवाली से कहा तो वह बेचारी क्या करती?

उसकी आँखें भी तो वही देख रही थीं, जो जेबा अख़्तर बयाँ कर रही थी। 'भगवान आरती जैसी बेटी किसी को न दे', हृदय हलदार ने जब कहा तो उसकी घरवाली की रही–सही शंका भी समाप्त हो गयी–बाबा रे, कैसे बात करती थी जैसे बाप के लिए अपनी जान दे देगी और जब दुर्दिन आया तो एक मिनट का भी विचार तक नहीं किया, उसने अपने बाबा को जीते–जी ही मार डाला।

परन्तु बूढ़े तपन घोष कम्पाउंडर को आरती पर विश्वास था, पूरा विश्वास, इतना विश्वास कि आज भी वह घर बाहर दुहराता रहता था–भगवान आरती जैसी बेटी सभी को दे। वर्षों उसने आरती के बाबा डॉ. विमल मुखोपाध्याय के साथ काम किया है... दो वर्ष पूर्व से घर में ही प्रेक्टिस करता है, एलोपैथी, होमियोपैथी से लेकर आयुर्वेदिक तक क़ी।

उस दिन जब महमूद के घर आरती चक्कर खाकर गिर पड़ी थी और होश आया तो सामने घोष काका को देखकर अपने पर नियन्त्रण नहीं रख पायी, तभी तो उसकी आँखें इतनी बरस रही थीं।

–ईश्वर तुम्हारी जैसी पुत्री सब को दें... सिर पर हाथ फेरते हुए घोष काका ने कहा था।

–काका अभी भी... आरती ने अपने होंठों को दबाते हुए कहा।

–अभी भी क्या हुआ है, तुझे जानता नहीं ? इसी गोद में खेलकर बड़ी हुई हो–न, अपनी जान कसाइयों को हवाले कर माँ–बाप ही नहीं पूरे मुहल्ले की रक्षा की है तूने..

–क्या करती काका... कोई रास्ता ही नहीं बचा था।

–जब सारे रास्ते बन्द हो जाते हैं तो ईश्वर कोई–न–कोई मार्ग ज़रूर निकालता है, वह तुम्हें यहाँ से अवश्य निकालेगा।

–काका, सिर्फ़ मेरी ही सुनोगे–कहोगे कि कुछ अपनी भी बताओगे। आपकी दुकानें तो लूट ली थीं बदमाशों ने? आरती धीमे स्वर में भी तभी पूछ पायी जब घोष काका ने जेबा अख़्तर को एक पतीली गर्म पानी लेने भेज दिया।

–बेटा, आये तो थे, लूटने के लिए... थोड़ी बहुत लूटमार मचाई थी। तभी दंगाइयों के नेता, अरे वही अपना टीपू ख़ाँ के पैरों में उन्हीं के द्वारा तोड़े गये काँच का बड़ा–सा टुकड़ा अन्दर तक घुस गया। उसके पैरों से रक्त की बहती धारा देख मैं भूल गया सब कुछ... यह भी कि यह मुझे मारने आया है या लूटने... तेरे बाबा डॉ. साहब हमेशा यह सीख देते रहते थे–

घोष दा, पेशेंट न दुश्मन होता है और न मित्र वह सिर्फ़ और सिर्फ़ पेशेंट होता है। आरती बिटिया उस समय सत्य कहता हूँ टीपू ख़ाँ दंगाई, लुटेरा नज़र ही नहीं आ रहा था, तभी तो मैं मरहम–पट्टी लेकर उसके रक्त के प्रवाह को बन्द करने में जुट गया। टीपू खाँ कराहता रहा और मैं उसकी मरहम–पट्टी करते–करते भूल गया कि यह आततायी मुझे लूटने आया है। मरहम–पट्टी समाप्त होने के बाद टीपू ख़ाँ ने धीरे–से अपने साथियों से कहा अब चलो...। वे लोग चले गये, फिर कभी नहीं आये। रास्ते में कभी–कभार मिलता है तो सलाम काका भी कहता है।

–बुराई के बदले भलाई के इस आशातीत चमत्कार को देख इन दंगाइयों को भी शर्मिन्दगी हुई होगी काका... आरती के उदास चेहरे पर आशा की मद्धिम रोशनी फैल रही थी।

–बेटा, मेरा दिल कहता है, तुम्हारे साथ भी चमत्कार होगा... तपन घोष महमूद की माँ को गर्म पानी लाते देख चुप हो गये।

आरती ही कहाँ जानती थी... तपन काका का आशीर्वाद इतनी जल्दी फलीभूत हो जायेगा।

संदीप के पिता अपने भावी श्वसुर शान्तनु राय को महमूद के घर के गेट के अन्दर प्रवेश करते देखकर आरती को अपनी आँखों पर विश्वास नहीं हो रहा था... उसने अपनी आँखों को अच्छी तरह एक बार और मला... उसकी आँखें–भर्रा गयीं। एक महीना भी कहाँ बीता है जब उन्होंने आरती के माथे पर हाथ रखकर अपनी बहू कहा था। उसकी कलाइयों में आज भी उनके दिये हुए सोने के कंगन पड़े हुए थे। आरती खिड़की पर कुछ देर तक ऐसे ही अचम्भित होकर खड़ी रही, ऐसी बात नहीं है कि वह आज ही इस खिड़की पर खड़ी हुई थी, न जाने दिन में कितनी बार वह इस खिड़की पर खड़ी होती रहती है और उसके लोहे के छड़ को पकड़कर कितनी बार यह जानते हुए भी यह टूटने वाला नहीं, वह तोड़ने का प्रयास करती रहती थी, प्रयास करते–करते जब थक जाती तो निढाल होकर पड़ जाती थी। परन्तु उस दिन वह स्तम्भित होकर न जाने कब तक खड़ी रहती, यदि महमूद ने आकर टोका न होता–देखो आरती, तुम्हारा भावी श्वसुर पत्रकार माखनलाल सेन के साथ मिलकर ज़िला मजिस्ट्रेट मैकइनर्जी साहब को लेकर आया है। तुम उनसे कहना कि तुम अपनी स्वेच्छा से आयी हो... यदि मैं जेल चला गया तो तुम्हें पता है न चचा क्या करेंगे ? फिर कोई नहीं बचेगा, आरती।

शान्तनु राय, अपने भावी श्वसुर को देखकर आरती के लिए अपने आप पर संयम रखना मुश्किल हो गया, वह उनके पैरों पर झुक गयी...।

—उठो बेटा जब शान्तनु राय ने उसे उठाया तो आरती सोच रही थी—देवता ऐसे ही होते होंगे न, पर मुझ हतभागिनी के भाग्य में कहाँ था देवता का संग।

—तुम सही—सही बताओ, तुम्हारे साथ ज़बर्दस्ती की गयी है या तुम अपनी इच्छा से इधर आयी हो? क्लक्टर मैकइनर्जी साहब ने जब पूछा तो महमूद की माँ उसकी बगल में बैठी थी। आरती ने सिर हिला दिया।

—इसका क्या मतलब, अपनी स्वेच्छा से आया? क्लक्टर ने अपनी छोटी—छोटी आँखों को खींचते हुए पूछा।

—हाँ स्वेच्छा से, आरती ने धीमे स्वर में कह तो दिया लेकिन जैसे वह डूब रही थी, एक कुएँ में जो काली सुरंग सी थी। उसकी इच्छा हो रही थी, उस कुएँ से वह कभी बाहर नहीं निकले। वह देख रही थी उसकी हाँ से वह देवता अपमानित होने का कैसा दंश झेल रहा था।

परन्तु वह देवता कैसा जो अपमानित होकर किसी को मरने के लिए छोड़ दे, उसने अंग्रेज़ी में कहा—सर, प्लीज़ अंडरस्टैंड इट इज़ टोटली रांग।

—ओके—ओके, क्लक्टर ने महमूद की माँ से कहा हमें अकेले इस लड़की के साथ बात करनी है, तुममें से कोई यहाँ नहीं रहेगा...। महमूद की माँ आँखें तरेरती कमरे से निकल गयी।

—उसकी आँखों को देखकर आरती ने काँपकर अपनी आँखें बन्द कर ली।

—क्या तुम अपनी इच्छा से इसके साथ निकाह करना चाहती हो क्लक्टर ने सीधा प्रश्न किया।

—जी, साहब आरती ने खुली हुई खिड़की को देखते हुए थरथराते स्वर में कहा।

मैकइनर्जी साहब ने स्वयं उठकर खिड़की बन्द कर दी।

अब बताओ—तुम्हें डरने की आवश्यकता नहीं। तुम्हारे माता—पिता—भाई सभी चटगाँव में सुरक्षित हैं और रहेंगे। उनका बालबाँका नहीं होगा, परन्तु तुम सच बताओ। तुम्हारे भावी श्वसुर परसों से परेशान हैं, एक मिनट भी चैन की साँस नहीं ले पाये हैं। पत्रकार माखनलाल सेन ने कहा।

—मैं देवता स्वरूप की अपराधिनी हूँ, वे कृपया हमें क्षमा करें—मुझ अभागिनी के नसीब में इस देवछाया को परमात्मा ने शायद लिखा ही नहीं था—आरती सिसकने लगी।

—ऐसा नहीं कहते बेटी, अभी भी कुछ नहीं बिगड़ा है तुम सच बता दो, तुम आज भी मेरी पुत्रवधू हो, शान्तनु राय की आवाज़ भर्रा गयी।

आरती का मन कुलाँचें मारने लगा—अब नहीं तो कभी नहीं, हो सकता है, संदीप अपनी पिता की अवज्ञा कर मुझे अपनाने से मना कर दे..., हो सकता है दुनिया का कोई भी लड़का मुझे अपनाने से इनकार कर दे—वह कुँवारी रह जायेगी, संन्यासिनी बन जायेगी। शारदा मठ चली जायेगी, परन्तु इस राक्षस से तो मुक्ति मिल जायेगी।

आरती अब अपने पर क़ाबू नहीं रख पायी। शान्तनु राय के पैरों पर गिर गयी—मैं क्या करती बाबा, अपने को बचाने के लिए पूरे घर को मौत के मुख में कैसे डाल देती? आरती तब तक सुनाती रही जब तक बेहाल नहीं हो गयी।

—आपने सुना क्लक्टर साहब? माखनलाल सेन ने पूछा।

—सब सुना... मैकइनर्जी साहब का चेहरा टमाटर के सदृश लाल हो रहा था।

क्लक्टर साहब ने उठकर किवाड़ खोल दिया—आरती अभी हमारे साथ जायेगी। तुम्हारा निकाह तो हुआ नहीं है। तुम लोगों को पता है न महात्मा गाँधी ने नोआखाली में अपहृत सारी लड़कियों को उनके घर पहुँचाने का आह्वान किया है और सरकार उनके साथ है। लगभग सारी लड़कियाँ बरामद हो चुकी हैं... सभी मुस्लिम पड़ोस से भी अपहृत लड़कियों को ख़ोज—ख़ोजकर उनके घर पहुँचा रहे हैं, तुम लोगों ने अभी तक आरती को क्यों नहीं पहुँचाया?

—जी, यह अपनी स्वेच्छा से आयी थी, मुझे ज़बर्दस्ती करनी होती तो निकाह नहीं कर लिया होता, स्पर्श तक नहीं किया है, साहब; महमूद ने हिम्मत बाँधकर कहा।

—अच्छी बात है, परन्तु आरती अभी हमारे साथ जायेगी। यह मेरा आदेश है, क्लक्टर ने दहाड़ती आवाज़ में कहा था।

आरती के कानों में वह दहाड़ती आवाज़ अभी भी ठण्डक पहुँचा रही थी, परन्तु उसका दिल धड़क रहा था—संदीप के मुखमण्डल पर उदासी पसरी हुई थी, वह उसे दिल से अपना रहा है या अपने बाबा के दबाव से, आरती की समझ में कुछ भी नहीं आ रहा था।

—आरती दी, मामा आपको नीचे बुला रहे हैं पान के पत्ते कहाँ हैं? मुख को अच्छी तरह ढँकियेगा। निरीक्षण करना है, मौसमी ने कहा।

—मौसमी... अभी रुकना, आरती को ऊपर ही रोक मैं ही ऊपर आ रहा हूँ... मामा की आवाज़ सुनकर मौसमी सहम गयी।

—क्या हुआ बाबा... आरती का कलेजा मुख में आ गया।

—कुछ नहीं बेटी, संदीप मुख निरीक्षण के पहले तुमसे मिलना चाहते हैं. बस पान की पत्ती मुख के आगे रख लेना, हम लोग बाहर हैं, सुमना बुआ ने कहा।

आरती का दिल ज़ोरों से धड़कने लगा, उसके हाथ काँपने लगे, काँपते हाथों से वह अपने मुखमण्डल को कब तक ढँक कर रख पाती ? उसके ठीक सामने संदीप खड़ा था, वही संदीप जिसके नाम पर रावण की उस क़ैद में भी मन स्पन्दित हो जाता था... जिसकी मधुर स्मृतियों में उसके सारे दुख, सारे दर्द विस्मृत हो जाते थे। वह अधिक देर तक अपने पर क़ाबू नहीं रख पायी, संदीप के पैरों के पास सिमट गयी—

—मुझे पता है, मैं अब आपके योग्य नहीं... आप मुझे नहीं भी अपनायेंगे तो मुझे कोई शिकायत नहीं होगी... आप बाबा के दबाव मे आकर—

—आरती... ऐसी बातें कर मेरे मन को और दुखी क्यों कर रही हो? मैं एक क्षण के लिए भी तुम्हें नहीं भूल पाया...। त्रेता में सीता अपहरण के बाद भगवान राम ने सीता को लंका की क़ैद के बाद आदर सहित अयोध्या के सिंहासन पर बैठाया था। मैं भी अपनी सीता के अपहरण के बाद एक क्षण भी चैन से नहीं बैठा हूँ। बाबा के साथ क्लक्टर साहब के पास मैं भी गया था—संदीप आगे क्या—क्या बोला आरती कुछ नहीं सुन पा रही थी। उसके हृदयाकाश पर रंग—बिरंगे पुष्प खिल रहे थे... उसे अब दुख, क्षोभ, महमूद... उसका यूनियन अध्यक्ष चाचा... किसी की सुध नहीं रही। वह प्रेम में डूब रही थी... तैर रही थी। वह प्रेम में डूब—उतर ही रही थी कि जया बुआ की आवाज़ आयी—मौसमी, आरती को मण्डप पर ले आ; शुभदृष्टि और कर बन्धन की विधि शेष है।

हालाँकि सुमना बुआ को पता है इससे अच्छी शुभदृष्टि की विधि क्या होगी? मंगलदृष्टि की अलौकिक विधि तो हो चुकी थी।

मौसमी ने कक्ष में प्रवेश किया तो संदीप आरती की हथेलियों को थामे खड़ा था—अब कौन—सा कर बन्धन होगा जीजा जी... सारी विधि हो

ही चुकी हैं, हँसते हुए जब मौसमी ने कहा तो पूरे क़मरे में रजनीगन्धा की ख़ुशबू बिखर गयी।

—आरती को रजनीगन्धा की बिखरी ख़ुशबू में छोड़कर साधन बोस के साथ सुशीला पै उजड़ी हुई चौधरी बाड़ी को चमन बनाने लौट आयी।

श्रीरामपुर के कई छप्पड़ वाली राजबाड़ी से अभी—अभी गाँधी के हाथों मुहम्मद भुइयाँ खजूर के गुड़ लेकर रघुपति राघव राजा राम... गुनगुनाता थोड़ी दूर ही निकला था कि एक अनजान लड़की ने उससे पूछा—तुम्हें पता है गाँधी जी कहाँ रहते हैं?

—नोआखाली ही नहीं पूरे बंगाल में किसे नहीं पता, गाँधी जी कहाँ रहते हैं... ज़िन्दा पीर को सब जानते हैं... मुहम्मद भुइयाँ को उस लड़की को अपने पिता के साथ जाते देख इच्छा तो हुई दौड़कर उसका थैला ले ले... परन्तु संकोच—वश चुपचाप खड़ा रहकर उन्हें जाते देखता रहा।

राजबाड़ी में गाँधी अपने पत्र का उत्तर जो सुहरावर्दी ने लिखा था पढ़ रहे थे—आपने लिखा है नोआखाली में अपराधी खुलेआम घूम रहे हैं परन्तु आप बिहार के मुस्लिमों की चिन्ता नहीं करके यहाँ के निर्दोष प्रतिष्ठित मुसलमानों को क़ानूनी रूप से उत्पीड़ित कर रहे हैं।

वे सुहरावर्दी के पत्र को एक तरफ़ रखकर जवाब में लिखा रहे थे मैं आपके वक्तव्य को वेद वाक्य नहीं मानता—तुम्हारा बापू

—महात्मा जी, सुहरावर्दी न आपके प्रेम को समझता है और न आपकी महानता को, जीवनसिंह का क्रोध से मुख तमतमा रहा था, आज़ाद हिन्द फ़ौज का कर्नल जो ठहरा।

तभी उस लड़की ने प्रवेश किया। उसके मुखमण्डल पर सुनहरे तार की झिलमिलाहट थी। उसे देखते ही गाँधी ने कहा—तू भी आ गयी यहाँ मरने? कैसा है तुम्हारा स्वास्थ्य?

—बापू, अब अच्छी हूँ। आपकी सेवा करने का सौभाग्य ईश्वर ने मुझे यहाँ बुलाकर दिया है।

—यह न समझना, मैंने अपनी सेवा के लिए तुझे यहाँ बुलाया है। जहाँ छोटी—सी लड़की या वृद्ध स्त्री भी सुरक्षित नहीं, वहाँ सोलह—सत्रह साल की जवान लड़की को मैंने इसी से बुलाया है ताकि दूसरी लड़कियाँ भी बहादुर बन सकें। यदि कोई गुण्डा तुझे तंग करे और तुम बहादुरी से उसका सामना करते हुए मर जाओ तो मैं ख़ुशी से नाचूँगा।

मनु गाँधी का मुखमण्डल गम्भीर था। गाँधी ने उसकी ओर ग़ौर से देखते हुए कहा–तुम इतनी गम्भीर क्यों हो? भले या बुरे विचार आयें मुझे बता देना... माँ से कुछ नहीं छिपाते।

–सच बापू, आश्रम की सारी बहनों के आप बापू हैं परन्तु मेरे लिए तो मेरी माँ ही हैं, मनु ने छोटी–सी बच्ची की तरह चहकते हुए कहा।

–यह सच है मैं तेरे लिए माँ बन गया हूँ... अन्तस का पुरुष अहं क्षीण होकर समाप्त हो गया।

–बापू, विनोबा भी कहते हैं, बापू मुझे बाप कम, माँ अधिक लगते हैं... मनु ने जोड़ा।

–विनोबा तो हीरा है... मनुड़ी कहकर उन्होंने काग़ज़ का एक टुकड़ा लिखने के लिए उठाया।

–बापू मैं लिख दूँ... मनु ने पूछा।

–लिख दे, परन्तु यह मत कहना बापू ने आते ही काम में झोंक दिया।

मनु को गाँधी लिखवा रहे थे–मेरी परीक्षा हो रही है। स्वास्थ्य की चिन्ता कारण नहीं है। मेरी अहिंसा और सत्य दोनों मोती तौलने के काँटे से भी कहीं ऊँचे काँटे पर चढ़े हुए हैं, जो बाल के सौवें भाग के वज़न की परीक्षा कर सकता है। अहिंसा और सत्य तो अपूर्ण हो ही नहीं सकता...। परन्तु मेरी, जो उनका प्रतिनिधि बना हूँ, अपूर्णता सिद्ध होनी होगी तो हो जायेगी। यहाँ मामला कठिन है। सत्य कहीं ढूँढ़ें नहीं मिलता। अहिंसा के नाम पर हिंसा होती है, धर्म के नाम पर अधर्म हो रहा है। सत्य और अहिंसा की परीक्षा तो इसके बीच में ही हो सकती है इसीलिए यहाँ पड़ा हुआ हूँ। यहाँ से मुझे बुलाना मत... कायर, बनकर भागूँ तो मेरा दुर्भाग्य; इसीलिए मुझे यहाँ करना है या मरना है। उन्होंने पत्र लिखवाना बन्द कर दिया। आज बा की पुण्यतिथि है, सम्पूर्ण गीता का पारायण भी करना है।

शाम की प्रार्थना में गाँधी के सिर पर फटे हुए गर्म कपड़े को देखकर मनु को मौक़ा मिला।

–बापू, इस गर्म चादर को मैं आपके लिए राजकोट से लेकर आयी हूँ... आपका शाल जीर्ण–शीर्ण हो गया है–मनु गाँधी ने बड़ी–बूढ़ी पुरखिन की तरह कहा।

–न तुमने एक कौड़ी कमाई है और न मैं कमाता हूँ और न तुम्हारी तरह मेरे बाप हैं जो कमाकर मेरा ख़र्च उठायेंगे। मैं तो ग़रीब आदमी

ठहरा। इस तरह शाल फेंक देने से काम कैसे चलेगा? लाओ इस शाल में मैं पैबन्द लगा लेता हूँ।

मनु ने घड़ी में देखा, ग्यारह बज रहे थे, बापू कुशल कारीगर की तरह शाल को रफू कर रहे थे।

जीवन सिंह भी उस समय गाँधी को ही देख रहा था—देश की रफूगिरी में लगा यह महात्मा शाल तक की रफूगिरी कितनी बारीकी से करता है।

10

आज प्रातःकाल से ही श्रीरामपुर में काफ़ी हलचल मची हुई थी। शान्त और अब तक अर्धत्यक्त रहने वाला छोटा—सा श्रीरामपुर गाँव एक रात में बिल्कुल बदल—सा गया था, जैसे मेला लग रहा हो। किशोर मुहम्मद भुइयाँ को विश्वास नहीं हो रहा था, उसके छोटे—से गाँव श्रीरामपुर में हिन्दुस्तान के इतने बड़े—बड़े दिग्गज आ रहे हैं। लेकिन जल्दी ही उसकी समझ में सब कुछ आ गया। ज़िन्दा पीर से बड़ा भला कौन दिग्गज हो सकता है?

रात के दो बज रहे थे—जब नेहरू, कृपलानी सहित अन्य कांग्रेसी दिग्गजों के साथ श्रीरामपुर पहुँचे। गाँधी अपनी दो घण्टे की नींद ले चुके थे। लेकिन नेहरू गाँधी की नींद में खलल नहीं डालना चाहते थे। वे बगल की कुटिया में चले गये। नेहरू आश्चर्यचकित थे कमोड से लेकर हाथ धोने का बर्तन तक यहाँ? यह सब तो बापू का स्वचालित सामान है। सामने मनु गाँधी खड़ी दिखी।

—तुम्हें इतनी अक्ल नहीं कि बापू को इसके बगैर कितनी तकलीफ़ होगी? बापू का कमोड मैं कैसे इस्तेमाल कर सकता हूँ, मैं इतना नाज़ुक आदमी तो नहीं हूँ।

—बापू ने कहा तो मुझे लानी पड़ी, मनु ने सफ़ाई दी।

—बापू की नाराज़गी तुम्हें सहन करनी चाहिए, परन्तु बापू को सँभालने की ज़िम्मेवारी भी तो तुम्हारी ही है। उनकी कितनी ज़रूरत है देखने का काम तुम्हारा है न? बापू तो ऐसे हैं कि ख़ुद तकलीफ़ भुगत लेंगे लेकिन दूसरे की सब ज़रूरियात देख लेंगे। ऐसे हैं बापू। मैं तो जवान आदमी हूँ कहीं भी चला जाऊँगा। बापू की जरूरियात चीज़ें किसी को न देनी चाहिए। चाहे बापू तुम्हें मार भी डालें, परन्तु डरना नहीं, बापू मारेंगे नहीं...

जवाहर लाल ने हँसते हुए कहा।

बापू के प्रति पण्डित जी की भक्ति को कब से सुन रही थी, आज साक्षात् दर्शन के पावन अनुभव का साक्षात्कार किया, मनु अपनी डायरी में लिख रहीं थी।

गाँधी नेहरू से बातें कर रहे थे–मेरा दृष्टिकोण यह है कि अगर बंगाल सरकार हमें बाहर के लोगों के साथ नोआखाली में काम करने की इजाज़त देती है तो हमें लाभ है और नहीं भी देती हैं तो भी लाभ है। जो भी हो, मैं कभी लीग के साथ धोखा नहीं करूँगा अथवा असत्य का आचरण नहीं करूँगा।

–मैं आपके साथ पूरी तरह सहमत हूँ; परन्तु आज हममें से यहाँ कितने लोग आपके कड़े नियम का पालन करने के लिए तैयार हैं? जवाहर लाल ने कहा।

–फ़िलहाल तो सूर्योदय होने वाला है, मैं ज़रा ओस से नहाये बाँस के पुल को पार करने का अभ्यास कर आऊँ, तुम चलोगे या आराम करोगे?

–जितने क्षण आपके साथ बिता लूँ, कहकर नेहरू युवकों सी चपलता से उठ खड़े हुए। दो बाँसों का बना पुल, उस पर सुबह–सुबह ओस की बूँदों की फिसलन, लेकिन गाँधी का प्रशिक्षण काम आया वे पास हो गये।

–जवाहर तुम देखोगे... गाँधी ने हँसते हुए कहा।

–बापू... जब आपने कहा है तो देखना तो पड़ेगा ही, कहते हुए जितने आराम से जवाहर लाल निकल आये कि कृपलानी कहने से बाज नहीं आये... लगता है जवाहर लाल जी ने पूर्व में भी प्रशिक्षण ले रखा है।

–आप भी आ गये और राम मनोहर लोहिया कहाँ हैं? जवाहर लाल ने पूछा।

–सब बापू के इर्द–गिर्द ही मँडरा रहे हैं... फूल को छोड़कर मधुमक्खियाँ कहाँ जायेंगी? कृपलानी ने मज़ाकिया लहजे में कहा।

–अच्छा लगा कृपलानी जी को हास्य रस में देखकर नहीं तो इतने गम्भीर रहते हैं कि कभी–कभी तो इनसे डर लगने लगता है, लोहिया ने गाँधी के चरणों को स्पर्श करते हुए कहा।

–बापू, अगर पुल पार करने का प्रशिक्षण समाप्त हो गया हो तो... राजबाड़ी चलें, आपने सबेरे से कुछ लिया नहीं है, मृदुला साराभाई की एक पंक्ति ने सबों को राजबाड़ी पहुँचा दिया...।

दो महीने बाद गाँधी के साथ मन्त्रणा हो रही थी, कितना कुछ था जवाहर लाल को कहने के लिए और कितना कुछ था गाँधी को सुनने के लिए।

कहने के लिए तो कृपलानी के पास भी था, लोहिया के पास भी था, तो शंकरदेव और मृदुला साराभाई के पास भी था।

—संविधान सभा में मुस्लिम लीग के शामिल होने की प्रक्रिया हो रही है? गाँधी ने पूछा।

—बापू—क्या बताऊँ नौ दिसम्बर को एक बैठक हुई, जिसमें मुस्लिम लीग को प्रवेश के लिए उनकी अनुकूलता बनाने की पूरी कोशिश हुई। लेकिन सफलता नहीं मिली, अभी भी प्रयास हो रहे हैं।

—सरदार कैसे हैं? गाँधी ने पूछा।

—सरदार आपकी चिन्ता में परेशान हैं। उन्होंने वाइसराय को लिखा है—आप जानते हैं गाँधी जी अठहत्तर वर्ष की आयु में अपनी सारी शक्ति पूर्व बंगाल के विनष्ट हिन्दू घरों में ख़र्च कर रहे हैं और गुम हुई लड़कियों को फिर से प्राप्त करने और ज़बर्दस्ती मुसलमान बनाये गये लोगों को फिर से अपने मूल धर्म में प्रतिष्ठित करने का प्रयत्न कर रहे हैं परन्तु वे भारी कठिनाइयों के विरुद्ध काम कर रहे हैं। चारों ओर बड़ा ही विरोधी वातावरण है। मैं तो उसके परिणामों का विचार करके काँप उठता हूँ।

शाम हो गयी लेकिन बातें समाप्त नहीं हुईं। किन्तु प्रार्थना का समय, गाँधी के लिए सिरजनहार से मिलन का समय था। चाहे कोई रहे वे उसमें एक क्षण का विलम्ब सहन नहीं कर पाते।

मुहम्मद भुइयाँ ने आज प्रार्थना—स्थल पर समय से पहले आकर क़ब्ज़ा जमा लिया था। वैसे भी वह जब भी आता है भीड़ इतनी हो जाती है कि आगे की पंक्ति में बैठने का सवाल ही नहीं था। आज तो प्रातःकाल ही ठान लिया था, चाहे जो हो वह दो घण्टे पहले आकर प्रार्थना—स्थल पर क़ाबिज़ हो जायेगा। महात्मा गाँधी की जय... तभी कोई चिल्लाया—वीर जवाहर ज़िन्दाबाद। मुहम्मद भुइयाँ समझ गया यह सुदर्शन व्यक्तित्त्व ही नेहरू जी हैं। वह उचककर अन्य लोगों को पहचानने की कोशिश कर रहा था।

पण्डाल की भीड़ बेक़ाबू हो रही थी। जवाहर लाल ने भीड़ को देखकर हँसते हुए कहा—बापू, तो यह है आपकी एकाकी यात्रा!

—तुम भूल जाते हो कि मैं महात्मा भी हूँ, उन्मुक्त हास्य बिखेरते हुए गाँधी ने कहा।

चार दिन कैसे बीत गये... न जवाहर लाल को पता चला और न उनकी मण्डली को। मृदुला साराभाई ने तो लौटने से ही इनकार कर दिया। कृपलानी भी रुक ही गये और लोहिया उन्होंने भी रुकने का मन बना लिया।

—बापू को छोड़कर जाने की इच्छा तो नहीं होती जवाहर लाल की बात समाप्त होने के पहले की गाँधी ने कहा—लेकिन जाना तो पड़ेगा, तुम भारत के जवाहर हो, सम्पूर्ण देश तुम्हें आशाभरी दृष्टि से देख रहा है।

तीस दिसम्बर उन्नीस सौ छियालीस को श्रीरामपुर में प्रातःकालीन वेला में नेहरू की अपनी कुटिया में जब नींद खुली तो मन विह्वल हो रहा था—बापू को इन परिस्थितियों में छोड़कर जाना होगा? जवाहर लाल ने पुनः प्रयास किया।—बापू, प्लीज़ हमारे साथ दिल्ली चलें।

—फ़िलहाल अपनी सुबह की सैर में सीमा तक तुम्हारे साथ चल रहा हूँ—कहते हुए गाँधी सैर के लिए तेज़ क़दमों से आगे बढ़ गये उनके साथ नेहरू और उनकी मण्डली.... भी लपके। सैर की सीमा पर गाँधी खड़े हो गये—फ़िलहाल हमारी सीमा यहीं समाप्त होती है।

—बापू, जवाहर लाल भावुक हो गये।

—इसे रख लो, बाद में देख लेना, गाँधी ने जवाहर लाल की हथेलियों में पुर्जे रखते हुए कहा।

हवाई जहाज़ में जवाहर लाल उस पुर्ज़े को पढ़ रहे थे—तुम्हारा स्नेह असाधारण और अत्यन्त स्वाभाविक है। जब तुम चाहो फिर आ जाना, या जब तुम न आ सको और तुम्हारी राय में मेरी सलाह लेना ज़रूरी हो तब किसी ऐसे आदमी को भेज देना, जो तुम्हें समझता हो और मेरी प्रतिक्रियाओं को सही रूप में तुम्हारे सामने रख सके। यह भी अच्छा नहीं लगता कि तुम्हें बार—बार मेरे पास दौड़कर आना पड़े, यद्यपि मेरा दावा है कि मैं तुम्हारे लिए बुद्धिमान पिता के समान हूँ और तुम्हारे प्रति मोती लाल जी से कम प्रेम नहीं रखता हूँ।

नेहरू की आँखें भीग गयीं... किन्तु जब हवाई जहाज़ से उतर रहे थे, तब तरोताज़ा थे। वे संवाददाताओं से कह रहे थे—अठहत्तर वर्ष के इस नौजवान से मिलकर सदा प्रसन्नता होती है और प्रेरणा मिलती है। उनसे मिलने के बाद हम अपने को सदा कुछ अधिक नौजवान और अधिक शक्तिशाली अनुभव करते हैं और हमारे कन्धों पर का भार कुछ हलका मालूम होने लगता है।

आज श्रीरामपुर सूर्योदय के साथ उल्लसित नहीं हो रहा था, ऐसा लग रहा था जैसे श्रीहीन होने वाला है। मुहम्मद भुइयाँ ने सुना, उसके बाबा एक दीर्घ निःश्वास लेकर माँ से कह रहे थे—पता नहीं अब वे कब आयेंगे?

वे यहाँ हैं, हमारी कितनी चिन्ता करते हैं हमारे दुखों का अनुभव करने वाला इनके सिवा भला दूसरा कौन है? आज से वे पूरे नोआखाली की पाँव पैदल यात्रा करने वाले हैं। इससे अधिक मुहम्मद भुइयाँ सुन नहीं पाया, लम्बी दौड़ लगाकर पहुँच गया, राजबाड़ी के पारा...। मुहम्मद भुइयाँ ने देखा, गाँधी तेज़ चाल से, बहुत तेज़ चाल से आगे बढ़ रहे थे, उनके एक हाथ में लाठी थी और दूसरा हाथ उसी लड़की के कन्धे पर था जिसने उस दिन 'राजबाड़ी' का पता पूछा था। मुहम्मद भुइयाँ को अब संयम नहीं रहा, वह तेज़ी से दौड़ा इतनी तेज़ी से कि एकदम गाँधी के नज़दीक पहुँच गया। वह हाँफ रहा था और सुस्ताने की कोशिश भी कर रहा था, अचानक वह ताली बजा–बजाकर गाने लगा–राजाराम, राजाराम, रघुपति राघव राजाराम।

गाँधी ने पीछे मुड़कर, मुस्कुराकर उसकी ओर देखा और आगे बढ़ गये... रास्ते के दोनों ओर क़तारबद्ध हाथ जोड़े स्त्री–पुरुष अपलक उन्हें निहार रहे थे... सभी की आँखें नम थीं–

–महात्मा जी, हमारे गाँव को श्रीहीन बनाकर जा रहे हैं। चण्डीपुर गाँव का आज भाग्योदय होने वाला है। महीनों से प्रार्थना सभा में आपको सुनने की आदत भी हो गयी है, पता है आज के बाद इस पवित्र आवाज़ को कभी नहीं सुन पाऊँगा–बस एक प्रार्थना है, अपना अन्तिम सन्देश देते जाइए, मौलाना विमान ने चिल्लाकर कहा।

उनके तेज़ क़दम थम गये, वे खड़े हो गये। पंक्तिबद्ध भीड़ सिमट गयी। स्त्रियों की संख्या कम नहीं थी, भले ही कुछ बुर्के में थीं, कुछ के सिर आँचल से ढँके हुए थे।

–बस इतना ही कहूँगा कि जिस दिन हम अपने दोष देखने लगेंगे, उस दिन से हमें इस प्रकार लड़ाई–झगड़े और मारकाट में पड़ने की बात नहीं सूझेगी। केवल यही सूझेगा कि दुनिया का भला किस बात में है। आज हमारे दिमाग़ ख़ाली पड़ गये हैं। हम आपस में एक–दूसरे पर दोष मढ़ते हैं। मेरे कहने का यह आशय नहीं कि ऐसा हम जानबूझकर करते हैं परन्तु यह स्वाभाविक ही हमसे हो जाता है। जैसे आग से अनजाने हाथ छू जाये तो हम तुरन्त उसे हटा लेते हैं, उसमें यह विचार करने की ज़रूरत नहीं पड़ती कि हटायें या नहीं, वैसे ही आजकल जो अमानुषिक कृत्य हो रहा है, वह मानो स्वाभाविक हो गया है। परन्तु इसकी तह में जाकर हमें यह सोचना चाहिए कि कोई हिन्दू एक भी

मुसलमान क्यों मारे या कोई मुसलमान एक भी हिन्दू को क्यों मारे? इस दंगे की ज़िम्मेदारी मेरी दृष्टि से सारे हिन्दुस्तान की है। प्रत्येक भारतीय यह सोचे कि मेरा हृदय किस ओर है? शुद्ध है या अशुद्ध? मैं प्रत्येक भारतीय को अपना भाई मानता हूँ या नहीं? यदि एक भी हिन्दू यह चाहे कि मुसलमान मरे तो अच्छा हो अथवा एक मुसलमान यह चाहे कि हिन्दू मरे तो अच्छा हो, भले ही ख़ुद छुरियाँ नहीं भोंकता हो किन्तु मन में एक–दूसरे का बुरा चाहता हो तो–मैं कहता हूँ जो छुरा भोंककर मारने वाले से भी हलके विचारवाले लोग अधिक क्रूर और निर्दय हैं। क्योंकि उनका मन गन्दा हो जाता है और गन्दगी वातावरण में ऐसे रजकण फैलाती है जो सूक्ष्म होते हैं। आप इसे ऐसे समझें, टी.बी. रोगी अपने को क्षय रोगी नहीं मानकर जहाँ–जहाँ थूकता है तो दुर्बल शरीर वाले इसके शिकार हो जाते हैं।

तभी एक दीन किन्तु तेज़ आवाज़ आयी।

–बापू... आप जा रहे हैं... हम सबका क्या होगा?

अभय हवलदार दौड़ता हुआ आकर उनके चरणों पर गिर पड़ा, जबसे गाँधी श्रीरामपुर आये थे बिना नागा अभय हलदार राजबाड़ी आ रहा था। गाँधी की अति व्यस्तता में मुलाक़ात हमेशा कहाँ सम्भव थी फिर भी गाहे–बगाहे अपनी दुखभरी गाथा सुनाता रहता था।

उन्होंने उसे प्रेमपूर्ण स्पर्श से उठाया–अभय, तुम लोग मेहनत के साथ स्वाभिमान से जीवन जीओ... भगवान का नाम लेना और स्वच्छता और स्वास्थ्य पर ख़ूब ध्यान देना। गृह उद्योग का जो प्रशिक्षण तुम लोगों ने लिया है उन वस्तुओं को बनाते रहना।

–बापू जी, हमारी स्थिति तो बद से बदतर है, हिन्दू भाई हमें अस्पृश्य मानते हैं और मुस्लिम भाइयों के अत्याचार के सबसे अधिक शिकार हम लोग ही बने हैं। आपके जाने के बाद हमारी बनायी हुई वस्तुओं को कौन ख़रीदेगा? अभय हलदार ने कहा।

–हरिजनों के प्रति छुआछूत रखना हिन्दू धर्म का सबसे बड़ा कलंक है। वे आपका मैला उठाते हैं, इसीलिए आप उन्हें अछूत कहते हैं, अछूत तो वह है जो दुराचारी हो, जो भाई को मारे या व्यभिचारी हो, जो दगाबाज़ हो, जो व्यसनी हो, गाँधी की भी आवाज़ तेज़ हो आयी।

–बापू आप नाराज़ न हों, अभय हलदार भाई को अब हम लोगों से कोई शिकायत नहीं होगी। भीड़ से आयी आवाज़ ने गाँधी को तनावरहित

बना दिया। उनके डग आगे बढ़ रहे थे। मुहम्मद भुइयाँ सोच रहा था मेरी तो कोई योग्यता नहीं, क्या मैं कुछ भी नहीं कर सकता ?

एक क्षण के लिए ठिठककर उन्होंने कहा—शरीर से किसी का उपकार न हो तो मन के द्वारा सारे जगत का कल्याण चाहें और अपने हाथ में जो सेवा आये उसे करें।

गाँधी श्रीरामपुर से जा रहे थे, पता नहीं फिर आयेंगे या नहीं लेकिन मुहम्मद भुइयाँ का विश्वास आज और जम रहा था कि यह ज़िन्दा पीर अवश्य हैं, तभी तो अन्तर्यामी की तरह उसके मन की बात जान ली।

श्रीरामपुर से चण्डीपुर का मार्ग हरीतिमा से ढंका हुआ था, कहीं पर चौड़ी, तो कहीं पर टेढ़ी—मेढ़ी सँकरी पगडण्डियाँ थीं। उन पगडण्डियों के दोनों किनारे सुपारियों के पतले—पतले किन्तु लम्बे—लम्बे वृक्ष हवा में झूम—झूमकर जैसे आमन्त्रण दे रहे थे। उन झूमते पेड़ों की परछाईं पास के तालाबों में पड़कर प्रकृति को और भी मनोहारिणी बना रही थी। सुबह की लालिमा प्रस्फुटित हो रही थी और प्रकृति की इस सजीवता में रामधुन के साथ गाँधी जब चण्डीपुर पहुँचे तो सबसे पहली दृष्टि जिस पर पर पड़ी वह पुलिस अधीक्षक अब्दुल्ला था।

—आप फिर यहाँ...? मैंने तो आपसे पहले ही कह दिया था, मुझे सुरक्षा की आवश्यकता नहीं...

—महात्मा जी यह सरकार का निर्णय है—अब्दुल्ला ने सैल्यूट ठोंकते हुए कहा।

—बंगाल सरकार का मैं शुक्रगुजार हूँ, वह मेरा इतना ख़याल रखती है, उसे मेरा आभार कहियेगा। परन्तु इन पुलिस के आदमियों का होना मुझे अच्छा नहीं लगता, शोभा नहीं देता। मेरी रखवाली तो बहुत बड़े प्रभु कर रहे है; उस रखवाले ईश्वर, खुदा पर सब कुछ छोड़ दिया है। उसे जरूरत होगी तो मुझे जिन्दा रखेगा, नहीं ज़रूरत होगी तो उठा लेगा।

अब्दुल्ला मुस्कुराकर चुप रह गया, गाँधी आगे बढ़ गये। तभी अब्दुल्ला की दृष्टि गाँधी के पैरों पर पड़ी—सर आपके पाँव की चप्पल मैं ले आऊँ, टूट गयी या कहीं रास्ते में छूट गयी?

—मैंने नोआखाली में नंगे पाँव रहने का व्रत लिया है।

—क्यों महात्मा जी?

—हम मन्दिर, मस्जिद या गिरजे में जाते है तो चप्पल नहीं पहनते।

मुझे दरिद्रनारायण के पास जाना है, जिस भूमि के स्वजन लुट गये हैं, जहाँ स्त्रियों और बच्चों की हत्या हुई हो। जहाँ के लोगों के पास लाज ढँकने को भी कपड़े नहीं हैं। जहाँ अनेक निर्दोषों की पवित्र हड्डियाँ पड़ी हुई हैं, ऐसी भूमि पर चलना और ऐसे लोगों से मिलने जाना है। यह मेरे लिए पवित्र यात्रा है, ऐसी हालत में चप्पल कैसे पहन सकता हूँ? उनके चेहरे पर एक निश्छल शिशु–सी सरलता के साथ गम्भीर स्निग्धता का तेज़ देखकर अब्दुल्ला अपने को उनके चरणों में गिरने से नहीं रोक पाया–महात्मा जी, आज से आपका शागिर्द बन गया हूँ।

–क्या बताऊँ अब्दुल्ला, मैं अपना शागिर्द स्वयं हूँ, आज भी उस शागिर्द को पूरी तरह प्रशिक्षित नहीं कर पाया हूँ।

–तभी सामने की झोंपड़ी पर दृष्टि पड़ी। एक छोटी–सी आरामदेह फोल्डिंग झोंपड़ी थी, उस आरामदेह झोंपड़ी पर तिरंगा झण्डा लहरा रहा था।

गाँधी गम्भीर हो गये–इस महल का मेरे जैसे परिव्राजक से मेल नहीं।

–बापू आपने सैंतालीस गाँवों की यात्रा नंगे पाँव पैदल करने का निश्चय लिया है। आवश्यक नहीं कि सभी गाँवों में आपको ठहरने के लिए स्थान मिले। यह फोल्डिंग हट है, जहाँ चाहे लगा देंगे–सतीश चन्द्र दासगुप्ता झोंपड़ी की आवश्यकता समझाने की कोशिश कर रहे थे।

–दासगुप्ता जी, मैं इतनी विलासिता सहन नहीं कर सकता। मुझे हर कहीं आराम मिल सकता है। अगर कोई मुझे अपने घर में आसरा देने के लिए तैयार नहीं होगा तो मैं किसी पेड़ की आतिथ्यभरी छाया में आराम से रह लूँगा।

–फिर इस 'महल' का क्या होगा? अब तो जो बनना था बन चुका है, कर्नल जीवन सिंह ने कहा।

–इसका सबसे अच्छा उपयोग औषधालय के रूप में हो सकता है, गाँधी अपनी अन्तिम मति देकर हाशिमपुर में एक पेड़ के नीचे जाकर बैठ गये। जीवन सिंह ने भी देर नहीं की। तीन पत्थर रखकर दाल और रोटी बना ली।

'हाशिमपुर कैसा विचित्र गाँव है, बापू के प्रति कोई सम्मान ही नहीं,' मनु गाँधी के जीवन का यह पहला अनुभव था, जो पच नहीं रहा था, छोटी–सी मनु से रहा नहीं गया, उसकी आँखों में आँसू आ गये–बापू आप उन लोगों को क्यों सलाम करते हैं? उन्हें कुछ पड़ा ही नहीं, जवाब तक नहीं देते।

–इसमें हमारा क्या जायेगा? कभी–न–कभी तो ज़रूर समझेंगे। हमें कभी नम्रता नहीं छोड़नी चाहिए। ये लोग यही मानते हैं कि यह हमारा दुश्मन आ गया, परन्तु मैं तो किसी का दुश्मन नहीं, सबका मित्र हूँ, सेवक हूँ। और यह दावा मैं तभी कर सकता हूँ जब मुझमें और मेरे साथ रहने वाले में पूरी नम्रता हो; गाँधी की वाणी की नम्रता ने मनु को शर्मिन्दगी से भर दिया लेकिन उनके पैरों से ख़ून गिरते देखकर वह रो उठी–भारत का कैसा दुर्भाग्य! भगवान राम को भी जंगल में नंगे पाँव भटकना पड़ा था।

प्रार्थना सभा में भीड़ तो काफ़ी थी किन्तु मनु उद्विग्न थी। गाँधी कह रहे थे–यदि आप लोग हिन्दुओं को नहीं अपनायेंगे तो आपकी हालत ख़राब होगी। यहाँ अथवा जहाँ भी आप बहुमत में हैं किसी दुर्बल हिन्दू को मारने का काम तो एक बच्चा भी कर सकता है। ऐसे नीच काम करने के लिए आपके कुरान में लिखा है तो बताइए।

मनु ने रामधुन गाना प्रारम्भ किया कुछ लोग उठकर खड़े हो गये–अल्लाह या खुदा के नाम के सिवा ईश्वर का अन्य नाम उन्हें मंजूर नहीं था।

गाँधी को भी तो अपनी बात रखनी थी–मैं इस बात की बहुत सावधानी रखता हूँ कि अनावश्यक रूप में किसी की भावनाओं को ठेस न पहुँचे और मैं मुसलमानों के बीच में ठहरकर तथा उनकी सेवा करके उनके प्रति मित्रभाव का प्रत्यक्ष प्रमाण देने नोआखाली आया हूँ परन्तु मैं रामनाम को नहीं छोड़ सकता, क्योंकि वह तो मेरी आत्मा का आहार है। एक ही सिरजनहार प्रभु को लोग अलग–अलग नामों से पुकारते हैं।

मनु और उदास हो गयी, तभी मौलाना इब्राहीम ने आवाज़ दी–हमलोगों को रामधुन से कोई आपत्ति नहीं। पूरे समय रामधुन में वे झूमते रहे थे, परन्तु मनु की उदासी नहीं जा रही थी।

सबेरे–सबेरे जो हुआ उससे उदासी दूर क्या और बढ़ ही गयी। दासपाड़ा से जगतपुर के साफ़ किये मार्ग पर लोगों ने जानबूझकर मैले फेंके थे और बच्चों को भी मल त्याग के लिए बिठाकर पूरी गन्दगी फैला रखी थी।

–कितनी वाहियात बातें हैं, मनु की सहनशीलता चुक रही थी।

–यह मुझे अच्छा लगता है, इस प्रकार यदि मेरे प्रति उनका रोष बाहर निकले तो इसमें कोई दोष नहीं, गाँधी निर्विकार थे।

रास्ते में इतनी फिसलन थी कि सुशीला पै बार–बार फिसल रही थी। पगडण्डी इतनी छोटी थी कि एक साथ दो व्यक्ति साथ चल भी

नहीं सकते थे। गाँधी सबसे आगे चल रहे थे। वे अगल–बगल के पत्तों को उठाकर गन्दगी की सफ़ाई करते हुए अपने पीछे खड़े जीवन सिंह को बता रहे थे–आपको नहीं पता, इस काम में मुझे कितना आनन्द आता है।

–बापू आपने यह क्यों किया? मैं करती न, मनु पीछे से चिल्लाई।

–तुम देखना कल से ये गन्दे रास्ते मुझे साफ़ नहीं करने पड़ेंगे क्योंकि सबको यह पाठ मिल जायेगा कि गन्दगी की सफ़ाई करना हलका काम नहीं। किन्तु कोई मेरे लिए ही रास्ता साफ़ करे तो मुझे बुरा लगेगा।

–यदि वे कल गन्दा नहीं करें, लेकिन बाद में करें तो, मनु ने पूछा।

–ऐसा गन्दा रास्ता मिलेगा तो स्वयं साफ़ करूँगा। अस्वच्छ को स्वच्छ करना तो मेरा धन्धा ही है। काठियाबाड़ में भी तो बच्चों की यही आदत थी। कहीं पर थूक देने की गन्दी आदत तो सभी जगह है। स्वच्छता का प्रारम्भ तो स्वयं से करना होता है, वक्तव्य देने से स्वच्छता कभी नहीं आ सकती है।

अचानक वह दो बाँसों की पुलिया हिलने लगी, जीवन सिंह नीचे गिर पड़ा। वह चिल्लाया–बापू जी...

गाँधी अपनी लाठी का सहारा लिए हुए अकेले तब तक पुलिया पार कर चुके थे। उन्होंने पीछे मुड़कर देखा। जीवन सिंह धँसती हुई पुलिया को उठाने की कोशिश कर रहा था, ताकि सभी लोग बाँस के उस पुल से आगे बढ़ सकें।

आप अकेले परेशान न हों, मैं आता हूँ कहते हुए गाँधी पीछे की ओर मुड़े।

–प्लीज़ बापू जी, आप न आये, हम लोग पानी में उतरकर आ जायेंगे, अब यह पुलिया बनेगी नहीं, नीचे में लगे बाँस के खम्भे को किसी ने जान बूझकर काट दिया है। निरंजन सिंह गिल ने गाँधी को रोका।

–बापू, यह आपके जीवन को नष्ट करने की योजना थी, मनु गाँधी डर गयी।

–मुझे नहीं लगता इस प्रक्रिया में मेरी जान जा सकती थी, सख़्त जान हूँ। यह शरारती तत्त्वों का कार्य है। शायद इससे उनका आक्रोश अब समाप्त हो गया हो और भाईचारा की आशा की किरण बन जाये।

–बापू, नेताजी आपको दुनिया का महानतम व्यक्ति कहते थे, इसी से आप जो कहेंगे वह अवश्य होगा। कर्नल जीवन सिंह ने अपने पैरों का कीचड़ धोते हुए कहा।

–बापू पड़ोस के गाँव में एक बूढ़े दम्पति रहते हैं। वे दोनों आपसे मिलने के लिए आतुर हो रहे हैं, छटपटा रहे हैं। किन्तु वे लोग इतने दुर्बल हैं कि इतनी दूर चलकर आ ही नहीं सकते–सुशीला पै को पता था अभी इतना रास्ता बचा हुआ है, वहाँ बापू का जाना सम्भव तो नहीं ही होगा।

–वे नहीं आ सकते, मैं तो जा सकता हूँ न, मैं स्वयं उनकी कुटिया में जाकर उनसे मिलूँगा।

वह शाम, उन दोनों बूढ़ों के लिए कोई सामान्य शाम नहीं थी। तभी तो दोनों के चेहरे यूँ दमक रहे थे। बूढ़ा बहरा था, कुछ सुन नहीं सकता था, उसे सुनने की ज़रूरत ही क्या थी, वह तो पी रहा था।

–बापू जी..., महात्मा जी कहते हुए वह उनकी ओर बढ़ रहा था। गाँधी ने बहुत ही प्रेम से उसे गाल थपथपाकर, अपने स्नेह से उसका सिंचन कर दिया।

तभी उसकी पत्नी बूढ़ी स्त्री, कर्पूर के मनकों के दो माले लेकर, अपनी चाल को जितनी तेज़ कर सकती थी करती हुई आकर अपने बूढ़े पति के हाथों में एक माला पकड़ा दी।

बूढ़ा जब गाँधी के गले में माला डालने लगा तो उसके हाथों से माला लेकर उन्होंने उस बूढ़े के ही गले में डाल दी–आप हमारे बड़े भाई से भी बड़े हैं।

–पर मैं तो नहीं मानूँगी, बड़ी हूँ, फिर भी आपको मेरे हाथों माला तो पहननी पड़ेगी। कितने दिनों से मैं इस घड़ी का इन्तज़ार करती रही हूँ, अब आकर ईश्वर ने यह मौक़ा दिया है, कहती हुई उसने उनके गले में माला डाल दी।

वह अभिभूत थी, गद्‌गद हो रही थी, विह्वल हो रही थी। उसे अपनी आँखों पर विश्वास नहीं हो रहा था। उस बूढ़ी स्त्री ने गाँधी के दोनों हाथों को अपने हाथों से पकड़ लिया। ऐसा लग रहा था वह पूजा कर रही हो। उनके दोनों हाथों को पकड़कर वह अपनी आँखों पर, चेहरे पर और सारे शरीर पर घुमाते हुए बुदबुदा रही थी–आप आशीर्वाद दीजिए, साक्षात् ईश्वर आज हमारी कुटिया में आया है। बीच–बीच में वह ज़ोर–ज़ोर से हुलु–हुलु की ध्वनि भी कर रही थीं। जब वह ऐसा कर रही थी उसके खुरदुरे हाथ और पूरा शरीर आनन्द से काँप रहा था।

काँप तो गाँधी भी रहे थे, उनकी आँखें डबडबा रही थीं, उनके मुखमण्डल पर नवनीत सी स्निग्धता पसर रही थी। उसी नवनीत स्वर में उन्होंने

कहा–जब अपने जैसे आदमी मिल जाते हैं तब अनोखा आनन्द होता है।

–आशीर्वाद ही लेती रहेगी कि देवता को कुछ पत्र–पुष्प भी अर्पण करेगी, अपनी पत्नी को विह्वलता में सब कुछ भूलते देख बूढ़े ने टोका।

–बापू जी, यह नारियल पानी है तब से इसे सँभालकर रखा है, जब से सुना है आप इस गाँव के पास से गुज़रने वाले हैं, बुढ़िया ने उनके सामने नारियल रखते हुए कहा।

प्यारेलाल से नहीं रहा गया। वे जानते थे सूर्यास्त के बाद बापू कुछ नहीं लेते। उन्होंने बूढे दम्पति को समझाने की चेष्टा की–बापू सूर्यास्त के बाद कोई पोषक पदार्थ नहीं लेते।

–परन्तु यह तो पानी है–बूढ़े ने आग्रह किया।

–परन्तु वे नारियल पानी को पोषक पदार्थ ही मानते हैं। प्यारेलाल को मना करने में दुख हो रहा था, परन्तु उन्हें अपने बापू के नियम का पता था।

–आज भर सिर्फ़ आज भर...विदुर पत्नी के घर का साग तो कृष्ण ने भी ग्रहण किया था। बुढ़िया का गला अवरुद्ध हो गया।

–देखिए माँ आप उदास मत हों, इस नियम का बापू धार्मिक दृष्टि से पिछले पचीस वर्षों से भी अधिक समय से पालन करते चले आ रहे हैं–सुशीला पै समझाने की कोशिश कर रही थी।

–कोई मेरी बात भी सुनेगा, आज मैं उस नियम को भंग कर रहा हूँ। इतने निश्छल प्रेम के सामने विधि–निषेध के ऐसे नियमों की क्या गिनती?

गाँधी को इतने प्रेम से नारियल का पानी पीते देख जीवन सिंह को शबरी की याद आ रही थी। आज उसे बापू की संयम परायणता के नये पाठ की नयी सीख भी मिली थी कि बापू की संयम परायणता न तो रूखी है और न कुण्ठित करने वाली और न धर्मान्ध ही। शायद उनकी संयम परायणता सेवा का एक साधन थी जो आनन्द नाशक नहीं–आनन्ददायी और आनन्दवर्द्धक थी।

गाँधी से जब भी किसी ने पूछा आप नोआखाली क्यों आये हैं? उनका एक ही उत्तर होता था मेरे अन्तस के स्वामी की आज्ञा और नोआखाली की स्त्रियों की पुकार सुनकर आया हूँ।

जगदीशपुर की यह सभा उन्हीं स्त्रियों से भरी हुई थी जिनके लिए वे नोआखाली की नंगे पाँव खाक छान रहे थे।

—इतनी बहनें शोकमग्ना, मनु गाँधी बुदबुदायी।

—बापू जी, कहकर वहाँ बैठी स्त्रियाँ हिचकियाँ लेकर रोने लगीं। सुशीला पै उनकी पीठ पर धीरे–धीरे हाथ फेर रही थी। सुशीला पै को देखकर मनु भी उठ गयी... वह भी उन्हीं का अनुसरण करने लगी। गाँधी शान्त मुद्रा में बैठे थे, उनकी आँखें मुँदी थीं। हिचकियों की आवाज़ बन्द होते ही अपनी वेदना प्रकट करते हुए कहा—मैं तुम्हारी तरह हिचकियाँ लेकर रो नहीं रहा, बस इतना ही फ़र्क़ है। मेरा हृदय रो रहा है। तुम्हारा दुख मेरा दुख है, इसीलिए मैं यहाँ आया हूँ।

—बापू वो बहनें कैसे धैर्य धारण करें जिनकी सन्तानें और स्वामी दोनों... की हत्या हो गयी–कहती हुई रमा घोषाल निढाल हो गयी।

—इस दुख को मैं महसूस कर सकता हूँ और यह भी जानता हूँ विधाता की पूरी सृष्टि में स्त्री से बढ़कर सहने की शक्ति किसी में नहीं है। यह भी जानता हूँ कि कोई भी स्त्री अपने सन्तान और पति के लिए अपना जीवन उत्सर्ग करने में एक क्षण भी नहीं लगाती, उनके वियोग को सहन करना बहुत कठिन है, प्रिय के वियोग से बढ़कर भौतिक जगत में कोई दुख नहीं। लेकिन सच्चाई यही है कि रामनाम के सिवा आश्वासन प्राप्त करने की कोई दवा नहीं है।

—बापू जी, जब से छाया दी के पति की मृत्यु हुई है उनके जाँघ की हड्डी को हमेशा अपने साथ रखती हैं, भीड़ में से एक स्त्री ने खड़ी होकर कहा।

—छाया बेटी, मेरे पास आओ... गाँधी के कहते ही वह स्त्री बिना किसी सकुचाहट के पलभर में अग्रिम पंक्ति में आकर बैठ गयी। उसके हाथ में अभी भी वह बड़ी–सी अस्थि दिखायी पड़ रही थी। उसने बैठते ही कहा—बापू जी यह अस्थि मेरे लिए पवित्र अवशेष है, अब मेरे पति इसी में हैं।

मनु गाँधी काँप गयी। क्या इनकी विक्षिप्तता हमेशा इसी तरह की बनी रहेगी या कभी समाप्त भी होगी?

—क्या तुम्हारे पति सिर्फ़ इन अस्थियों में हैं? क्या वे विलीन होकर पंचतत्त्वों में नहीं मिल गये? ये हड्डियाँ तो नाशवान हैं लेकिन उनकी आत्मा अजर, अमर है। तुम्हारे पति एक अच्छे इन्सान होंगे... तुम उनकी अच्छाइयों को ढूँढ़कर उन कार्यों को करो, तुम्हें महसूस होगा, वे हमेशा तुम्हारे साथ हैं, और हाँ एक बात हमेशा याद रखना, राम नाम को कभी

मत भूलना–वे ही जन्म–जन्मान्तर के सखा हैं, वे सिर्फ़ पार्थ के सारथी नहीं हम सब के सारथी हैं...। छाया का चेहरा आँसुओं से तर–बतर था, पति की मृत्यु के बाद पहली बार उसकी आँखों में आँसू आये थे, उसने आँसू पोंछते हुए कहा–बापू, इस अस्थि का क्या करूँ ?

–स्वर्गीय आत्माओं का उनके नाशवान अवशेष से तादात्म्य साधने को मैं आवश्यक नहीं समझता, बापू ने अपनी बात बतायी।

–इसे मेघना में प्रवाहित कर दूँ ? जब छाया पूछ रही थी... मनु विह्वल हो रही थी, कहाँ गयी इसकी विक्षिप्तता? बापू मेरी माँ हैं और इन सबकी...? कैसे हरण कर लिया इनकी शोकाग्नि...।

उन सबकी शोकाग्नि हरण का प्रयास वे अभी भी कर रहे थे–अत्यधिक शोक करना व्यर्थ है। कितना भी शोक किया जाये तो भी मरे हुए लोग जीवित नहीं हो सकते। रामनाम ही सारे दुख और शोक का रामबाण उपाय है। मेरे सारे शोक सन्ताप और दुख के हरणकर्त्ता एकमात्र राम का नाम है। एक बात और, अब हमें इस भीषण हत्याकाण्ड से आगे निकलकर आगे के जीवन के बारे में सोचना है। सबसे पहला काम पीने के लिए स्वच्छ पानी के इन्तज़ाम पर ज़ोर देना होगा और उसके बाद पौष्टिक भोजन...

देखते–देखते माहौल इतना बदल गया कि सुचेता कृपलानी आश्चर्यचकित रह गयी, सिसकियों से जिस सभा का प्रारम्भ हुआ था, वहाँ शुद्ध पानी कैसे मिले, जैसे उसका वर्कशॉप चल रहा हो, ऐसा प्रतीत हो रहा था।

रात्रि में गाँधी कुछ खा नहीं पाये न फल लिया और न दूध, सिर्फ़ थोड़ा–सा गुड़ लिया।

–बापू थोड़ा–सा दूध तो ले लें, सुचेता कृपलानी ने आग्रह किया।

–सुचेता आज मिलने वाली बहनों का दृश्य ऐसा कारुणिक था जो आँखों के सामने से हट नहीं रहा। कौन जाने अभी ऐसे और कितने दुखद दृश्य देखना नसीब में बदा होगा।

–परन्तु, बापू आपने देखा न, आपने उनके दुख को कितना कम कर दिया... सुचेता कृपलानी उत्साहित थी।

आज कर्नल जीवन सिंह को भी लग रहा था, महात्मा जी ने उन बहनों के सारे दुख, सारे दर्द को स्वयं पी लिया है... अपने अन्दर समा लिया है, और मनु। उसके मन पर छाये गम के बादल छितराकर उड़ रहे थे। उसे बार–बार सभा समाप्ति के बाद का दृश्य याद आ रहा था जब

उन महिलाओं में अपने बापू के साथ फ़ोटो खिंचवाने के लिए बालकों–सी चपलता हिलोरें ले रही थी। छाया दीदी तक... कितनी प्रसन्न थीं... मनु उसी में डूबती–उतराती निद्रा के अंक में समा गयी।

11

भटियालपुर में सूर्योदय की किरणें शस्यश्यामला धरती पर पड़कर स्वर्णमयी आभा बिखेर रही थीं। पूरे नोआखाली पर ही प्रकृति कृपामयी है। वहाँ की धरती का स्पर्श भी सुकोमल है। नंगे पैरों को चुभने वाले नुकीले पत्थर या काँटे तो हैं ही नहीं। प्रकृति की ऐसी कृपा है कि धान की कटाई के बाद खेतों में बचे हुए उसके डण्ठल भी रेशम की तरह मुलायम प्रतीत होते हैं। फिर भी जब गाँधी सो कर उठे तो देखा उनके तलवे में घाव बन गये थे।

यह तो पता नहीं चला कि उन्हें ज़ख़्म से अधिक वेदना हो रही है या कल महिलाओं की सभा में उनके रुदन से।

सुबह की प्रार्थना में गाँधी शान्तचित्त थे हमेशा की तरह। प्रार्थना के वक़्त उनके मन में वैसी कोई बात कभी नहीं आ पाती है जिसे वे नहीं चाहते। महत्त्वपूर्ण बात यह है कि उनके सम्पूर्ण जीवन में कभी भी अवांछनीय बातें उनके मन–मष्तिस्क में प्रवेश करने की चेष्टा भी नहीं की थीं तो हमेशा की तरह आज भी प्रार्थना के समय मन का तार अपने प्रभु से जुड़ा हुआ था।

सुबह की प्रार्थना में बाहरी लोग बहुत कम आते थे, गिने–चुने दो–तीन। आज एक सम्भ्रान्त महिला, दोहरे बदन की गोल–मटोल सी सुशीला नैयर की बगल में बैठी गीता के श्लोक का तन्मय होकर पाठ कर रही थी। पूरी प्रार्थना में मनु का ध्यान दो से तीन बार उस महिला के कारण भंग हुआ। प्रार्थना के बाद मनु अपने को रोक नहीं पायी–सुशीला दीदी, आप इस महिला को जानती हैं?

–बहुत अच्छी तरह, बापू से मिलना चाहती है, मुझसे कहा था, मैंने ही प्रातःकाल की प्रार्थना में आने के लिए कहा है, बापू से पूछ कर आती हूँ फिर मिलवाने की व्यवस्था करती हूँ, कहती हुई सुशीला नैयर चली गयी।

उस समय गाँधी अपने पैरों के घाव पर मिट्टी की पट्टियाँ रख रहे थे।

—बापू हमें पता है चिकित्सा जगत में आपके निष्णात ज्ञान की, पर कम—से—कम इस तरह की छोटी—मोटी बीमारियों में हम लोगों को सेवा का अवसर दिया करें—पास बैठती हुए सुशीला नैयर ने कहा।

—अभी तुम्हारा कर्तव्य मेरी सेवा नहीं है, तुमने नोआखाली के ग्रामीणों की सेवा का व्रत लिया है तो फ़िलहाल अपने व्रत का ख़याल रखना तुम्हारा एकमात्र कर्तव्य है—पट्‌टी बदलते हुए उन्होंने कहा।

—नोआखाली की सेवा में ही हूँ बापू, एक महिला को लेकर आयी हूँ। बहुत दिनों से आपसे एकान्त में मिलने की कोशिश कर रही थी, सफल नहीं हो पा रही थी

—सुशीला, नोआखाली की बहनों से जब भी मिलता हूँ तो मुझे ऐसा लगता है कि इनके दुख के सामने... हर किसी का दुख तुच्छ है। हँसी आती है जब हम छोटे—मोटे विपरीत फल को दुख मानकर रोना रोते हैं। कौन हैं यह बहन?

—बापू, ये भटियालपुर के नवद्वीप पण्डित की विधवा पत्नी हैं। नवद्वीप पण्डित पूरे रामपुर प्रखण्ड के चर्चित व्यक्ति थे—सुखी सम्पन्न इन्सान थे, बड़ी—सी हवेली, हवेली के बीचोबीच एक बड़ा—सा मन्दिर जिसके गर्भगृह में श्रीराधा—कृष्ण का विशाल विग्रह, और उस विग्रह के अगल—बगल बंगाल के प्राणधन निताई—गौरांग की इतनी ही बड़ी प्रतिमा थी। प्रतिदिन सुबह और शाम नवद्वीप पण्डित अपने गले में खोल टाँगकर हरे कृष्ण महामन्त्र को गाते हुए प्रदक्षिणा लगाते और उनके साथ—साथ उनकी पत्नी जया पण्डित जो अभी मेरे साथ आयी है, प्रदक्षिणा लगाती थी।

वे सुशीला नैयर को ध्यान से सुन रहे थे, तभी जया पण्डित भी अन्दर आ गयी, वह अपने आँचल को सिर पर लपेटती हुई दण्डवत की मुद्रा में ज़मीन पर बैठ गयी।

उन्होंने हड़बड़ाकर अपने पैरों पर से पट्‌टी हटाकर पैर सिकोड़ लिया—कृपया आप ऊपर बैठें। मुझे दुख है कि इस भीषण पाशविक हत्याकाण्ड में आपने अपने पति को खोया है...।

—बापू जी, पति के वियोग का दुख है, परन्तु उतना नहीं जितना अपने ठाकुर का। मेरे पति ने तो भगवत्‌लोक को प्राप्त किया है, भगवन्नाम लेते—लेते उन्होंने मृत्यु को वरण किया है, उन्हें सीधे गोलोक की प्राप्ति हुई है। मेरे पति शोचनीय पात्र नहीं, अनुकरणीय पात्र हैं। जया पण्डित के मुखमण्डल पर शोक से अधिक गौरव झलक रहा था।

—ठाकुर कौन? क्या हुआ उनका?

—ठाकुर मेरे सर्वस्व, मेरे राधाकृष्ण युगल विग्रह! दंगाई मेरे जीवनधन को उठाकर न जाने कहाँ ले गये...। मेरे स्वामी ने तो अपने धर्म की रक्षा कर गोलोक को प्राप्त किया किन्तु मैं हतभागिनी... जया पण्डित का स्वर आँसुओं में डूब रहा था।

वे आश्चर्यचकित हो रहे थे किन्तु उससे भी अधिक गर्व का अनुभव हो रहा था, ठाकुर के लिए इतना शोक! अपने धर्म के प्रति इतनी अपूर्व निष्ठा! जया पण्डित के प्रति उनका मन श्रद्धा से भर रहा था। जिन लोगों ने साहसपूर्वक और कायरता अथवा धर्मपरिवर्तन की अपेक्षा मृत्यु को अधिक पसन्द करके मृत्यु का वरण किया था, उन लोगों के प्रति गाँधी के मन में बहुत अधिक श्रद्धा और उनके बारे में अधिक जानने की गहरी दिलचस्पी उनके चेहरे पर परिलक्षित हो रही थी—

—आप तो एक अमर वीर की अर्द्धांगिनी हैं...आपके पति नवद्वीप पण्डित... की मृत्यु...

—महात्मा जी मैं उसे मृत्यु मानती ही नहीं, उन्हें तो मोक्ष मिला है, साक्षात् मोक्ष! जया पण्डित अपनी आँखें मूँदकर चुप हो गयी।

—बापू, दरअसल नवद्वीप पण्डित के पास धनधान्य की कमी नहीं थी, बीस हज़ार तो नक़द पूँजी थी। लुटेरों के द्वारा उनके घर पर धावा देने की बात ज्ञात होते ही वे अपनी नक़द राशि को लेकर धन की सुरक्षा ख़ातिर थाने में चले गये। उपद्रवी भीड़ ने थाने को चारों ओर से घेर लिया...। कायर थाना प्रभारी ने नवद्वीप पण्डित को भीड़ को सौंप दिया। विचारहीनता की समूह भीड़ ने नवद्वीप पण्डित के पैसे छीन लिए। नवद्वीप पण्डित पैसों से सन्तोष कर जब घर की ओर जाने लगे तो उपद्रवी, शरारती और आततायी भीड़ ने उन्हें चारों ओर से घेर लिया—'पहले अपना धर्म—परिवर्तन करो तब घर जाना'।

—मेरी इस जिह्वा ने व्यर्थ में हरिनाम नहीं लिया है, मैं किसी भी क़ीमत पर अपने धर्म को नहीं छोड़ सकता। नवद्वीप पण्डित ने निर्भयता के साथ कहा।

—अच्छा अपनी जान देकर भी नहीं, आततायियों ने कहा।

'नहीं' नवद्वीप पण्डित अडा रहा।

'सोच लो फिर मत कहना मौक़ा नहीं दिया', आतताइयों के चेहरे से क्रूरता टपक रही थी।

'सोच लिया है, दुनिया में कौन नहीं जानता कि एक दिन मृत्यु सभी की होनी है। क्या इस्लाम ग्रहण कर मैं अमर हो जाऊँगा? यदि नहीं तो अपने महान धर्म को इस तुच्छ जीवन के लिए क्यों छोड़ दूँ?'

नवद्वीप पण्डित की निर्भयता से भीड़ निस्तेज हो रही थी तभी किसी ने पीछे से एक नुकीला पत्थर उनके सिर पर मारा, चोट ऐसी जगह लगी, जिसमें मस्तिष्क के अन्दरूनी हिस्से की नसें कट गयीं और भगवत नाम लेते हुए उन्होंने वहीं प्राण त्याग दिये। सुशीला नैयर तन्मयतापूर्वक विस्तार से सम्पूर्ण विवरण सुना रही थी और गाँधी...? वे उठकर खड़े हो गये–ऐसी मृत्यु शोक मनाने योग्य नहीं उत्सव मनाने की है, ख़ुशी से नाचने की है, कुछ लोग इस निर्भयतापूर्वक मृत्यु को अंगीकार कर लें तो आतताइयों की तलवारें उठी की उठी रह जायेंगी। परन्तु अभी सबसे पहले जया बेटी के ठाकुर की खोज करनी है, वे जहाँ कहाँ भी हैं उन्हें प्रकट होना होगा।

–बापू आपकी मूर्ति पूजा में श्रद्धा है, आप तो निराकार राम के उपासक हैं न–मनु ने पूछा।

–वह ईश्वर कैसा जो मूर्तियों में नहीं रह सकता? ईश्वर यदि कण–कण में निवास करता है तो क्या वहाँ नहीं ? जहाँ करोड़ों की श्रद्धा जुड़ी है। मन्दिर, मस्जिद, चर्च, गुरुद्वारे सभी का आधार एकमात्र श्रद्धा ही तो है। उनकी बात पूरी भी नहीं हुई थी कि–बापू जी, बापू जी का शोर करते बच्चे उनकी ओर भागे आ रहे थे।

–क्या है बच्चो ? जीवन सिंह ने रोका।

–हम लोगों को खेत में फेंकी हुई ये मूर्तियाँ मिली हैं क्या ये वही मूर्तियाँ हैं जिनकी तलाश बापू जी करवा रहे हैं। किशोर ने मूर्ति को दिखाते हुए पूछा।

छाया पण्डित दौड़ती हुई बाहर की ओर भागी... बच्चों के हाथों से मूर्ति को लेकर उसने अपने अंकवार में भार लिया–मेरे जीवन धन! मेरे प्राण धन आख़िर तुम आ ही गये। बापू जी ने कहा था–'उन्हें प्रकट होना होगा' और तुम सचमुच प्रकट हो गये। बीच–बीच में वह उन मूर्तियों को चूमती भी जा रही थी। तुम भक्तों के वचन का कितना मान रखते हो। तुमने मुझ अभागिनी का भी कितना ख़याल रखा, तभी तो कृपापूर्वक चले आये। भावातिरेक में कीचड़ से लगे विग्रह को वह कभी चूम रही थी तो कभी अपने अंको में भर रही थी।

गाँधी उधर ग्रामवासियों के साथ बैठक कर रहे थे–छाया पण्डित के मन्दिर में उनके ठाकुर की विग्रह की प्रतिष्ठा में आप लोगों का योगदान क्या होगा? आप सब जानते हैं कुछ दिन पूर्व जो पाशविक काण्ड हुआ है, वह इस्लाम के नाम पर काला कलंक है। इस तरह कमज़ोर और निरीह लोगों की हत्या, लूट क्या इस्लाम का अंग हो सकता है? महान पैगम्बरों की आत्मा भी इस वीभत्सता पर शोकग्रस्त होंगी।

हबीबुल्ला पटवारी उठकर खड़ा हो गया–हम पर हिन्दुओं को मारने का काला कलंक है... इसीलिए हम पापी हैं। फिर भी हमारा इतना बड़ा भाग्य कि हमारे गाँव–आँगन में ख़ुदा के फ़रिश्ते आये हैं। इस उत्सव में सहयोग करके हम सब पावन हो जायेंगे।

–बापू जी, छाया दीदी की एकमात्र इच्छा है इस विग्रह की पुनःप्रतिष्ठा आपके हाथों हो, सुशीला नैयर के कहते ही महात्मा गाँधी की जय, हिन्दू मुस्लिम भाई–भाई के नारों की ध्वनि ज़ोर–ज़ोर से गूँजने लगी।

भटियालपुर का राधाकृष्ण का यह मन्दिर आज केले के थम्बों और सुपारी की टहनियों से सज–धज कर अनन्यता के साथ दिव्यता का आलोक प्रकाशित कर रहा था।

मन्दिर का पूरा प्रांगण उल्लासमय था। जनसमूह में उत्साह का संचार हो रहा था–कुछ पता नहीं चल रहा था कौन हिन्दू है, और कौन मुस्लिम?

–आज मेरे पापों का भी प्रायश्चित्त हो गया जब मूर्तियों को उठाकर दंगाई ले जा रहे थे, मैं मूक साक्षी बना देखता रहा था–इलजास मियाँ अपने दोनों हाथों को ऊपर उठाकर कह रहा था।

छाया पण्डित गाँधी के माथे पर जब तिलक और कुंकुम लगा रही थी, उसके हाथों में कम्पन हो रहा था, काँपते हाथों से ही उसने गाँधी के गले में फूलों का हार डाल दिया ।

गाँधी के हाथों में राधाकृष्ण की युगलमूर्ति थी, जिन्हें बड़े प्रेम से सिंहासन पर प्रतिष्ठित कर रहे थे, मन्दिर का गर्भगृह पिछले दो महीने से विग्रह के बिना बियाबान लग रहा था, आज वही बियाबान गर्भगृह विहँस रहा था।

–बापू जी आज हमारे जीवन के सारे दुख समाप्त हो गये। शायद मेरे ठाकुर की यही मर्ज़ी थी, उनकी ही इच्छा होगी आपके हाथों प्रतिष्ठित होने की, वह पूरी हुई। इससे बड़ा सौभाग्य मेरे लिए क्या हो सकता है? आप सचमुच हमारे बापू जी हो, एक पिता की तरह आपने मेरे कष्ट का हरण कर लिया, इसी से तो सुभाष बाबू ने आपको देशेर जनक कहा है...

छाया पण्डित की आँखें डबडबा गयीं।

—हम प्रतिज्ञा करते हैं, हम अपनी जान देकर भी इस देव मन्दिर की रक्षा करेंगे, मौलाना निमाजुद्दीन अपने शागिर्दों के साथ पूरे जोश में भरा हुआ था। ठीक उसी समय मन्दिर की आरती में शंखध्वनि, झाँझ और मंजीरे की आवाज़ गूँजने लगी। प्रसाद लेने के लिए लोगों में एक–दूसरे से होड़ लेते देख निर्मल बोस को अपनी आँखों पर विश्वास नहीं हो रहा था—क्या यह वही नोआखाली है जहाँ घृणा की आँधी में पाशविक सभ्यता ने अपना इतना प्रभाव जमा लिया था कि मानव मनुष्यता को त्यागकर पशुता से भी नीचे गिर गया था।

सुचेता कृपलानी अपने ख़ुशी के आँसू पोंछते हुए मनु से कह रही थी—जिन लोगों ने मूर्ति उठाई थी, उन्हीं के सान्निध्य में दुबारा मूर्ति की प्रतिष्ठा होना किसी चमत्कार से कम नहीं।

गाँधी ने अपनी घड़ी निकाली—रात्रि के दो बज रहे थे। लगभग दो घण्टे पूरे हो चुके थे। बारह के आसपास अपनी चौकी पर सोने गये थे। अब वे बिल्कुल तरोताज़ा थे। कल की पुरोहिती अभी भी आँखों में समाई हुई थी, ऐसी पण्डिताई जीवन में पहली बार जो की थी।

आज की सुबह नारायणपुर जाना है, प्रार्थना के बाद ही निकलना होगा, मनु गाँधी पैकिंग कर रही थी। जीवन सिंह मुस्कुराते हुए मनु से कह रहे थे—बापू को अभी तक मैंने हमेशा भंगियों का काम करते हुए देखा था, कल पहली बार पण्डित–पुरोहित के कार्य में उनकी इतनी दक्षता, अविश्वसनीय–सी लग रही है।

—आपको ज्ञात नहीं इसी बंगाल में चार–साढ़े चार सौ वर्ष पूर्व चैतन्यदेव आये थे जिन्होंने अस्पृश्य भंगियों को भी गुरु और पण्डित के पद पर आसीन किया था—गाँधी आज बहुत दिनों बाद खुलकर हँसे थे।

जिस समय गाँधी अपनी कुटिया से नारायणपुर जाने के लिए निकल रहे थे उस समय जनवरी महीने की ठण्डक भरी ओस टपककर विस्तृत होकर पसर रही थी। इससे झाड़ियाँ निखालिस सफ़ेद चादर से ढँक गयी थीं और इसने पौधों और झाड़ियों को हरा से सफ़ेद बना दिया था।

वे थोड़ा आगे बढ़ गये थे, अचानक ठिठक गये। उसी मन्दिर से मधुर–मुधर घण्टियों की आवाज़ आ रही थी। गाँधी वापस मुड़ गये।

शायद मन्दिर में बैठा ईश्वर गाँधी को धन्यवाद देने बुला रहा हो, गाँधी को मुड़ते देख मन–ही–मन मनु ने सोचा।

जाने से पहले एक बार छाया पण्डित से मिल लूँ–गाँधी ने मन्दिर जाने का कारण बता दिया।

–मालकिन, छाया पण्डित की दासी ने धीमे स्वर में आवाज़ दी, परन्तु वह अपने ठाकुर में लीन थी, उसका ध्यान भंग नहीं हुआ, वह दुबारा फिर ध्यान भंग करने की कोशिश करने जा रही थी कि गाँधी ने रोक दिया–उन्हें डिस्टर्ब मत करो।

–मालकिन बाद में नाराज़ होगी, दाई रुआँसी होकर बोली।

–वे इतने गहरे प्रेम में आकण्ठ डूब गयी हैं कि नाराज़ होने का प्रश्न नहीं, उन्हें उनका ठाकुर मिल गया है, उनकी आराधना में विघ्न डालना सही नहीं। उन्हें किसी के आने–जाने का पता भी नहीं चल रहा। उसकी आराधना में विघ्न डाले बिना वे चुपचाप पैदल अपने आगे की तीर्थयात्रा पर निकल पड़े।

–बापू आपके पैरों से रक्त निकल रहा है, आधा रास्ता पार करने के बाद निर्मल बोस का ध्यान गया। ठीक सामने एक उजड़ा हुआ घर नज़र आ रहा था। उस घर से एक नवयुवक निकला। उसने बहुत प्रेम से आग्रह किया बापू जी आप मेरे घर चलें। बस सामने ही अपनी टूटी–फूटी कुटिया है, दंगे में इसकी शक्ल बिगड़ गयी है... गाँधी उसकी बात नहीं टाल पाये।

–बापू जी, आज तक हमने पत्थर की मूर्तियाँ पूजी हैं, परन्तु अब हम मानव के रूप में देवता का दर्शन कर रहे हैं... बी.एन. बख्शी पूर्णरूपेण श्रद्धा में डूबा हुआ था।

–किसी भी रूप में मनुष्य का देवता के रूप में पूजा जाना सही नहीं, उन्होंने मुस्कुराते हुए कहा–पत्थर के देवता मनुष्य से हमेशा अच्छे होते हैं, क्योंकि कम–से–कम कोई दुष्टता तो नहीं करते।

लेकिन कोई एक मामूली पत्थर के लिए इतना कठोर निर्णय ले सकता है यह भी कोई कम आश्चर्य की बात नहीं। किसी की समझ में यह बात कैसे आ सकती है कि सड़क पर फेंके हुए पत्थर भी इतने उपयोगी हैं कि अपनी प्रिय सन्तान से बढ़कर भी जिसे स्नेह करता हो उसके जीवन को ख़तरे में डाल दे। निर्मल बोस को पहली बार महसूस हो रहा था, महात्मा जी में कुछ ख़ब्ती या कुछ सनकीपन तो अवश्य है, औरों से कुछ अलग नहीं बहुत अधिक अलग है। दरअसल हुआ यह कि नारायणपुर में जब

गाँधी का ठिकाना हमीद मियाँ के यहाँ लगा तो हमेशा की तरह पड़ाव के स्थान पर पहुँचकर पैर धोने के समय जिस पत्थर से अपने पैरों को रगड़ते थे उसे अपने सामानों में ढूँढ़ रहे थे।

—क्या हुआ बापू? किस वस्तु को ढूँढ़ रहे हैं? मनु ने पूछा

—एड़ी रगड़ने वाला पत्थर... उन्होंने ढूँढ़ना जारी रखा। मनु ने भी इधर—उधर ढूँढ़ा, परन्तु पत्थर रहता तब तो मिलता।

—बापू लगता है पत्थर रास्ते में उस जुलाहे भाई के घर में छूट गया जब आपके पैरों से ख़ून गिरने लगा था तो आप गरम पानी से पैरों को धोने के लिए रुके थे। मनु ने सकुचाते हुए कहा।

—पत्थर उठाकर रखने की ज़िम्मेवारी तुम्हारी थी न? उनके पूछने के पूर्व ही मनु को अपनी भूल का अहसास हो चुका था।

भले ही यह छोटी—सी भूल थी पर कर्तव्य पालन में छोटी—सी भी भूल उनकी दृष्टि में बड़ी भूल थी।

—मनु, जहाँ कहीं तुमने पत्थर छोड़ा है वापस वहाँ जाकर उसे ढूँढ़ कर लाना तुम्हारा कर्तव्य है, उनका स्वर शान्त था।

—बापू रास्ता निर्जन और घने जंगलों के मध्य पड़ता है, जहाँ बड़े लोग भी अक्सर रास्ता भूल जाते हैं, गुण्डों का भी डर है, निर्मल बोस से बिना कहे रहा नहीं गया।

वे शान्त थे, चुपचाप। तभी मनु ने काँपते हुए कहा—मैं अपने साथ किसी एक स्वयंसेवक को ले जाऊँ ?

—नहीं, तुम्हें अकेले ही जाना है, उन्होंने आज्ञात्मक स्वर में कहा।

घने जंगल में मनु को डर तो बहुत लग रहा था, पर आज राम का नाम बहुत काम आ रहा था। राम—राम रटते उस कुटिया में पहुँची।

—बेटी तुम? अभी तो घर में कोई नहीं... उस समय घर में सिर्फ़ यही एक बुढ़िया थी।

—काकी यहाँ पर एक पत्थर छूट गया था आपने कहीं देखा है? मनु ने पत्थर खोजने के अपने प्रयत्न में असफल होने के बाद पूछा।

—एक पत्थर तो था बेकार—सा, टूटा—फूटा, बिना किसी काम का, झाड़ू देने के बाद मैंने उसे यहीं झाड़ियों में फेंक दिया था।

मनु झाड़ी की ओर भागी, संयोग अच्छा था कि पहली दृष्टि उसी अनमोल पत्थर पर पड़ी।

–इस फालतू पत्थर को लेने तुम इतनी दूर से वापस आयीं ? बुढ़िया काकी ने पूछा तो मनु क्या जवाब देती? बिना एक क्षण गँवाये चल दी, उसे नारायणपुर भी तो समय पर पहुँचना था।

मनु भूख प्यास जैसे सब भूल गयी थी। जैसे ही गाँधी के सामने उस क़ीमती पत्थर को रखा, वह फूट–फूट कर रोने लगी। उस समय उसके पेट में चूहे उत्पात मचा रहे थे।

–मनु तू जिस दिन मेरे पास आयी थी, उसी दिन मैंने तुझे सावधान कर दिया था कि इस यज्ञ में मेरा साथ देना कोई हँसी–खेल नहीं है। तू अब भी वापस जा सकती है। इस पत्थर की कृपा से तुझे इतनी जल्दी कड़ी परीक्षा से गुज़रने का अवसर मिल गया, उनका स्वर बहुत ही कोमल था।

–बापू, आज हृदय से जितना राम नाम लिया, इसके पहले कभी नहीं लिया था।

–हाँ, दुख में ही ईश्वर याद आता है, फिर भी उसकी दया कितनी अपार है। मनुष्य सुख में स्मरण नहीं करता तो दुख में थोड़ी याद करता है तो ईश्वर उसे बचा लेता है। अब तुम नारियल का दूध लेकर थोड़ी देर आराम कर लो, फिर भोजन करना, वैसे इसमें तुम्हारी जैसी इच्छा कहते हुए गाँधी इरफ़ान से बाते करने लगे–तू मुझसे दीक्षा लेना चाहता है न, तो मेरी पहली दीक्षा है पाखाना सफ़ाई का और बाद में रसोई का काम।

–बापू जी पाखाना के नाम से मुझे घृणा होती है, उसके बारे में सोचकर मितली आने लगती है, मुझसे नहीं हो सकता। क्या मैं इस परीक्षा में उत्तीर्ण हो सकूँगा। इरफ़ान ने रुआँसे होकर कहा।

–यदि बापू की आज्ञा हो तो मैं तुम्हें प्रारम्भ में मदद कर सकती हूँ, शुरू–शुरू में सबको कठिनाई होती है, मुझे भी हुई थी परन्तु अब बिल्कुल नहीं होती, मनु गाँधी को इरफ़ान पर दया आ रही थी।

–ऐसी दया सच्चे अर्थ में दया नहीं होती बल्कि निर्दयता होती है; जब वह भाई अपनी दुर्बलता को जीतने के लिए संघर्ष कर रहा है, वैसे समय में इसके निश्चय को झूठी दया दिखाकर कमज़ोर करना कुसेवा होगी। सर्जन को रोगी को बचाने के लिए तत्परता और निर्ममता से काम लेना पड़ता है।

इरफ़ान और मनु अपने सर्जन को प्रार्थना सभा में जाते देखते रहे।

प्रार्थना सभा में प्रायः हमेशा की तरह अपार जनसमूह उमड़ पड़ा था। नारायणपुर में मनु के द्वारा पत्थर लाने की घटना सबकी ज़ुबान पर थी। गाँधी भी प्रार्थना सभा में आज वही बता रहे थे–मैं नोआखाली की स्त्रियों

से कहता हूँ कि वे अचल रहकर सब ख़तरों का सामना करें। इसलिए मैंने अपने आपसे कहा, मैं अपने ही घर से इसका प्रारम्भ क्यों न करूँ? मैं मनु की अपेक्षा उस रास्ते के ख़तरे को अधिक जानता था। यदि कोई गुण्डा उसे उठाकर ले जाता और वह साहसपूर्वक मृत्यु का आलिंगन करती तो मेरा हृदय हर्ष से नाच उठता। परन्तु यदि भीरुता या भय के मारे वह ख़तरे से मुँह मोड़ लेती या भाग जाती तो मुझे अपमान और दुख का अनुभव होता। जब मैं उसे रोज़ 'एकला चलो रे' वाला गीत गाते सुनता था, तो मन में सोचता था कि कहीं यह निरी शोभा तो नहीं?

परन्तु ईश्वर ने अपार करुणा करके इस विश्वास को बचाया है। आप सब आज से भयभीत होना छोड़ दें, निर्भीकतापूर्वक राम–नाम लेकर कहीं भी जायें–बस इतना याद रखें कि मृत्यु सिर्फ़ एक बार होती है।

मनु गाँधी की आँखें प्रार्थना सभा में भीगी ही रहीं। वह गुन रही थी, जिन्हें बापू सबसे अधिक प्रेम करते हैं, उनकी सबसे अधिक कठोर परीक्षा लेते हैं, शायद ईश्वर भी ऐसा ही विधान रचता है।

12

शिरंडी गाँव में आज अस्तुस्सलाम के उपवास का पचीसवाँ दिन था... पचीस दिन कम नहीं होते। न अन्न का एक दाना लिया था और न एक बूँद जल ही गले के नीचे उतरने दिया था।

पचास वर्ष की अस्तुस्सलाम लम्बी–दुबली छरहरी तो पहले से थी। बापू की पुत्री होने का अभिमान भी था, इसी से आमरण अनशन पर बैठना अपना अधिकार समझती थी, तभी क्षीण काया होकर रह गयी है।

आज पचीसवें दिन बापू का इन्तज़ार कर रही थी। उसकी खाट धूप में रखी हुई थी। ऐसा लग रहा था जैसे मृत्युशैया पर पड़ी हो, एक ओर गीता का पाठ हो रहा था दूसरी ओर क़ुरान शरीफ़ का।

अस्तुस्सलाम की आँखों की कोर से आँसू की बूँदें टपक रही थीं–क्या हिन्दू–मूस्लिम एकता कभी नहीं हो पायेगी? अपने अल्लाह पर कितनी आशा रखकर यहाँ आयी थी, कि अल्लाह उसे कभी निराश नहीं करेंगे। उसे याद नहीं कि आज तक उसने एक भी रोज़ा रखने में कभी भी चूक की हो। क़ुरान का पाठ तो नित्यप्रति करती ही थी और सिराहने में क़ुरान रखे बिना शायद ही कभी वह सोयी हो।

परन्तु अस्तुस्सलाम भी क्या करे? अल्लाह ने उसे बनाया ही ऐसा है, हिन्दू–मुस्लिम एकता कराने के लिए बाबरी बन जाती है, कुछ भी करने को तैयार। प्राण उत्सर्ग कर देना तो कुछ मायने ही नहीं रखता उसके लिए, तभी तो दौड़ी–दौड़ी नोआखाली आ गयी और शिरंडी में जान कुर्बान करने बैठ गयी।

अस्तुस्सलाम की आँखों के सामने शुरू से लेकर आज तक के सारे दृश्य चलचित्र की तरह तैर रहे थे। कितनी ख़ुश थी जब शिरंडी में उसका पहला दिन था, क़रीम ख़ाँ ने शपथ खाते हुए कहा था–दीदी मणि, आप विश्वास कीजिए इस क्षेत्र में कोई लूटपाट नहीं हुई है और यदि आपका विश्वास नहीं है तो आप हिन्दुओं से पूछ लीजिए। करीम की यह बात सच निकली, किसी हिन्दू ने कोई शिकायत नहीं की। अस्तुस्सलाम को प्रसन्नचित्त देख करीम ने हँसते हुए कहा था–दीदी आप अपना समय यहाँ व्यर्थ क्यों नष्ट कर रही हैं? अब तो आपको भी यक़ीन हो गया है।

–चली जाऊँगी, बस एक बार यहाँ की स्त्रियों से मिल लूँ, बापू ने हम लोगों को इस बात का विशेष प्रशिक्षण दिया है कि किसी भी स्थान पर जाओ तो अलग से वहाँ की स्त्रियों से अवश्य मिलो–अपने सिर को सफ़ेद खादी के दुपट्टे से ढँकती हुई अस्तुस्सलाम ने कहा।

जब हिन्दू स्त्रियों से मिलकर अस्तुस्सलाम बाहर निकली तो उसे अपने आप से लज्जा आ रही थी। उसे समझ नहीं आ रहा था वह क्या करे जो इस भयानक पाप से अपने धर्म को बचा सके। उसकी आँखें करीम ख़ाँ को खोज रही थीं परन्तु वह सामने कैसे आता, वह तो किसी कोने में बैठकर अस्तुस्सलाम को मूर्ख बनाने का आनन्द ले रहा होगा। कोई ऐसा मुसलमान नहीं जो सत्य का साथ दे सके? कोई ऐसा नहीं जिसका हिंसा में विश्वास नहीं? वह परेशान हो रही थी तभी जुबेर से मुलाक़ात हुई, था तो शाक टोला का पर रहता शिरंडी में ही रहता था।

अस्तुस्सलाम को देखकर जुबेर से रहा नहीं गया–दीदी, यह जो कुछ हुआ है और हो रहा है, इसमें सभी मुस्लिम संलिप्त हैं, ऐसी बात नहीं है। आपको नहीं पता, मेरे बाबा की हत्या इसी से कर दी गयी क्योंकि वे अवनी बाबू के भाइयों को बचाने का अपराध कर रहे थे।

–अवनी बाबू कौन?

–अवनी बाबू बहुत अच्छे वैद्य हैं, सबको मीठी दवाएँ देते थे, बचपन में मैं भी उनके दवाखाने पर चला जाता था और मीठी गोली माँगकर ले आता था–जुबेर अपनी रौ में बोल रहा था।

–अब अवनी बाबू कहाँ हैं? अस्तुस्सलाम ने टोका।

–अपने भाइयों की हत्या के बाद घर से बाहर बहुत कम निकलते हैं। उनके घर में तीन–तीन खड्‌ग थे जिससे वे दूर्गा की मूर्ति के सामने बलि दिया करते थे जिन्हें बदमाशों ने उठा लिया और आज तक नहीं लौटाया है। अवनी बाबू ने उसे लौटाने की कम कोशिश नहीं कि परन्तु आज तक उन्हें प्राप्त नहीं हुआ है।

इधर–उधर देखकर जुबेर ने धीरे–से फुसफुसा कर कहा–यह भी सुनने में आता है दीदी कि उसी खड्‌ग से हिन्दुओं का क़त्ल भी हुआ, क्या जाने आगे भी हो।

जुबेर तो चुप हो गया पर अस्तुस्सलाम को चलायमान बना दिया। वह दौड़ती हुई हाशिम के घर गयी और बिना किसी लागलपेट के कहा–मैंने सुना है, तीन खड्‌ग में से दो खड्‌ग तुम्हारे पास हैं?

–मेरे पास कोई खड्‌ग नहीं है अपने जीवन में हाशिम ने ऐसी स्त्री को पहली बार देखा था।

–खड्‌ग तो तुम्हारे पास है, अस्तुस्सलाम भी अड़ गयी।

–है तो क्या कर लोगी? जाओ नहीं दूँगा, जो जी में आओ कर लो, साली कमीनी स्त्री। उसको भी देख लूँगा जिसने तुझसे यह सब कहा है। हाशिम गाली बकता रहा, अंस्तुस्सलाम लौट आयी। वह चुपचाप बैठ गयी, उसका मस्तिष्क चलायमान हो रहा था। उसे जैसे ही पता चला अवनी बाबू स्थानीय मुसलमानों के साथ एक बैठक कर रहे हैं बिना अधिक विचार–विमर्श किये वह वहाँ पहुँच गयी। उसने अपने परिचित हश्मतुल्ला को भी उस सभा में बुला लिया। अस्तुस्सलाम ने हश्मतुल्ला से कहा–भाई तुम तो जानते हो, इस्लाम पर यह कितना बड़ा कलंक लगा है। इस कलंक को धोने का एक मात्र उपाय है प्रायश्चित्त। मैं चाहती हूँ वे तीनों खड्‌ग उसके मालिकों को लौटा कर प्रायश्चित्त करें।

–दीदी, आपका कहना सही है पर अधिकांश मुस्लिमों ने एक सभा में यह निश्चय किया है कि जब तक शाकटोला का कारी (क़ुरान पढ़ने वाला) उन्हें हुक्म नहीं देगा, तब तक वे खड्‌ग नहीं लौटायेंगे, हश्मतुल्ला ने उन्हें असली बात बतायी।

अस्तुस्सलाम के आग्रह पर हश्मतुल्ला ने कारी को बुलाने के लिए मुन्ना को भेजा। मुन्ना उधर से ख़ाली हाथ लौटा–कारी साहब को दावत में जाना है, इसी से वे नहीं आ सकते।

–मैं तो जा सकती हूँ, कहती हुई अस्तुस्सलाम दौड़ती हुई भागी। उसके पीछे बेनी बाबू भी दौड़े–कुछ हो गया तो बेचारी देवी सी स्त्री गयी काम से, बेनी बाबू के पीछे माधव, सुबोध और उनके पीछे जुम्मन काका दौड़े। बेनी बाबू को देखते ही कारी तमतमा गया–आप लोग यहाँ क्यों आये हैं? बेचारों ने कुछ नहीं कहा पर अस्तुस्सलाम तो कहने ही आयी थीं–मेहरबानी करके खड्ग उनके मालिकों को लौटा दो, बिना लाग लपेट के बोली।।

कारी मुँह फुलाये खड़ा रहा, अस्तुस्सलाम ने फिर से कहा–मेहरबानी करके...

–हश्मतुल्ला को आने दीजिए, कारी ने आवाज़ को चबाते हुए कहा।

हश्मतुल्ला के आते ही कारी ने सफ़ाई देते हुए कहा–जिसके पास उन दो खड्गों में से एक खड्ग है, उस आदमी से मैंने मिलने की कोशिश की, लेकिन वह मिला नहीं, वह काम करने नोआखाली से बाहर चला गया है।

–तुम किसी भी आदमी को उसकी तलाश में भेजो, आने–जाने में जो भी ख़र्च होगा, मुझसे ले लो पर तीन दिन के अन्दर उस खड्ग को मँगवाकर उसके मालिक को सौंप दो, अस्तुस्सलाम ने कहा।

–ठीक है मुझे मंजूर है, कारी मान गया।

–और दूसरे दो खड्ग–? अस्तुस्सलाम ने पूछा।

–अशरफ़ अली के पास हैं। लोग कहते हैं वह कारी साहब की बात नहीं टाल सकता है, हश्मतुल्ला को जानकारी थी।

–ठीक है तो मैं कल अशरफ़ अली के घर चला जाऊँगा, अभी तो मुझे दावत खाने जाना है, कहते हुए कारी उठ गया।

–तुम जहाँ जाना चाहते हो जा सकते हो लेकिन खड्गों का जब तक पता नहीं चलेगा तब तक मैं पानी भी नहीं पीऊँगी, कहकर अस्तुस्सलाम लौट आयी।

आधे घण्टे बाद ही हश्मतुल्ला कारी को लेकर आया दीदी, हम लोग अशरफ़ अली के पास जा रहे हैं आप भी चलेंगी?

अशरफ़ अली नमाज पढ़ना समाप्त कर हुक़्के की तैयारी कर रहा था।

अस्तुस्सलाम से रहा नहीं गया–हुक़्का रहने दो, पहले हम काम की बातें कर लें।

—नहीं हुक़्का पहले, वह टस—से—मस नहीं हुआ। कोई कुछ नहीं बोल रहा था। कारी और हाशिम भी चुपचाप बैठा उसे देख रहा था लेकिन अस्तुस्सलाम कब तक चुपचाप रहती पहला सवाल दागा—खड्ग कहाँ है?

—कारी से पूछिए—अशरफ़ अली ने भी छोटा ही जवाब दिया।

—मैं नहीं जानता, जब खड्ग ले जाया गया तो मैं हाज़िर नहीं था। मैंने उसकी तलाश की पर मिली नहीं, कारी का भी उत्तर तैयार था।

—अच्छा उसे छोड़ो, दूसरे दो खड्गों का क्या हुआ? वे तो तुम्हारे पास ही हैं, अस्तुस्सलाम भी हार नहीं मानी।

—हाँ, वे मेरे पास हैं, मैं उन्हें लौटा दूँगा। मैंने उन्हें चुराया नहीं है, मेरे पास वे अमानत के तौर पर रखे हैं कम—से—कम दस आदमी इसमें शरीक हैं, लौटाने की ज़िम्मेदारी उन पर है। इसके सिवा जिन लोगों ने हमारे पास खड्ग अमानत के तौर पर रखे हैं वे अभी तक गाँव नहीं लौटे हैं।

—क्या खड्गों के मालिकों ने आपको सुरक्षित रखने के लिए खड्ग सौंपा था? अस्तुस्सलाम भी जिरह करने पर आमादा थी।

—नहीं, जब हम लोग खड्ग मालिकों को बचाने गये थे तभी से उन्होंने वे खड्ग हमारे पास ही रख छोड़ा है, कारी ने बताया।

—क्या खड्ग मालिकों ने अपनी खड्ग अब तक नहीं माँगी?

—हाँ माँगी तो थी, कारी ने सत्य क़बूल लिया।

—तो अब तक क्यों नहीं लौटाया? क्या अभी उससे और हत्याएँ करनी हैं? अस्तुस्सलाम से अन्याय बर्दाश्त करना मुश्किल हो रहा था।

—आप हमें हत्यारा समझती हैं? जबकि हमने हिन्दुओं की रक्षा की—अशरफ़ लाल—पीला हो रहा था, यहाँ कोई लूटपाट हुई आपने अपनी आँखों से देखा?

—इजहार में देखा है, तुम्हें भी देखना चाहिए, अस्तुस्सलाम ने निर्भीकतापूर्वक कहा।

—इजहार का नाम क्यों लिया? अशरफ़ अली आगबबूला हो गया।

अस्तुस्सलाम भी साधारण धातु की नहीं बनी थी, निर्भीकतापूर्वक कहा—तुम मुझे डरा नहीं सकते। बेहतर यही होगा कि क़यामत के दिन ख़ुदा के क़हर का ख़याल करो। वह दिन बहुत दूर नहीं है। तुम्हारा एक पाँव तो क़ब्र में जा चुका है। अशरफ़ ने कोई जवाब नहीं दिया। परन्तु बेनी बाबू को जोश आ गया—मुझे अभी खड्ग चाहिए।

—अब इस बात की चर्चा छोड़ दें, मैं सारी बातें समझ चुका हूँ। एक खड्ग तो मेरे पास है, दूसरा भी इसी गाँव में है, मेरा लड़का अभी लाकर देगा।

—तुम्हें दोनों खड्ग देने होंगे, बेहतर है जहाँ कहीं भी दूसरा है उसे खोजकर भी लाओ, अस्तुस्सलाम ने कहा।

अशरफ़ अली—अच्छा फिर आता हूँ, कहकर निकल तो गया लेकिन थोड़ी देर में चिल्लाता हुआ लौट आया—जिन हिन्दुओं को मैंने बचाया वे ही आज मेरे ख़िलाफ़ पुलिस में शिकायत कर रहे हैं, जब तक मैं इजहार नहीं देख लेता, खड्ग नहीं लौटाऊँगा।

अस्तुस्सलाम ने उसे शान्त करने की कोशिश की—शिकायत दर्ज़ कराना कोई अपराध नहीं है। जिनके घर लूट लिए गये हैं उन्हें क्या शिकायत दर्ज़ कराने का भी हक नहीं है?

—तुम चुप रहो, तुम हिन्दुओं को भड़का रही हो। मैं तब तक तो खड्ग हरगिज नहीं लौटाऊँगा जब तक यह औरत यहाँ है। मुझे धमकी देने वाली यह कौन होती है? अशरफ़ अली चिंघाड़ रहा था।

अस्तुस्सलाम को कुछ समझ में नहीं आ रहा था, उसके सहधर्मियों ने निर्दोष हिन्दुओं का क़त्लेआम किया है, अब वह उन्हें कैसे हिफ़ाज़त का विश्वास दिलाये? एक ही रास्ता नज़र आया उपवास का।

आज उपवास का पचीसवाँ दिन है... अस्तुस्सलाम की आँखों के सामने अब कोई दृश्य नहीं दिखायी पड़ रहा था, अँधेरा छाता जा रहा था। उसे भी लगा शायद अन्तिम वक़्त आ गया है तभी उसके कानों में अपने बापू की आवाज़ पड़ी—अगर अस्तुस्सलाम सच्ची है और सच्ची बात उसके जीवन में पूरी नहीं होती है तो मृत्यु उसका उचित प्रायश्चित्त होगी।

अस्तुस्सलाम की क्षीण आवाज़ निकली—बापू।

गाँधी, अशरफ़ अली, कारी, हश्मतुल्ला, हाशिम सहित सभी लोगों के साथ अस्तुस्सलाम को बचाने के लिए बैठक कर रहे थे।

—बापू, दो खड्ग तो उनके मालिकों को सुपुर्द कर चुका हूँ परन्तु तीसरा खड्ग मिल ही नहीं रहा। शायद उसे नष्ट कर दिया गया तो मैं उसे कहाँ से ऊपर करूँ? अशरफ़ अली ने सफ़ाई दी।

—हाँ सर, पुलिस बल भी खोजकर थक चुकी है तीसरा खड्ग नहीं मिला—पुलिस सुपरिंटेंडेंट ने भी इस बात की पुष्टि की।

—जब खड्ग है ही नहीं, तो कहाँ से प्राप्त होगी? और अस्तुस्सलाम के उपवास का उद्देश्य तो हिन्दू—मुस्लिम एकता है, खड्ग नहीं। यदि मुस्लिम

भाई एक मसौदा–हिन्दू–मुस्लिम एकता का तैयार करें और उसमें ग्यारह मुख्य मुस्लिम भाइयों का दस्तख़त हो जाये तो अस्तुस्सलाम उपवास छोड़ देगी। बापू ने घड़ी देखा, रात्रि के नौ बज रहे थे।

मसौदा लिखाकर तैयार हो गया–

ख़ुदा को साक्षी रखकर हम सौगन्ध खाकर यह घोषणा करते हैं कि हम हिन्दुओं या दूसरी कौमों के प्रति कोई वैरभाव नहीं रखते। हर आदमी को फिर वह किसी भी धर्म का अनुयायी हो, अपना धर्म उतना ही प्यारा है, जितना हमें इस्लाम प्यारा है। इसलिए दूसरों के धर्मपालन में किसी की दख़्लन्दाज़ी करने का सवाल नहीं उठ सकता। हमें मालूम हुआ है बीबी अस्तुस्सलाम का मकसद हिन्दू–मुस्लिम एकता कायम करना है। यह मक़सद इस प्रतिज्ञा पर दस्तख़त करने से पूरा होता है। इसलिए हम उनसे उपवास त्यागने का आग्रह करते हैं यदि मेरे मन में कोई चोर हो तो हमें गाँधी जी के उपवास का सामना करना पड़ेगा। हम तीसरे खड्ग को खोजने का प्रयत्न जारी रखेंगे।

ग्यारह प्रमुख का दस्तख़त होते ही गाँधी ने अस्तुस्सलाम को समझाया–तुम्हारा मक़सद कामयाब हो गया, मौलवी साहब, अल–फ़ातिहा पढ़ रहे हैं, अब तो तुम अपना अनशन तोड़ दो। उस समय क्षीण काया के मुखमण्डल का तेज़ बढ़ रहा था। बापू के हाथों सन्तरे का रस पीते वक़्त अस्तुस्सलाम अल्लाह को शुक्रिया अदा कर रही थी कि उसने उसे बापू की पुत्री बनाया।

13

सुबह की प्रार्थना के बाद गाँधी अपने नाम भेजे हुए काग़ज़ों के ढेर में खोए हुए थे। आज पहली बार ऐसा हुआ कि वे काग़ज़ों के ढेर पर ही सो गये। एक काग़ज़ अभी भी उनके हाथ में ही था। सुबह सात बजे पनियाला के लिए पदयात्रा करनी थी, मनु ने घड़ी देखी, बाहर विदाई करने वाले लोग भी जमा हो रहे थे।

–लगता है शिरंडी की बातचीत के कठोर शारीरिक, मानसिक और उससे भी अधिक आध्यात्मिक परिश्रम के बाद बापू थक गये हैं, सत्यनारायण रेड्डी ने कहा।

–क्या बापू को जगाना सही होगा? जुबेर ने पूछा।

–आज तक कभी भी समय सीमा से एक मिनट भी अधिक बापू नहीं सोये हैं, मनु अपनी बात समाप्त भी नहीं कर पायी थी कि गाँधी की नींद टूट गयी।

जब यात्रा प्रारम्भ हुई सवा सात बज रहे थे।

–पन्द्रह मिनट लेट! हमारे समय का एक–एक क्षण ईश्वर की सेवा में उपयोग करने के लिए उसकी दी हुई पवित्र धरोहर है। आज बहुत बड़ी ग़लती हो गयी। जब लोगों से कह दिया कि हम सात बजे रवाना होंगे तो हमें सात बजे ही रवाना हो जाना चाहिए। समय का काम समय पर न करना पाप है।

सत्यनारायण रेड्डी को तमिलनाडु से आये हुए मात्र एक सप्ताह ही हुआ था आते ही उसे पनिगाला भेज दिया गया था। पहली बार गाँधी के साथ रहने का कुछ मिनट का मौक़ा लगा था। ऐसी बातें जीवन में पहली बार देख सुन रहा था।

पनियाला में तो सब कुछ सत्यनारायण रेड्डी को ही देखना था उस पर से आज बाईस जनवरी थी–बा की पुण्य तिथि थी। पाँच सौ से कम कीर्तनियों की संख्या नहीं रही होगी।

सभी लोग कीर्तन में आ चुके थे। आज मनु फिर पाँच मिनट लेट हो गयी।

–फिर पाँच मिनट लेट, मुझे दो सेकेण्ड भी लेट होना पसन्द नहीं, गाँधी ने धीरे–से कहा।

मधुर स्वर में कीर्तन गूँज रहा था–आमार गौरांग अएलो रे। गाँधी की आँखें मुँदी थीं। मुखमण्डल पर अपार शान्ति झलक रही थी। अचानक तेज़ बारिश होने लगी। थोड़ी देर पहले दूर–दूर तक बादल का अन्देशा तक नहीं था और अचानक इतनी ज़ोरदार मूसलाधार बारिश! वैसे नोआखाली के लिए यह कोई अनोखी बात नहीं है, इन्द्रदेवता की कृपा कुछ अधिक ही है तभी तो प्रकृति ने हरियाली की हरी चादर से पूरे नोआखाली को आच्छादित कर रखा है।

मूसलाधार बारिश होती रही परन्तु गाँधी की मुँदी आँखें खुली तक नहीं। शायद उनके अन्तस के तार उस सर्वोच्च सत्ता से जुड़ गये थे, तभी तो वे हिलडुल भी नहीं रहे थे शायद समाधिस्थ हो गये थे।

सत्यनारायण रेड्डी ने अपनी एक नयी खादी की चादर लाकर बापू पर डाल दी, फिर भी कोई प्रतिक्रिया नहीं हुई। वे उसी तरह अडिग रहे, समाधि नहीं टूटी।

आश्चर्य, घोर आश्चर्य, इस मूसलाधार बारिश में कीर्तन से कोई नहीं उठा। स्त्री, पुरुष, वृद्ध से लेकर बच्चे तक पानी में भीगते रहे। शायद उनके मन, प्राण, आत्मा सभी भीग रहे थे, हो सकता है बहुत सारे दुख इस बारिश में धुलकर बह रहे होंगे। कीर्तन समाप्ति के साथ बारिश भी थम गयी।

अब मनु को रामधुन गाना था। वह गा रही थी–

रघुपति राघव राजाराम, पतितपावन सीताराम

अल्लाह ईश्वर तेरो नाम, सबको सम्मति दे भगवान

यह तो बिल्कुल नयी पंक्ति थी, गाँधी भी चौंक गये, ईश्वर अल्लाह तेरो नाम... क्या इसे तूने बनाया है?

–नहीं बापू, इसे मैंने नहीं लिखा। जब मैं छोटी–सी थी, तो पोरबन्दर के सुदामा मन्दिर में अपनी मोटा माँ के साथ कथा सुनने के लिए जाया करती थी। कथा के बाद एक ब्राह्मण इस धुन को गाया करते थे, आज बहुत दिनों बाद अचानक कैसे स्मरण हो आया मुझे भी पता नहीं चला, मनु स्वयं आश्चर्यचकित थी

–ईश्वर ने तुम्हें यह धुन स्मरण कराया। उस शक्ति पर मेरी श्रद्धा अधिकाधिक प्रबल होती जा रही है। सुदामा जी के मन्दिर में उस ब्राह्मण ने कितनी स्वाभाविकता से अल्लाह का नाम लिया था। कटुता तो पिछले सात वर्षों में इतनी अधिक फैला दी गयी है। आज के बाद हर प्रार्थना के बाद इस रामधुन को ही गाया जाये।

कीर्तन छोटे–से मन्दिर के आगे एक विशाल प्रांगण में हो रहा था। मन्दिर जीर्ण–शीर्ण था, मिट्टी का बना हुआ, लेकिन आज उसकी जीर्णता नज़र नहीं आ रही थी। गोपाल माँ तीन दिन से उस पर नयी मिट्टी का लेपन कर रही थी। मन्दिर की सेवा वही करती थी। पूरे दिन दुनिया जहान में उसका अपना कोई नहीं था। अकाल ने पति–पुत्र दोनों को निगल लिया था। तब से पनियाला अपने पीहर में ही बस गयी। इसका कोई नहीं कहना सत्य नहीं, पूर्ण सत्य तो यही है कि पूरा पनियाला ही अब इनका अपना है। और वे मन्दिर में प्रतिष्ठित गोपाल की माँ है। सत्यनारायण रेड्डी माँ कहकर पुकारता तो उसकी छाती जुड़ जाती। गोपाल माँ अपने को नहीं रोक पायी गाँधी को अपने छोटे–से मन्दिर के लड्डू गोपाल के दर्शन कराये बिना।

गाँधी की आँखें भर आयीं–कितने लोगों की श्रद्धा तुमसे जुड़ी है गोपाल। मन्दिर से निकलते ही गाँधी ने आवाज़ दी–सत्यनारायण।

—हाँ गुरुदेव, सत्यनारायण आश्चर्यचकित रह गया, बापू की जगह गुरुदेव कैसे निकल गया?

—अब तुमने गुरुदेव कह ही दिया है तो एक काम करोगे?

—आज्ञा दें गु... सत्यनारायण आगे नहीं कह सका।

—सबसे पहले, पनियाला ग्रामवासियों को पीने का साफ़ पानी कैसे मिले इस पर काम करो। बहुत कठिन काम नहीं है। तालाबों से कुछ नीची सतह पर—पानी के गड्ढे खोदने चाहिए, तालाबों का पानी उनके पेंदे में से झिर कर और शुद्ध होकर इन खड्डों में जायेगा, इसमें तालाबों का पेंदा कुदरती छलनी का काम करेगा।

दूसरा काम करो, प्रत्येक घर में रेत और कोयले की घर में बनाई हुई कृत्रिम छलनी लगवाओ।

तीसरा, जहाँ कहीं सम्भव हो नलकूप लगाने की व्यवस्था करने की भी कोशिश करो।

थोड़ी देर के लिए वे चुप हो गये। सत्यनारायण रेड्डी एकटक उन्हें निहार रहा था—तुम पर अधिक भार तो नहीं डाल दिया? गाँधी ने उसके कन्धे पर हाथ रखकर पूछा।

—नहीं गुरुदेव आपके शब्द मेरे लिए वेद वाक्य हैं, अब इस काम को करना ही मेरे जीवन का एकमात्र मक़सद है। मैं अपना पूरा जीवन भी पनियालावासियों को स्वच्छ जल कैसे मिल सके, में लगाने को प्रस्तुत हूँ।

—हो सकता है सत्यनारायण मुझे कुछ दिनों के लिए बिहार जाना पड़े—वहाँ से भी डरावनी ख़बरें आ रही हैं, लोग पागल हो रहे हैं। जब तक मैं लौटकर नहीं आता तब तक तुम पनियाला मत छोड़ना... गाँधी भावुक हो गये।

सत्यनारायण रेड्डी की आँखें भरभरा गयी—मैं आजीवन आपका इन्तज़ार करूँगा।

वे आगे बढ़ रहे थे, सत्यनारायण रेड्डी अपनी आँखों में जाते हुए गाँधी को समेटने की कोशिश कर रहे थे, इस हद तक समेटना चाह रहे था कि उम्र भर उनकी आँखों में बसे रहें।

गाँधी आगे बढ़े जा रहे थे, विनाश और निर्जनता को छोड़कर मनोहर सौन्दर्य के प्रदेश में प्रवेश कर रहे थे। सामने एक बहुत बडा आम्रकुंज दिखायी पड़ रहा था। गाँधी को शान्तिनिकेतन की याद आ रही थी। गुरुदेव के

साथ आम्रकुंज में कस्तूरबा भी साथ थी, कितना उल्लास था, उस समय तभी ठीक सामने एक बहुत ही सुन्दर और बड़ा–सा तालाब था। जिसमें असंख्य बत्तखें और जगली हँस निश्चित होकर उसके विशाल और लहराते जल में तैर रहे थे। अचानक क्रंदनकारी चीख़ मारते हुए वे उड़ गये।

गाँधी दुखी हो गये–अनधिकार प्रवेश करने वालों ने इनकी शान्ति भंग कर दी, हमें प्रकृति में इस तरह रहना सीखना होगा कि चींटी तक को नुक़सान न पहुँचे।

प्रकृति की गोद से निकलते ही इतने प्रश्नों का सामना करना पड़ेगा गाँधी को भी कहाँ पता था।

–आपको पता है बिहार में क्या हो रहा है ? आपकी अहिंसा ने बिहार में कैसा काम किया? लीगियों की भीड़ ने गाँधी को घेर लिया।

–बिल्कुल काम नहीं किया। वह बुरी तरह असफल रही। परन्तु ज़िम्मेदार क्षेत्रों से मिली हुई रिपोर्टों पर भरोसा किया जाये तो बिहार के आम लोगों ने यह समझ लिया है कि उस प्रान्त के कुछ भागों में बिहारियों ने सामूहिक रूप से गम्भीर अपराध किये हैं। उन्होंने शान्त स्वर में कहा।

–नोआखाली में हिन्दुओं को और हिन्दुओं की सम्पत्ति को अगर मुसलमानों ने नहीं बचाया तो किसने बचाया?

–इस प्रश्न से सूक्ष्म अहंकार प्रकट होता है, पश्चात्ताप में नम्रता होनी चाहिए। यदि नोआखाली में सचमुच जितनी भयंकर शैतानियत हुई, उससे ज़्यादा भयंकर न हुई तो उसका श्रेय मनुष्य को नहीं, ख़ुदा को है। साथ ही मुझे यह स्वीकार करने में कोई संकोच नहीं बल्कि ख़ुशी है कि नोआखाली में ऐसे मुसलमान भी थे, जिन्होंने हिन्दुओं की रक्षा की। उन्हें शान्तिपूर्ण ढंग से उत्तर देते देख लीगियों का चेहरा सर्द हो गया।

तभी मौलवी हबीब की आवाज़ आयी–महात्मा जी, मुरायम में इस नाचीज़ के ग़रीबखाने पर ही आप तशरीफ़ रख रहे हैं।

घर पहुँचते ही मौलवी हबीब ने जनानखाने में आवाज़ दी–तुम लोग भी आ जाओ, देखों हमारे घर फ़रिश्ता आया है। जनानखाने से एक–दो तो आ गयीं... सभी नहीं निकल पा रही थीं, नानुकुर करते निकलीं भी तो पर्दे की ओट में ही रहीं।

–यह हमारा सौभाग्य है कि इनके रूप में आज एक फ़रिश्ता आया है। इस समय हमारी क़ौम पर अपने हिन्दू भाइयों के ख़ून बहाने का कलंक लगा हुआ है। महात्मा जी हमें उस कलंक से मुक्त कराने आये हैं।

इनकी पवित्र करने वाली उपस्थिति में पर्दा करना बेहूदी बातें हैं। मौलवी हबीब की आवाज़ दिल से निकल रही थी।

मुरायम जितनी भीड़ प्रार्थना सभा में इससे पहले कहीं नहीं जुटी थी, आज अधिकतम संख्या थी। हिन्दू हो या मुस्लिम सब मिलकर रामधुन गा रहे थे... वैसे भी यहाँ हिन्दुओं के दो–चार घर ही थे... सभी सुरक्षित और ख़ुश थे।

–एक भी सच्चा और शुद्ध व्यक्ति वायुमण्डल को प्रभावित कर सकता है। मौलवी हबीब जैसे व्यक्ति एक गाँव में इन्सानियत की रक्षा कर सक़ते हैं तो सम्पूर्ण नोआखाली और भारत में क्यों नहीं हो सकता?

गाँधी से सिर्फ़ मौलवी हबीब ही नहीं पूरा मुरायम गाँव ही अलग होने को तैयार नहीं था, तभी तो साथ चलते–चलते वे सभी हीरापुर तक आ गये। जा ही नहीं रहे थे कितने आग्रह के बाद माने और तब तक वहीं रुककर हाथ हिलाते रहे, जब तक पदयात्रियों के दल के एक–एक व्यक्ति आँखों से ओझल न हो गये।

छब्बीस जनवरी स्वतन्त्रता दिवस का दिन। सरदार निरंजन सिंह का मन प्रातःकाल से ही उत्लसित हो रहा था।

याद तो गाँधी को भी आ रही थी, अठारह वर्ष पहले पूना के आग़ा ख़ाँ पैलेस की, जब वहाँ आज के दिन ही राष्ट्रीय ध्वज फहराया था।

–बापू जी, क्यों नहीं आज के दिन कुछ ख़ास प्रोग्राम रखा जाये। सरदार निरंजन सिंह अपने पर अधिक देर तक संयम नहीं रख पाया।

–मैं तो यह यज्ञ आरम्भ किये बैठा हूँ, मेरे लिए यही स्वातन्त्र्य दिवस है। परन्तु गाँवों के लोगों में उत्साह पैदा करने के लिए तुम लोग उत्सव मना सकते हो।

–बापू ध्वज कौन फहरायेगा? मनु ने पूछा।

–सरदार निरंजन सिंह। हम सब लोग उसमें शामिल होंगे। आज छब्बीस जनवरी है, स्वतन्त्रता दिवस। जब से कांग्रेस का जन्म हुआ तब से भारत ने एक नया जन्म लिया है। सब हिन्दुस्तानी यह जानते नहीं थे, परन्तु धीरे–धीरे, कांग्रेस की वृद्धि हुई और कांग्रेस ने गाँव–गाँव में आन्दोलन चलाया और लोगों को भान कराया कि आज़ादी क्या चीज़ है।

–बापू, ध्वज आप फहराते, निरंजन सिंह ने आग्रह किया।

–यदि किसी अंग्रेज़ ने मुझसे कहा होता कि मैं झण्डा नहीं फहरा

सकता तो अवश्य फहराता। गाँधी राष्ट्रगान के समय सावधान की मुद्रा में खड़े थे।

झण्डोत्तोलन के वक़्त की भारी भीड़ में एक बूढ़ी स्त्री, सौ वर्ष से कम की नहीं होगी, उसकी पूरी कमर झुकी हुई थी, वह लाठी टेकती हुई गाँधी के बिल्कुल पास आ गयी। गाँधी ने उसके गले में गेंदे की एक माला डालकर उसे अपने पास बिठा लिया। वह कभी फहरते हुए राष्ट्रीय ध्वज को देखती तो कभी गाँधी को, उसकी आँखें चमक रही थीं। उसकी पोपली हँसी कितनी निश्छल लग रही थी। वह अपने साथ रोटी और मछली लायी थी। वह मनु गाँधी से ज़िद कर रही थी तुम्हारे लिए मछली रोटी लायी हूँ, तुम इसे खाओगी न?

—मैं सामिष भोजन नहीं करती... मनु को मना करते दुख हो रहा था परन्तु बताना तो था ही।

—अच्छा मछली नहीं, रोटी तो खा सकती हो। जेबा ने कहा था तुम लोग हम लोगों से घृणा करती हो इसी से हमारा भोजन नहीं कर सकती। वृद्धा को जिसने जो कुछ कहा था, बता कर निश्चित हो गयी।

—दादी, आप इतने प्रेम से मेरे लिए भोजन लायी हैं, मैं अवश्य खाऊँगी। मैं मछली भी अवश्य खाती, यदि जीवन में कभी भी पहले खाया होता। मैंने सामिष भोजन कभी नहीं किया। वृद्धा के हाथों से रोटी लेकर मनु खाने लगी। वृद्धा और मनु दोनों की आँखें झिलमिला रही थीं। दोनों में से किसी को एक–दूसरे का चेहरा स्पष्ट दिखायी नहीं पड़ रहा था।

जुयाग कब से गाँधी के आने की बाट जोह रहा था और गाँधी? उन्हें भी जुयाग जाने का इन्तज़ार कम नहीं था। हेमन्त कुमार घोष गाँधी के नोआखाली पहुँचते ही उन्हें हज़ारों बीघा ज़मीन देकर ऐसे निश्चित हो गये थे जैसे गाँधी ने ही उन्हें अपनी ज़मीन की देखभाल का दायित्व दिया था, अब वे आ गये तो उस ज़िम्मेवारी से मुक्त होकर सुकून की साँस ले रहे हों।

—दादा, कुछ देर में ही गाँधी जी यहाँ पहुँचने वाले हैं, पाँच गाँव से निकल चुके हैं, चारु चौधरी का उत्साह देखते बन रहा था।

—तुमने सारी तैयारी कर ली है न? चलो एक बार स्कूल देखकर आता हूँ। उद्‌घाटन की सारी व्यवस्था हो चुकी है? ज़मींदार ही नहीं विधायक हेमन्त कुमार की चपलता और उत्साह किसी बच्चे से कम नहीं था।

–दादा, स्कूल उद्घाटन की सारी तैयारी हो चुकी है, परन्तु एक बात कहनी है। आपने अपनी ही ज़मीन, बापू से अंबिका काली गंगा मेमोरियल ट्रस्ट का कागज़ात मेरे नाम करवा दिया है, यह गुरुतर भार को ढोने की सामर्थ्य मुझमें नहीं है, चारु चौधरी ने विनम्रतापूर्वक कहा।

–मैंने नहीं दिलवाये। महात्मा गाँधी जी की पारखी आँखों ने स्वयं तुम्हारा चयन किया है और मुझे लोगों को परखने की उनकी क्षमता–योग्यता पर पूरा विश्वास है। तुम नवयुवक हो, आगे सब कुछ तुम्हें ही सँभालना है–हेमन्त घोष को चारु चौधरी के हाथों अपनी ज़मीन सुरक्षित महसूस हो रही थी।

–दादा आप कहें तो, मैं थोड़ा आगे बढ़कर देखूँ बापू कहाँ तक आये हैं...

–जाओ न, साइकिल ले लेना, तब तक मैं भी ज़रा बापू के लिए निर्मित नया कमरा देख लूँ–जुयाग का गाँधी आश्रम, कहते हुए हेमन्त घोष भी निकल गये।

बाईस एकड़ में बना हुआ यह छोटा–सा गाँधी आश्रम और प्राइमरी स्कूल दोनों सजधज कर इन्तज़ार की मुद्रा में खड़ा था। बाईस एकड़ में बाईस पोखर भी थे और बाईसों पोखरों में कमल और कुमुदिनी के खिले हुए पुष्प स्वर्ग का अहसास करा रहे थे। तभी तो जुयाग में प्रवेश करते ही गाँधी को वहाँ की प्रकृति ने मन्त्रमुग्ध कर लिया।

–ऐसी हरियाली कभी काठियाबाड़ में देखी थी तूने? नहीं न? भारत में इतनी हरियाली बहुत कम स्थानों में है, लगता है प्रकृति ने अपनी कूची में हरे रंग को भरकर पूरे नोआखाली में बिखेर दिया है।

–बापू, और पक्षियों की चहचहाहट कितने अलग–अलग तरह की है, लगता है जैसे सभी पक्षी मिलकर मधुर स्वर में गान कर रहे हैं।

–सारे पक्षी मिलकर बापू जी के लिए स्वागत गान गा रहे हैं, चारु चौधरी ने बापू के चरण स्पर्श करते हुए कहा।

–चारु दादा, जुयाग में बापू कहाँ ठहरने वाले हैं, मैं वहाँ पहले जाकर उनके उपयोग की वस्तुएँ रख देती, मनु ने पूछा।

–जुयाग में तो बापू गाँधी आश्रम में रहेंगे, घोष दादा ने स्थायी गाँधी आश्रम बनवाया है ताकि अंबिका काली गंगा मेमोरियल ट्रस्ट इस आश्रम से स्थायी तौर पर आपसी भाईचारा और स्वावलम्बन के लिए कार्य कर सके–चारु चौधरी उत्साहित होकर बता रहा था।

–तब तो यहाँ बापू की बहुत ठाठ–बाट की व्यवस्था की गयी है, परन्तु जानते हैं चारु दा, बापू पल्ला गाँव में कबीर जुलाहे के घर में रुक कर सबसे अधिक प्रसन्न थे, है न बापू ! मनु मुस्कुराती हुई अपने सामान अलग कर रही थी।

–सत्य है, प्रेम के बिना महल भी क़ैदखाना लगता है, मैं तो बंगाल की झोंपड़ियों पर मुग्ध हूँ, गाँधी ने मुस्कुराते हुए कहा।

–बापू, गाँधी आश्रम भी बंगाल की झोंपड़ियों जैसा ही है। चारु चौधरी ने सफ़ाई देते हुए कहा।

–तब तो ठीक है, गाँधी बच्चों की तरह ख़ुश हो गये।

जुयाग आश्रम देखते ही मनु के मुख से बरबस निकल पड़ा–जंगल में मंगल इसी का नाम है। भगवान राम चौदह वर्षों तक वनवास में थे तो मनुष्यों ने ही नहीं पशु–पक्षियों ने कितने प्रेम से स्वागत किया होगा आज इसके प्रत्यक्ष दर्शन हो रहे हैं।

–बापू आ गये... हेमन्त घोष दौड़ते हुए आये, वे हाँफ रहे थे।

–हेमन्त, आपका स्वास्थ्य तो ठीक है न, गाँधी के स्वर में चिन्ता थी।

–मैं ठीक हूँ, बापू दौड़कर आने की वजह से हाँफ रहा हूँ, वे अपनी साँसों को संयत करने की कोशिश कर रहे थे।

–अच्छा ये बताओ यहाँ मेरी क्या ड्यूटी लगायी हैं तुम लोगों ने? गाँधी ने मुस्कुराते हुए पूछा।

पहली ड्यूटी तो विद्यालय के उद्घाटन की है–हेमन्त घोष ने हँसते हुए बताया।

टीन के छप्पड़ से बना सामने बेसिक शिक्षा विद्यालय वन कुँवर की तरह सज–धज कर खड़ा था। आम्र के पल्लव, सुपारियों की माला, कर्पूर की गन्ध से सुवासित हो रहा था। सामने कोई सौ बच्चों से कम नहीं होंगे, वे सब खेलना भूलकर एकटक गाँधी को निहार रहे थे। हेमन्त घोष ने गाँधी के गले में बड़ी–सी कमल की माला डालकर हाथ में नारियल रख दिया। उन्होंने हाथ के नारियल को जैसे ही पृथ्वी पर पटका सारे बच्चे खिलखिलाकर हँस पड़े, हँसते हुए बच्चे कुमदिनी के पुष्प से कम ख़ुबसूरत प्रतीत नहीं हो रहे थे।

–इन बच्चों के माता–पिता कहाँ हैं?

–बापू कुछ तो इसी आश्रम में काम करते हैं, तो कुछ के पिता जुलाहे हैं, तो कुछ के मोची कुछ...

—बस—बस हेमन्त, आज आपने जो यह कार्य किया है, इससे बढ़कर देश हित में कुछ भी नहीं। सिर्फ़ इसी तरीक़े से ही शिक्षा के साथ—साथ, अस्पृश्यता उन्मूलन और साम्प्रदायिकता का ख़ात्मा हो सकता है।

स्त्रियों को मंगल शंख बजाते देख मनु सोच रही थी, ये स्त्रियाँ भी कितनी अजीब हैं, अपने पर आ पड़ने वाले इतने असह्य दुखों के बावजूद बापू जी के आने पर उनका स्वागत करने के लिए मंगल शंख बजाती हैं। शगुन करती हैं, तिलक लगाती है, आरती उतारने के लिए दीपमाला जलाती हैं और मंगल नाद से आकाश को गुंजायमान बना देती हैं। यदि नोआखाली में स्त्रियाँ ही स्त्रियाँ होतीं तो क्या ऐसी घिनौनी वारदातों की कोई कल्पना भी कर पाता?

कामरेड देवेन्द्र नारायण सरकार को क्या पता था आमकी की जनता—जनार्दन गाँधी से इतने सवाल पूछेगी। और अब यदि पूछ रही है तो उसका कहाँ इतना वश कि उसे रोक दे? वह भी चुपचाप सुन रहा था।

—क्या आप चाहते हैं, मुसलमान आपकी प्रार्थना में आयें?

—मेरी प्रार्थना में सबको सम्मिलित होना ही चाहिए, ऐसा मेरा कोई आग्रह नहीं है। परन्तु यदि मुसलमान भाई प्रार्थना में आयें तो मैं प्रसन्न अवश्य होऊँगा, मेरी प्रार्थना में मुसलमान भाई—बहन वर्षों से शरीक होते आ रहे हैं।

देवेन्द्र सरकार बोलने ही वाला था कि मौलवी यूसुफ ने अपना प्रश्न खड़ा कर दिया—आपको तो लोग अवतारी पुरुष मानते हैं, आप हिन्दू हैं फिर आयतें क्यों बोलते हैं इस प्रकार राम—रहीम और कृष्ण—करीम को कैसे जोड़ा जा सकता है?

—इन प्रश्नों में उठाई गयी आपत्तियों से मुझे अपार दुख होता है, इस प्रकार की आपत्तियाँ उठाना हमारे मन की संकीर्णता को बताता है। मेरी प्रार्थना में क़ुरान की आयतें पढ़ना मेरी पुत्री के समान और इस्लाम का दृढ़ता से पालन करने वाली, अब्बास तैयब जी की पुत्री बीबी रेहाना बहन ने शुरू किया। जैसा कहा जाता है मैं वैसा कोई अवतारी पुरुष नहीं हूँ। मैं तो अदने—से—अदने भाइयों से भी छोटा, प्रभु का, ख़ुदा का दास हूँ कहकर वे चुप हो गये फिर कुछ क्षण रुक कर कहा—

—मेरी इच्छा मुसलमानों से अधिक सच्चा और अच्छा मुसलमान, हिन्दुओं से अधिक अच्छा हिन्दू, ईसाइयों से अधिक अच्छा ईसाई और पारसियों से अधिक अच्छा पारसी बनने की है। मैं किसी को धर्म बदलने के लिए कहता ही नहीं। मेरा धर्म दुनिया के सभी धर्म शास्त्रों का पाठ करना

स्वीकार करता है; वह बड़ा व्यापक धर्म है। प्रभु के, ख़ुदा के अनेक नाम हैं, क्या हम कह सकते हैं सिर्फ़ राम ही उसका नाम है या सिर्फ़ रहीम ही उसका नाम है?

देवेन्द्र सरकार आख़िर कितनी देर तक चुपचाप रहता? उसे कहना पड़ा–कृपया अब यदि धार्मिक प्रश्न समाप्त हो गये हों तो कुछ काम की भी बातें नौजवान कर लें।

–करो भाई कामरेड, पर धर्म–कर्म से बढ़कर कौन–सी बाते हैं? मौलवी ने कहा।

–पेट की बातें, मौलवी साहब भूख के सामने कर्म–धर्म की बातें कैसे ठहर सकती हैं? यह तो उन लोगों के लिए है जिनके पेट भरे हुए हैं।

–बापू जी, हम लोग ढाका, अगरतल्ला और कलकत्ता में रहते हैं, छुट्टियों में गाँव आते हैं, कुछ दिन के बाद वापस चले जाते हैं और जब दूसरी बार छुट्टियों में पुनः आते हैं तो गाँव की स्थिति पहले से भी ख़राब हुई मिलती है–इब्राहिम और मदनमोहन चटर्जी ने मिलकर अपनी बात कही।

–दुखी होने से आपका कर्तव्य पूरा नहीं हो जाता। आप सभी लोग मिलकर अपने गाँव की तस्वीर बदल सकते हैं। आपके गाँव की सड़कें टूटी–फूटी हैं, सबसे पहले आप लोग फावड़े खुरपियों को लेकर आगे बढ़ें... धीरे–धीरे ग्रामवासियों को भी साथ लें, ध्यान रहे इसमें भाई–बहनें सभी भाग लें।

–दूसरा काम है शिक्षा। आप लोग शहर में शिक्षा प्राप्त कर रहे हैं, यहाँ के बच्चों को शिक्षित बनाने के लिए एकजुटता के साथ काम करें।

तभी 'महात्मा जी–महात्मा जी' कहते हुए एक पागल से लड़के ने आकर गाँधी को दोनों हाथों से पकड़ लिया–बिहार काण्ड के लिए मैंने आपको गिरफ़्तार कर लिया, फिर ज़ोर–ज़ोर से ठहाके लगाने लगा।

–मैं तो स्वयं यहाँ क़ैद होने ही आया हूँ–तुम लोगों के प्रेम में क़ैद, कहते हुए उन्होंने उससे दोस्ती कर ली। वे जब जा रहे थे तो वह लड़का बहुत देर तक अपने हाथ हिलाता रहा।

–बापू, यहाँ बकरी का दूध उपलब्ध नहीं हो पाया, मदनमोहन चटर्जी ने अफ़सोस जताते हुए कहा।

–कोई बात नहीं, मेरे लिए नारियल का दूध भी उतना ही अच्छा है, जितना बकरी का दूध। आठ औंस नारियल का दूध ही ले लूँगा,

कहकर गाँधी ने समस्या का समाधान कर दिया। शायद नारियल का दूध अनुकूल नहीं हुआ, जब वे शौचालय से आये तो पसीने से तरबतर हो रहे थे। उनका शरीर ठण्डा पड़ रहा था। मनु और निर्मल बोस दौड़े, गिरने के पहले पकड़ लिया किन्तु वे मूर्च्छित हो चुके थे। किसी तरह दोनों ने मिलकर उन्हें खाट पर लिटाया।

मनु ने उनके माथे का पसीना पोंछा तो शरीर ठण्डा हो रहा था। मनु घबरायी यदि डॉक्टर को नहीं दिखाया और बापू को कुछ हो गया तो, कोई उसे माफ़ नहीं करेगा। उसने जल्दी–जल्दी डॉ. सुशीला नैयर को बुलाने के लिए पत्र लिखा। निर्मल बोस को पत्र दे ही रही थी कि गाँधी ने आँखें खोल दीं–यह तू क्या करने जा रही है,? तुझे हृदय से राम का नाम लेना चाहिए था, मैं तो सारे समय नाम ले रहा था। अब किसी को इसकी सूचना नहीं देनी है, सुशीला को भी नहीं। आज ईश्वर ने तुझे और मुझे दोनों को पाप से बचा लिया। सुशीला अपने गाँव के काम को छोड़कर आती, तो मुझे बहुत तकलीफ़ होती।

यदि राम नाम ने मेरे हृदय पर सचमुच अधिकार कर लिया है तो मैं बीमारी से नहीं मरूँगा। राम ही मेरा सच्चा डॉक्टर है। जब तक वह मुझसे काम लेना चाहता है, तब तक मुझे जीवित रखेगा, नहीं तो उठा लेगा।

मनु की समझ में उतना सब कुछ कैसे आ सकता था? फिर भी वह गुनने की कोशिश कर रही थी। प्रातःकाल हो चुका था। गाँधी प्रार्थना के लिए उठ गये थे। शायद बोस ने उनके हाथ–मुँह धोने के लिए गरम पानी कर दिया था क्योंकि मनु के कानों तक गाँधी के समझाने की आवाज़ आ रही थी–जहाँ रोटी पकाने को भी लकड़ी नहीं मिलती वहाँ हाथ धोने के लिए गरम पानी किया जा सकता है? इस हद तक बड़ा नुक़सान हम कब दूर करेंगे?

मनु हड़बड़ाकर उठ गयी। प्रार्थना के तुरन्त बाद आमिशपाड़ा के लिए निकलना था। उसे पता है, कितना भी स्वास्थ्य का वास्ता दिया जाये बापू मानने वाले हैं नहीं और अब वह लेट लतीफ का लेबल लगाने को तैयार नहीं थी।

आमिशपाड़ा में प्यारेलाल खाखरे बनाकर लाये थे। सुशीला नैयर कस्तूरबा ट्रस्ट की बैठक में भाग लेने इसी रास्ते होकर दिल्ली जा रही थी।

–तुम लौट कब रही हो ?

—बापू, नोआखाली में किसी की इच्छा नहीं है, मैं एक दिन के लिए भी यहाँ से जाऊँ, लेकिन जाना तो पड़ेगा, बस बैठक समाप्त होते ही लौट आऊँगी लेकिन जाने के पहले आपका ब्लडप्रेशर चेक कर लूँ।

190/112—बापू आपका ब्लड प्रेशर काफ़ी बढ़ गया है और उस पर आप इतना अधिक तनाव ले रहे हैं—सुशीला नैयर चिन्तित हो रही थी।

—कल रात्रि में डेढ़ बजे बापू बैठकर माला जप रहे थे दूसरी बार जब नींद खुली तो चिट्‌ठियाँ लिख रहे थे और भोजन तो नाम का ही लेते हैं, मनु डॉ. सुशीला को बता रही थी।

—कुछ मैं भी अपने बारे में बता दूँ कि मेरी तबीयत एकदम अच्छी लग रही है, और थकावट तो बिल्कुल महसूस नहीं हो रही। प्रार्थना—स्थल जाने का समय हो गया है। वे उठ खड़े हुए।

—बापू कुछ लोगों का आरोप है कि प्रार्थना—स्थल का उपयोग आप अपने सामाजिक कार्यों के लिए करते हैं, साथ चलते हुए प्यारेलाल ने पूछा।

—लोग क्या कहते हैं, यह उतना महत्त्वपूर्ण नहीं जितना सत्य क्या है, यह करना। मुझे सामूहिक प्रार्थना में अतिशय विश्वास है, मैं जिस सिरजनहार की प्रार्थना एकान्त में करता हूँ उसी की प्रार्थना उसकी सृष्टि के साथ भी करता हूँ।

—बापू आपको क्या लगता है नोआखाली की घटना सिर्फ़ साम्प्रदायिक कारणों से हुई है।

—हिन्दुओं के पास जितनी ज़मीन होनी चाहिए उससे अधिक है, इसने भी उस आग में घी की तरह काम किया। दंगाइयों को उनकी सम्पत्ति को लूटने के लिए प्रलोभन देने में कामयाबी मिली।

—बापू आपको परिस्थितियों में कितना फ़र्क महसूस हो रहा है?

—तीन महीने से यहाँ हूँ। इस अर्से में इतना ज़रूर देखता हूँ कि हिन्दुओं ने किस हद तक अपनी बहादुरी दिखाने का साहस किया है या यों कहें कि अपनी कमज़ोरी मिटाई है। थोड़े ही दिन पहले भटियालपुर में जिस मन्दिर को मुसलमानों ने नष्ट कर दिया था उसी में तुम्हारी मेहनत से मेरे हाथों फिर देव प्रतिष्ठा हुई और उसमें न सिर्फ़ सभी मुसलमान भाई शामिल हुए बल्कि अपनी जान देखकर मन्दिर की रक्षा करने का वचन दिया।

प्रार्थना—स्थल खचाखच भरा हुआ था। ज़मीन पर आसन और आकाश के चँदोवे के नीचे बैठकर गाँधी सिरजनहार की सृष्टि के साथ प्रार्थना कर रहे थें—

–जो भी सम्पत्ति है वह सब ईश्वर की है, ख़ुदा की है, वह सर्वशक्तिमान ईश्वर से मनुष्य को मिली है। आदमी के पास जो कुछ है, वह उसकी सम्पत्ति नहीं, परन्तु संसार की सेवा के लिए उसे सौंपी गयी सम्पत्ति है। किसी भी व्यक्ति के पास यदि उसकी अपनी ज़रूरत से अधिक जायदाद है, वह भगवान की दुखी और ग़रीब सन्तान की सेवा में उसका उपयोग करने के लिए उस जायदाद का ट्रस्टी है। कामरेड देवेन्द्र सरकार को आज अपने सभी प्रश्नों के उत्तर प्रार्थना सभा में मिल गये, वह पेंसिल से अपनी डायरी में नोट कर रहा था।

हेमचण्डी में साघोन्द्र मित्रा सुबह से पदयात्री गाँधी का इन्तज़ार कर रहा था। वह अपनी उँगुलियों पर गिन रहा था, यहाँ बापू की पदयात्रा का पैंतीसवाँ पड़ाव है। आज ग्यारह फ़रवरी हो गयी, दो जनवरी को बापू की नंगे पाँव पैदल यात्रा प्रारम्भ हुई थी, कुल मिलाकर इकतालीस दिन हो गये, इस मसीहा को नोआखाली में गली–गली भाईचारे की भीख माँगते हुए। फ़र्क़ तो पड़ा है, बहुत पड़ा है, दंगों के शिकार लोगों में बहुत हद तक साहस आ गया है, उनका डर दूर हो गया है। सद्भाव का खमीर, धीरे–धीरे, चुपचाप अपना काम कर रहा है।

–साघोन्द्र–साघोन्द्र... महात्मा जी कहाँ तक पहुँचे हैं? कुछ ख़बर है कमाल ख़ाँ अधीर हो रहे थे।

–बस अब कुछ देर में पहुँचने ही वाले होंगे, विजयनगर से निकले हुए तीन घण्टे से अधिक हो चुके हैं, काका।

–भीड़ बढ़ती जा रही है, आते ही महात्मा जी लोगों को सम्बोधित करेंगे या थोड़ा आराम करके, कमाल ख़ाँ ने पूछा।

–वे आराम कहाँ करते हैं काका, बस चौबीस घण्टे में दो घण्टे सो लिया तो बहुत हुआ। इतने लोगों को छोड़कर वे आराम करने जायेंगे.., बापू के लिए यह अकल्पनीय है...। शायद बापू आ रहे हैं... साघोन्द्र मित्रा उठकर तेज़ी से भागा। उसने ज़ोर से आवाज़ दी–महात्मा गाँधी की जय, कई स्वर मिलकर गूँजने लगे–महात्मा गाँधी की जय।

–साघोन्द्र, यह कोई विजय जुलूस नहीं है और न मेरी जय का कोई कारण है, गाँधी ने उसे टोका।

–महात्मा जी, इससे बढ़कर विजय जुलूस क्या होगा, आपने लोगों के दिलों को बदल दिया है, नफ़रत को समाप्त करके दोनों क़ौमों को आग में जलने से बचा लिया है, कमाल ख़ाँ ने कहा।

आप सभी लोग जानते हैं, मुहम्मद साहब के वचनामृत को आप लोगों ने भी पढ़ा होगा। उन्होंने सभी धर्मों के श्रेष्ठ आचरण को अपनाने पर बल दिया है। वचनामृत का सुबह में चिन्तन और शाम में कितना पालन हुआ, व्यक्ति यदि इस बात पर गौर करे तो पन्द्रह दिन में स्थिति बदल जायेगी। महात्मा गाँधी जब बोल रहे थे निस्तब्ध नीरवता छायी हुई थी।

—महात्मा जी, मुझे बहुत तकलीफ़ है, बहुत दुख... है, कैसे इस अन्याय के ख़िलाफ़ चुपचाप मूकदर्शक बनकर देखता रहा... मुझे संग दोष लग गया था, इब्राहिम के स्वर में प्रायश्चित्त झलक रहा था।

—जो मनुष्य अनीति को अपनाता है, वह संग करने के योग्य नहीं है। उसका कितना भी मूल्य लगाया जाता हो तो भी उसकी परवाह नहीं करनी चाहिए। अब तक तो ईश्वर ने मेरी लाज रखी है जब वे बोल रहे थे साघेन्द्र मित्रा को लग रहा था बापू ईश्वरमय हो रहे हैं।

—महात्मा जी हमें आशीर्वाद दीजिए कि मेरा दिल हमेशा साफ़ रहे, जलालुद्दीन ने हाथ जोड़ते हुए कहा।

—मुहम्मद साहब ने कहा है इस दुनिया में रहो मगर एक मुसाफ़िर की तरह। मौत किसी भी वक़्त इन्सान को पकड़ सकती है। सबसे अच्छा आदमी वह है जो अधिक समय जीकर अच्छा काम करता है। मनुष्य की परीक्षा उसकी वाणी नहीं, कार्यों द्वारा होती है।

—महात्मा जी, जो सीख आपने दी है, पूरे नोआखाली ने इसको हमेशा के लिए गाँठ बाँध लिया है। भले ही देश में कहीं का भी साम्प्रदायिक माहौल बिगड़े पर अब दुबारा हम नोआखाली में ऐसा नहीं होने देंगे। कमाल ख़ाँ ने ईमान की कसम खाते हुए कहा।

14

माहौल कितना बदल गया था, आज रामपुर गाँधी की बाट जोह रहा था कुछ लोगों के साथ नहीं, अपनी पूरी आबादी के साथ, पैंतालिस हज़ार लोगों में पचानवें प्रतिशत मुसलमानों और पाँच प्रतिशत हिन्दुओं के साथ मिलकर आज सभी ऐसे घुलमिल रहे थे कि लग ही नहीं रहा था कभी यहाँ घृणा की आँधी बही थी और सबकुछ समाप्त–सा हो गया था। अजीत डे को अपनी आँखों पर विश्वास नहीं हो रहा था, जब इस्माइल मियाँ ने पूछा–अभिनन्दन–पत्र कौन पढ़ेगा और उन्हें लकड़ी पर खुदा

हुआ मेडल कौन देगा? बापू के आने की ख़बर सुनते ही इस्माइल मियाँ ने ज़ोर से आवाज़ दी—जल्दी से रामधुन गाना शुरू करो, महात्मा जी पहुँचने ही वाले हैं।

अजीत डे अपनी आँखों पर कैसे विश्वास करें? कल तक 'राम का नाम लेना उसके लिए मुश्किल था' और आज पदयात्रा के दौरान रास्ते भर रामधुन गाये जा रहे हैं... मुस्लिम भी उसमें भाग ले रहे हैं। प्रारम्भ में जब बापू नोआखाली आये थे, लीगी मन्त्री तक ने हाथ खड़े कर दिये थे कि एक भी मुस्लिम उनको अपने यहाँ ठहराने को तैयार नहीं और आज मुस्लिमों के यहाँ होड़ लगी हुई है, बापू को अपने यहाँ ठहराने का आज का आयोजन मुस्लिम—हिन्दू की समस्त जातियों ने मिलकर किया है।

लेकिन गाँधी ने मानपत्र लेने से मना कर दिया।

—ऐसे समय में मानपत्र कैसे लिया जाये? प्रेम तो हृदय का होना चाहिए और हृदय के प्रेम को प्रदर्शन की आवश्यकता नहीं। मैंने क्या किया है? जो कुछ आपको अच्छा लगता है, वह तो खुदा की मेहरबानी से हुआ है। प्रेम को हृदय में रखकर काम कीजिए। मेरे प्रति आपके दिल में प्रेम हो तो मेरा काम कीजिए, वही मानपत्र देने के बराबर है, न तो लोगों को डराइए और न लोगों से डरिए।

—महात्मा जी हम लोग शर्मिन्दा हैं, आपको इतनी कठिनाइयों का सामना करना पड़ा किन्तु अब नोआखाली आगे ऐसी शर्मिन्दगी कभी नहीं झेलेगी—बलीउल्ला ख़ाँ ने जब कहा, जनसमूह ने सुर मिलाते हुए नारे लगाये—

—महात्मा गाँधी की जय।

—मेरी जय मत करिए । आपने ये ध्वज—तोरण पताका मेरे स्वागत में लगाया? ये सारी चीज़ें आप लोग कहाँ से लाये—उनकी आत्मा रो रही थी। बापू आपके चरण हमारे यहाँ कब पड़ते? आप आने वाले हैं तो हम सब लोग आठ—आठ आने का चन्दा करके तीन सौ रुपये इकट्ठे किये हैं—अजीत डे ने हिसाब—किताब का चिट्ठा खोल कर रख दिया।

—ये फूल तो क्षण भर में मुरझा जायेंगे। आपको पता है मैं इस समय अग्नि की ज्वालाओं से गुज़रकर निकला हूँ। फूल की जगह सूत का हार होता तो काम में आता। आपके मन में मेरे लिए यदि प्रेम है तो उसे साबित करने के लिए यदि यह सजावट की है तो यह अनुचित है। इससे प्रेम ज़रा भी प्रकट नहीं होता। आपको मेरे प्रति प्रेम है तो मेरे कहने पर

अमल करें। इतने क़त्लेआम के बाद इन फूलों पर ख़र्च करने के लिए सोचा कैसे–? गाँधी के स्वर से वेदना टपक रही थी।

–बापू, अब दुबारा यह ग़लती नहीं होगी, अजीत डे ने क्षमा माँगते हुए कहा, कृपया आप भोजन कर लें।

पालक, भिण्डी, करेला, लौकी को उबालकर दूध में मिलाकर बना हुआ भोज्य पदार्थ बापू को प्रेम से खाते देख अजीत डे तनावमुक्त हो गया।

मनु गाँधी और सुचेता कृपलानी मुश्किल से दो चम्मच खा पायी–अस्वाद व्रत का अर्थ इतना कठिन है–सुचेता कृपलानी ने धीरे–से मनु के कान में कहा।

–बापू जी, तभी जीवन सिंह ने गाँधी के हाथ में एक चिट्ठी दी–पं नेहरू का पत्र है। वे पत्र निकालकर पढ़ने लगे–आपने ब्रिटिश सरकार की नयी घोषणा पर मेरा वक्तव्य देखा होगा। उस वक्तव्य पर मुस्लिम लीग के सिवा अन्तरिम सरकार के हमारे सभी साथियों ने गम्भीरता से विचार किया। श्री एटली के वक्तव्य में बहुत–सी बातें अनिश्चित हैं और उनसे परेशानी खड़ी हो सकती है। परन्तु मुझे विश्वास हो गया है कि अन्तिम विश्लेषण में यह एक वीरतापूर्ण और निश्चित वक्तव्य है, इससे हमारी बार–बार दोहराई हुई भारत छोड़ने की माँग पूरी हो जाती है... कांग्रेस कार्य समिति की बैठक 5 मार्च को हो रही है। इस नाज़ुक अवसर पर आपकी सलाह से हमें बड़ी मदद मिलेगी।

गाँधी जवाहर लाल के पत्र का जवाब लिख रहे थे–मैंने इन सारे वक्तव्यों का एक तरह से पहले ही अनुमान लगा लिया था। श्री एटली के भाषण का मैं यह अर्थ लगाता हूँ :

1. भारत का जो भाग स्वाधीनता चाहे और ब्रिटिश संरक्षण के बिना काम चला ले, उनकी स्वाधीनता मान ली जायेगी।

2. जहाँ अंग्रेज़ों की माँग होगी वहाँ वे रहेंगे।

3. इसका नतीजा होगा कि जो प्रान्त अथवा भाग चाहेंगे उन्हें पाकिस्तान मिल जायेगा।

अमावस्या की घोर अँधेरी रात्रि थी, चारों ओर सन्नाटा छाया था। नारियल और सुपारी के वृक्षों की साँय–साँय की आवाज़ बड़ी भयानक लग रही थी। आज तेज़ पछुवा बयार बहने से ठण्ड अचानक बढ़ गयी थी। यह साँय–साँय करती हवा और यह सन्नाटा साक्षी बन रही थी कैसे एक

अकेला आदमी मानवता को बचाये रखने के लिए तपस्वी जैसा कठोर तप कर रहा है।

रंजन कुमार दत्ता को ठण्ड लग रही थी। वह खादी की मोटी चादर से शरीर को अच्छी तरह ढँकने की कोशिश कर रहा था किन्तु हवा ही इतनी तेज़ थी कि कोशिश असफल हो जा रही थी। गृहस्वामी महानन्द वैद्य इधर–उधर अपने घर में कम्बल तलाश रहा था, जब कुछ भी नहीं मिला तो आँगन में पड़े हुए धान के पुआल को लाकर अगल–बगल रख दिया।

–क्या कर रहे हैं, महानन्द दादा... मैं ठीक हूँ, अब हवा भी थम गयी है।

–रंजन बाबू, हमारा अहोभाग्य! बापू जी ने हम ग़रीब के घर ठहर कर हमारे घर को पवित्र बना दिया। क्या हिन्दू, क्या मुसलमान, नमो शूद्र–नमोशूद्र कहकर आज तक सभी ने घृणा ही की है। मैं आप लोगों का आतिथ्य नहीं कर पाया, अकिंचन व्यक्ति क्या कर सकता है? महानन्द वैद्य ने दुखी स्वर में कहा।

–महानन्द दादा, मैंने बापू के साथ दिल्ली, बम्बई के बड़े–बड़े शहरियों को भी देखा है परन्तु आपके प्रेमिल सत्कार के सामने सभी फेल हैं, यह बात मनु के हृदय से निकली थी।

–महानन्द एक बात गाँठ बाँध लो, अपने को अस्पृश्य मानना आज से छोड़ दो, इस सन्देश को अन्य भाई–बहनों तक पहुँचाओ। हिम्मत रखिए जो लोग अपनी मदद स्वयं करते हैं, उनकी मदद ही ईश्वर भी करते हैं।

–बापू इसकी शुरुआत कैसे करें? रंजन कुमार दत्ता ने पूछा।

–देखो रंजन, इन लोगों में जो पढ़ाई के प्रति बेपरवाही पायी जाती है, उसके लिए ऊँचे वर्ग के हिन्दू ही कसूरवार हैं। महानन्द, मेरी बात को ध्यानपूर्वक सुनिए। आप ख़ुद अपने मन से यह बात निकाल दीजिए कि आपकी जाति नीची है, तभी आप ऊँचे उठेंगे।

–बापू मैंने बहुत सारे ऐसे लोगों को देखा है जो ग़लती करते हैं तो पश्चात्ताप करते हैं लेकिन फिर बार–बार उन्हीं गलतियों को दुहराते जाते हैं। इस भीषणकाण्ड में संलिप्त लोगों को पश्चात्ताप करते देखा है परन्तु एक दबंग की घुड़की से भयभीत होकर फिर वही ग़लती दुहराते हुए दिखायी पड़ते हैं–सुचेता कृपलानी अपना अनुभव बता रही थी।

–दरअसल मनुष्य में स्पष्टता का अभाव, इसका प्रमुख कारण है। मनुष्य को हमेशा स्पष्ट रहना चाहिए। अपनी भूल को सूक्ष्मदर्शक यन्त्र से देखना सीखना चाहिए और दूसरों की भूल को पहाड़ पर से देखना चाहिए।

यदि यह नियम बना लें तो हज़ारों पाप से बच जायें, कहते हुए गाँधी अपनी खाट पर आ गये। बहुत सारे पत्र अभी भी निपटाने के लिए बचे हुए थे। उन्होंने जवाहर लाल का पत्र उठाया–'मैं जानता हूँ कि हमें अपने पर भरोसा रखना सीखना चाहिए और हर मौक़े पर आपके पास मदद के लिए नहीं दौड़ना चाहिए। परन्तु हमारी यह बुरी आदत बन गयी और हमें अक्सर ऐसा लगता है कि अगर हम आसानी से आपके पास पहुँच जाते तो कठिनाइयाँ दूर हो जातीं। हम सब चाहते हैं कि चर्चा आपके सामने हो। एक–दो जने के आने से बात नहीं बनेगी और सभी लोगों के आने से दिल्ली अस्तव्यस्त हो जायेगी।' गाँधी तुरन्त उत्तर लिखने लगे–जिस अहिंसा पर मैंने इतने वर्ष तक अमल करने की कोशिश की है, यदि वह संकट के समय काम नहीं देती तो मेरी दृष्टि में उसका मूल्य नहीं रह जाता। मैं जानता हूँ यदि मैं स्वतन्त्र होता तो देश में पैदा होने वाली विविध समस्याएँ हल करने के प्रयत्न में आप सबके साथ भाग ले सकता। परन्तु मुझे लगता है यदि मैं यहाँ कुछ न कर सका तो अन्यत्र भी उपयोगी नहीं हो सकता। हम जिस सत्ता को ईश्वर कहते हैं, उसी के हाथ में हम सब हैं।

गाँधी को आज टहलते वक़्त बा की बहुत याद आ रही थी। स्वप्न में भी आज बा आयी थी–अपने मन की बात कर रही थी–आप अपने आपको कितना कष्ट दे रहे हैं, न खाने का ठिकाना, न सोने का उस पर से नंगे पाँव पद यात्रा। किसी की भी तो सुनते नहीं आप..., अब तो मैं भी वहाँ नहीं हूँ और रहती भी तो क्या फ़र्क़ पड़ता?

ऐसा मत कहो कस्तूर, तुम न होतीं तो मैं इतना ऊँचा नहीं उठ पाता। तुमने मेरी तन–मन–धन से अतुलनीय सेवा की है। तुमने अन्तिम वक़्त में मुझे बुलाकर मेरी गोद में प्राण त्यागकर मुझे कितना बड़ा मान दिया है, तुम नहीं जानतीं–उन्हें ऐसा भास हो रहा था, बा का सिर सचमुच अभी भी उनकी गोद में रखा हुआ है। उसी समय रंजन दत्ता दौड़ता हुआ आया–बापू जी बिहार से डॉ. सैयद महमूद मन्त्री के निजी सचिव मुस्तफ़ा आपसे मिलने आये हैं।

मुस्तफ़ा को पानी का गिलास पकड़ाते वक़्त गाँधी की गम्भीरता को देखकर मनु डर रही थी। बिहार उपद्रव के समाचार से बापू कहीं उपवास न प्रारम्भ कर दें, वह चुप रही।

गाँधी के चरखा कातने का समय हो गया था। वे चरखा कात रहे थे–कृपया आप बिहार के बारे में सही–सही पूरा विवरण दें।

—महात्मा जी, बिहार में भयंकर स्थिति है। इतनी करुण और भयंकर स्थिति है कि उसका वर्णन करना भी मुश्किल है। स्त्रियों के साथ जो अत्याचार हुए हैं, उसे कैसे बताऊँ ? लड़कियों पर हुए अत्याचार का पार नहीं है, कहते–कहते मुस्तफ़ा रोने लगा। आँखें तो उनकी भी भर गयीं, उन्होंने अपने को संयत करते हुए कहा–आप शान्त हों, मैं बिहार जाऊँगा। श्रीकृष्ण सिंह मुख्यमन्त्री को तार भेजिए–मैं बिहार आ सकता हूँ?

—बापू, श्री बाबू तो आपके परमभक्त हैं, फिर उनसे इजाज़त क्यों माँग रहे हैं? मनु की समझ में यह बात नहीं आ रही थी।

—बिना इजाज़त लिए बिहार नहीं जा सकता। जब बंगाल आया तो सुहरावर्दी से भी इजाज़त ली थी, तो बिहार में क्यों नहीं लूँगा? क़ानून सबके लिए बराबर है।

सब कुछ समेटते–समेटते शाम हो गयी। ठक्कर बापा, मृदुला साराभाई, रामकृष्ण मिशन की मालती दीदी और न जाने इतने सारे विदेशी छात्र इतनी शीघ्रतापूर्वक कैसे जमा हो गये, विदेशी छात्रों से बात करते हुए गाँधी शान्त भाव से कह रहे थे–सम्भवतः किसी हत्यारे की गोली मेरे जीवन का अन्त कर दे। मैं उसका स्वागत करूँगा। परन्तु सबसे प्रिय बात मेरे लिए यह होगी कि मैं अन्तिम श्वाँस तक अपने कर्तव्य का पालन करते–करते ही मृत्यु का आलिंगन करूँ।

ठक्कर बापा काँप गये। उन्होंने गौर से गाँधी को देखा–उनके चेहरे पर भारत के महान ऋषियों सा तेज़ झलक रहा था। गाँधी की वाणी किसी भविष्यद्रष्टा की वाणी लग रही थी, ऐसा भविष्यद्रष्टा जो दुनिया को सामने रखकर, उसे देखकर बोल रहा हो। ठक्कर बापा से स्वयं नहीं रहा गया वे बीच में ही बोल, पड़े बापू आज तीस जनवरी उन्नीस सौ सैंतालिस है अभी आप अठहत्तर साल के हैं–आपको तो सवा सौ साल जीना है।

—अब यह सम्भव नहीं बप्पा–ईश्वर की मर्ज़ी सर्वोपरि है।

गाँधी ठक्कर बापा से बात कर रहे थे तभी सतीश चन्द्र दासगुप्ता ने हेमप्रभा देवी के साथ हड़बड़ाते हुए अन्दर प्रवेश किया –बापू, अचानक बिहार?

—राम के राज्याभिषेक की तैयारी हो रही थी किन्तु वन जाना पड़ा। दोपहर तक त्रिपुरा जाने की तैयारी थी, अब अचानक बिहार जाना पड़ रहा है। उसकी मर्ज़ी ही सर्वोपरि है। मनु ने पूछा–बापू भोजन ले आऊँ?

—आज भोजन नहीं करूँगा... कल सुबह जल्दी उठना है कहते हुए गाँधी सोने तो चले आये पर उनके मन में सैकड़ों सवाल उठ रहे

थे–उनके जाने के बाद भी क्या यहाँ सौहार्दपूर्ण वातावरण बना रहेगा? अगले ही क्षण सारे प्रश्नों को झटक दिया, स्थितप्रज्ञ साधक का काम फल की चिन्ता करना नहीं है उसका कर्तव्य तो सिर्फ़ कर्म करना है और अभी बिहार जाना ही एकमात्र कर्तव्य है।... कुछ सेकेण्ड में गाँधी गहरी नींद में थे और उनके मुखमण्डल पर एक शिशु–सी निश्छलता विराजमान थी।

सुबह–सुबह चाँदपुर में हरदयाल नाग के घर इतनी भीड़ हो जायेगी किसी ने नहीं सोचा था। पचास हज़ार से कम लोग नहीं थे, कौन सँभाल पायेगा इस भीड़ को? जन समूह का समुद्र उमड़ रहा था। भीड़ को सँभालने का प्रयास करते–करते कर्नल जीवन सिंह का गला बैठ गया। चारु चौधरी की समझ में नहीं आ रहा था क्या करें। तभी ठक्कर बापा के साथ गाँधी बाहर निकले–कृपया आप लोग शान्त रहें और कुछ देर के लिए स्थिर होकर बैठ जायें।

जीवन कृष्ण साहा आश्चर्यचकित रह गया जब कोलाहल करता विशाल जनसमूह आज्ञाकारी बालक की तरह ऐसे बैठ गया कि नीरवता छा गयी।

–मैंने सुना है कि बिहार में हिन्दुओं ने ऐसे ही अत्याचार किये हैं। मेरा ख़याल था कि यहाँ बैठे–बैठे मैं बिहार का काम कर सकूँगा। परन्तु सैयद मुहम्मद का पत्र आया है–अगर आप आयेंगे तो आपकी उपस्थिति में यहाँ की स्थिति बहुत सुधरेगी और मुसलमानों को विश्वास हो जायेगा कि आपको जितना दर्द हिन्दुओं के प्रति है उतना ही मुसलमानों के प्रति भी है।

इसी से मुझे त्रिपुरा की यात्रा थोड़े दिनों के लिए मुल्तवी करनी पड़ रही है। किन्तु आप सबसे विनती करता हूँ कि मेरी ग़ैरहाज़िरी में आप सब भाई–भाई की तरह रहें। मैं बाहर जाऊँगा, मगर मेरा दिल तो आपके पास ही होगा।

एक बात याद रखें कि अब अंग्रेज़ों को भारत छोड़कर जाना है। हम लोगों को आपस में प्रेम से रहने का निश्चय करने का वक़्त आ गया है, अगर ऐसा नहीं होगा तो भारत आपस में भयंकर लड़ाई की आफ़त में फँस जायेगा और अंग्रेज़ अखण्ड भारत के टुकड़े–टुकड़े कर डालने में सफल हो जायेंगे।

पदयात्रा समाप्त हो चुकी थी पर बापू ने मोटर में बैठने से इनकार कर दिया, भीड़ इतनी भावुक हो रही थी सिसकियों की ध्वनि उनके कानों में स्पष्ट सुनायी पड़ रही थी। उनके एक तरफ़ मनु थी दूसरी ओर मृदुला

साराभाई। सड़क के दोनों किनारे और छतों पर से स्त्रियाँ फूल और चावल की वर्षा कर रही थीं। कहीं–कहीं शगुन के लिए शंखनाद की आवाज़ भी हो रही थी। सड़क फूलों से आच्छादित हो गयी थी।

सामने स्टीमर खड़ा था, वही स्टीमर जो उन्हें लेकर आया था। स्टीमर पर चढ़ते–चढ़ते गाँधी ठिठक गये, थोड़ी देर के लिए वहीं पर खड़े हो गये। लोग उनकी ओर आशा भरी दृष्टि लगाये खड़े थे, उन्होंने पीछे मुड़कर कहा–जैसे किसी हिन्दू भाई के मरने पर मुझे सगे भाई के मरने जैसा दुख होता है वैसे ही किसी मुसलमान के मरने पर भी मुझे उतना ही दुख होता है। हम सब एक ईश्वर के बालक हैं... यह कभी मत भूलना।

बिहार में शायद मेरी बात अधिक चलती है, इसीलिए आशा रखता हूँ काम पूरा कर जल्दी बंगाल आ सकूँगा। बस इक़बाल साहब की एक बात याद रखना–मज़हब नहीं सिखाता आपस में बैर रखना।

गाँधी के स्टीमर पर चढ़ते ही कर्नल जीवन सिंह ने धीरे–से उनसे कहा–बापू मेरे लिए क्या आदेश है?

–मुझे समझ नहीं आता सतीश चन्द्र दासगुप्ता से आप लोगों का मेल क्यों नहीं बैठ पा रहा? ऐसी बात है तो आप लोग नोआखाली से अपने लोगों को वापस भेज दें। जीवन सिंह को आघात–सा लगा हिंसा को छोड़कर अहिंसा पर प्रत्येक दिन उनका विश्वास बढ़ता जा रहा था। उन्हें नेताजी के अन्तिम आदेश की याद आ रही थी–भारत लौटकर बापू की अहिंसा के तले काम करना, उनका हृदय भर गया। उन्होंने भारी मन से कहा–ठीक है बापू।

–जाने के पहले एक मिनट रुको, इस पुर्जे को लेते जाओ, गाँधी ने पुर्जा थमाते हुए कहा।

'मैं स्वयं आपको खोना नहीं चाहता'–ये दो शब्द जीवन सिंह के लिए अनमोल थे। उस प्रौढ़ चेहरे पर यौवन लौट आया, होंठों पर हँसी थिरक रही थी और आँखों में प्रेमाश्रु–बापू मैं नोआखाली में रहकर आपका इन्तज़ार करूँगा, कहते हुए जीवन सिंह स्टीमर से उतर गये।

स्टीमर के कप्तान ने अपने सहयोगियों के साथ जयनाद किया–महात्मा गाँधी की जय। स्टीमर धीरे–धीरे तट छोड़ रहा था... और साथ ही साथ सूर्योदय भी हो रहा था। उसकी सुनहरी किरणें मेघना नदी के विस्तृत पाट पर प्रतिबिम्बित हो रही थीं... मेघना नदी में गंगा, जमुना, ब्रह्मपुत्र सभी

समाहित होकर कितनी विशाल हो जाती है। सूरज की सुनहरी किरणें गाँधी के चेहरे पर पड़कर उसे और भी अधिक तेजस्वी बना रही थीं। वे एक–टक मेघना को निहार रहे थे, उसकी विशालता में खो से गये थे। वे खोये तो थे पर मेघना की विशालता में नहीं उसके संगम में, इस मेघना में गंगा भी प्रवाहित होती हुई बिहार से आयी है। वहाँ के पीड़ितों के आँसुओं को भी अपने साथ बहाकर लायी होगी और यहाँ मेघना अपने गर्भ में नोआखाली के दर्द को समाये हुई है। दोनों के आँसू आज आपस में मिलकर एक हो रहे होंगे... गंगा–जमुना–ब्रह्मपुत्र के साथ मिलकर मेघना इन आँसुओं को भी समुन्दर में क्या हमेशा के लिए डुबो देने में सफल हो पायेगी?

मनु भी मौन थी, इतनी छोटी उम्र और इतनी बातें, कितना कुछ देखा था, कितना कुछ पाया था, बापू को माँ बनते हुए देखा था, महसूस किया था, अनुभूत किया था, उसके मुखमण्डल पर भी गाम्भीर्य का भाव था, वह भी उसी विशाल और विस्तृत मेघना को एकटक निहार रही थी, जो कलकल–छलछल करती हुई प्रवाहित हो रही थी। उसका जल कितना स्वच्छ है और कितना निर्मल, मेघना की पेंदी में पड़ा हुआ पत्थर भी स्पष्ट दिखायी पड़ रहा था। कौन कहेगा इसे नदी वैसे इसमें नद भी समाहित हुआ है लेकिन नद अकेला सिर्फ़ ब्रह्मपुत्र है और नदियाँ गंगा, जमुना, और गोमंती तीन–तीन देवियों को समाहित करने के बाद भला मेघना नद कैसे बन सकती थी?

अचानक मनु को उस विशाल नदी में स्वर्णमयी आभा धारण किये हुए अपने कुल देवता श्रीकृष्ण पर नज़र पड़ी तो उसका मुँह खुला का खुला रह गया। सूर्य की स्वर्णकिरणें मेघना के जल में परावर्तित होकर जो प्रतिबिम्ब बना रही थीं, वह साक्षात् श्रीकृष्ण की थी, वैसी ही त्रिभंग रूप..., तीन जगह टेढ़े और सिर पर सोने का मुकुट बाँके–बाँके से स्वर्णमय श्रीकृष्ण।

मनु अपने को रोक नहीं पायी, कितनी भी गम्भीर हो गयी हो पर थी तो बच्ची ही, चिल्ला उठी–बापू देखिए न सामने मेघना में श्रीकृष्णा! मेघना के 'श्याम' सुनहले कृष्ण... बाँसुरी भी सुनहरी... गाँधी ने सिर घुमाकर देखा–मेरा सब कुछ गोविन्दार्पण, उनके चरणों में सब कुछ अर्पण मान, सम्मान सब कुछ गोविन्द को समर्पण...।

15

हावड़ा स्टेशन पर मानव समुद्र उमड़ रहा था, फ़ोटोग्राफ़रों के कैमरे के फ़्लैश के प्रकाश से आँखें चौंधिया रही थीं। गाँधी ने समय और भीड़ का सदयुपोग करना नहीं भूला—काका कालेलकर से हँसते हुए कहा—मैं हरिजन फंड के लिए पैसों का इन्तज़ाम कर लूँ।

—बापू, आपके जीवन में एक मिनट भी आपके लिए है या नहीं?

—काका साहब, मैंने अपनी इच्छा से उसका दासत्व ग्रहण किया है, दास के लिए अपना समय रखना भला कहाँ सम्भव है? कहते हुए गाँधी ने अपने हाथ पैसे लेने के लिए बढ़ा दिये।

गाँधी ने चारु चौधरी को रेलगाड़ी पर चढ़ते देखा तो टोका—चारु तुम कहाँ जा रहे हो?

—बापू जी आपके बिना अभी यहाँ नहीं रह पाऊँगा, बिहार तक पहुँचाकर वापस आ जाऊँगा।

—समय और पैसे दोनों की बर्बादी। मैं तुम्हारे प्रेम का आदर करता हूँ परन्तु मनुष्य को वही रहना चाहिए जहाँ उसकी सबसे अधिक ज़रूरत हो और तुम्हारी सबसे अधिक ज़रूरत अभी नोआखाली को है... और देवेन्द्र सरकार, मदनमोहन चटर्जी, साधोन्द्र मित्रा, विश्वरंजन सेन, रंजन दत्ता, अजीत डे, जीवन कृष्ण साहा और सत्यनारायण रेड्डी तुम सब पर मुझे गर्व है, तुम लोगों ने इस शान्ति मिशन में जो काम किया है वह अवर्णनीय है। तुम लोगों को यहाँ आने की आवश्यकता नहीं थी। तुम सबको नोआखाली नहीं छोड़ना चाहिए था। अब वापस लौट कर शान्ति मिशन के काम में जुट जाओ।

रेलगाड़ी ने सीटी दी, वह धीरे–धीरे सरक रही थी। बापू के बच्चे अश्रुमय आँखों से प्लेटफ़ॉर्म पर तब तक हाथ हिलाते रहे, जब तक रेलगाड़ी दिखायी देती रही।

रेलगाडी फतुहा स्टेशन पर खडी थी। अभी पटना जंक्शन आने में देर है? मनु ने मृदुला साराभाई से पूछा।

—आधा घण्टा तो लग ही जायेगा...मृदुला साराभाई ने घडी देखकर कहा। तभी प्रभावती ने डिब्बे में प्रवेश किया —बापू को फतुहा स्टेशन पर ही उतरना पड़ेगा, पटना जंक्शन में लोगों की इतनी अधिक भीड़ है कि उन्हें सँभालना असम्भव है।

गाँधी फतुहा स्टेशन पर ही उतर गये, लेकिन तब आश्चर्यचकित रह गये जब इतनी गुप्तता के बाद भी पत्रकारों और फ़ोटोग्राफ़रों की फ़्लैश लाइटें चमकने लगीं—'सर्वशक्तिमान भगवान भी अख़बार वालों की नज़रों से नहीं बच सकते' हँसते हुए बापू ने कहा। फतुहा स्टेशन पर भी कम भीड़ नहीं थी। गाँधी की आँखें अपने दो पुराने मित्रों डॉ. सैयद महमूद और अब्दुल वारी को ढूँढ़ रही थीं। उन दोनों से आँखें मिलते ही नीरस और हर्षविहीन हँसी हँसने का प्रयत्न करते हुए उन्होंने कहा—तो आप लोग अभी तक ज़िन्दा हैं।

प्यारेलाल ने इस हँसी से अधिक कारुणिक वेदना बापू के जीवन में कभी नहीं अनुभव की थी।

—बापू... प्लीज़ गाड़ी में बैठें, श्रीकृष्ण सिंह ने कहा।

—मैं सबसे पहले सैयद महमूद साहब के यहाँ जाऊँगा और वहीं रुकूँगा... गाड़ी में बैठते हुए गाँधी ने अपने ठहरने के ठिकाने का ऐलान कर दिया।

दो मिनट भी कहाँ हुए थे गाँधी को आये हुए, राजेन्द्र प्रसाद, बिहार मन्त्रिमण्डल और बिहार कांग्रेस सदस्यों के सहित दाख़िल हो गये।

—मनु, तुम बेगम साहिबा और बहनों से मिल आओ, फिर अपना काम जमा लेना...।

अगले ही पल गाँधी उन लोगों से पूरी तरह घिर गये, अधिकतर लोगों के सिर झुके हुए थे।

—बापू, सबसे पहले क्षमायाचना करता हूँ, राजेन्द्र प्रसाद के हाथ जुड़े हुए थे।

—हमसे जो कुछ हो सकता था, हमने किया और आप जो कुछ कहेंगे, वह सब हम करेंगे, श्रीकृष्ण सिंह ने पूर्ण समर्पण कर दिया।

—जो हो चुका है, उनकी तो इन बातों से क्षतिपूर्ति नहीं हो सकती, किन्तु क्या लोगों में पश्चात्ताप है?

—ऐसा तो नहीं लगता—राजेन्द्र प्रसाद का सिर झुका हुआ था।

—सबसे पहले कमीशन की नियुक्ति हो और यहाँ के शान्ति मिशन कार्यालय में सरकारी कार्यों की संयोजक मृदुला रहेगी...। कृपया आप लोग सारे डिटेल्स इसे दे दें...। मृदुला साराभाई अपने कार्यालय को सँभालने में उसी समय जुट गयी...।

मनु को अपने कपड़े साफ़ करने थे पर डॉ. महमूद के घर में पानी ही नहीं आ रहा था, वह घर के सामने कल—कल बहती गंगा में कपड़े धोने जा रही थी।

और गाँधी घर के बरामदे से खड़े होकर कुछ गज के फ़ासले पर प्रवाहित होती गंगा को निहार रहे थे जो शीतकाल के प्रातःकालीन सूर्योदय में शान्त और देदीप्यमान लग रही थी। गंगा की असीम स्वस्थता और शान्ति उनके अशान्त मन को शान्त करती हुई स्थितप्रज्ञ बनने में मदद कर रही थी।

गाँधी के सामने दिन का भोजन रखा हुआ था–आठ औंस दूध, आधा सेब और दस–बारह अंगूर के दाने।

–बस इतना ही, इतना कम भोजन, बेगम महमूद विस्मित होकर मनु से पूछ रही थी।

–हाँ, बेगम साहिबा, नोआखाली जाने के बाद बापू ने अपनी खुराक एकदम घटा दी थी, अर्द्धउपवास शुरू कर दिया था, लगता है बिहार में फिर उसकी ही पुनरावृत्ति है, मनु उदास थी।

भोजन समाप्त होते ही कुलपति, सी.पी.एन. सिन्हा ने प्रवेश किया।

–अभी पटना विश्वविद्यालय की क्या स्थिति है?

–अब आप आ गये हैं तो हमारा बोझ हलका हो गया।

–मैं उसे हलका करने ही आया हूँ, मैंने बादशाह ख़ान को भी आने के लिए तार दिया है।

–यहाँ जो काम हो रहा है, उसके बारे में बादशाह ख़ान का क्या विचार है?

–बादशाह ख़ान ने कहा है कि मन्त्रिमण्डल से वे जो कुछ कहते थे; वे मान लेते थे। परन्तु अधिकारी लोग समस्या का सामना नहीं कर सकते, यह काम बिहार की जनता ही कर सकती है और मुझे भी ऐसा ही लगता है, गाँधी ने अपनी मंशा स्पष्ट कर दी।

–बापू, बहुत हिन्दू ऐसे हैं जिन्होंने दंगों के दिनों में अच्छा काम किया। जहाँ ऐसे कार्यकर्त्ता थे वहाँ बहुत हानि नहीं हुई है, मुस्लिमों को आज भी उनके प्रति श्रद्धा है।

–ये सब बातें कभी नहीं होनी चाहिए थीं।

–लोग अपने आपको थोड़ी देर के लिए भूल गये। जहाँ भी सावधानी रही, वहाँ कुछ नहीं हुआ, फिर भी कांग्रेसी कार्यकर्त्ता दंगे रोकने में सभी जगह सफल नहीं हो पाये, इस बात से इनकार नहीं किया जा सकता।

–दोष स्वीकार करने में लाभ है और तभी इलाज भी सम्भव है गाँधी ने कहा।

–बापू आपको दूसरों से बात पता चले इसके पहले मैं यह बता देना चाहता हूँ कि मुस्लिमों का जो आर्थिक बहिष्कार किया जा रहा है, हम सब उसे मिटाने का भरसक प्रयास कर रहे हैं, परन्तु पूर्ण सफलता नहीं मिली है। कल तक ब्राह्मणों के विवाह में मुसलमान फेरी वाले ही चूड़ियाँ देते थे, फूल, माला, हजामत सब कुछ उनके यहाँ से आता था। हिन्दू और मुसलमान एक–दूसरे से इतने गुँथे हुए हैं कि उन्हें अलग करना हाथ–पैरों को काट देने के बराबर है। राजेन्द्र प्रसाद ने कहा।

–हमने अत्याचारों को घटाकर बताने की कोशिश कभी नहीं की–श्रीकृष्ण सिंह ने बीच में ही टोका।

–जो मैं सुनता रहा हूँ उससे तो मुझे अलग बात ही लगती है। डॉ. महमूद की पत्नी आज मेरे पास कुछ मुस्लिम औरतों को लेकर आयी थी। मेरे पास उनके आँसुओं का कोई जवाब नहीं था। मैं बिहारियों को पाप से बचाने के लिए आया हूँ। मैं बिहार में भी करूँगा या मरूँगा। उनका दृढ़ निश्चय और दृढ़ होता जा रहा था।

–मुझे पूरा विश्वास है कि हमें सफलता मिलेगी, बस आप हमें आज्ञा दीजिए, राजेन्द्र प्रसाद ने कहा।

–चम्पारण में किसी ने किसी को आज्ञा नहीं दी थी, सहज निष्ठा से लोगों ने काम किया था। आपने वह चमत्कार देखा था। प्रार्थना का समय हो रहा है, हमें चलना चाहिए, कहते हुए गाँधी खड़े हो गये।

बाँकीपुर मैदान खचाखच भरा हुआ था। लाखों लोगों की भीड़ जयकार लगा रही थी–महात्मा गाँधी की जय, जय हिन्द। चारों ओर कोलाहल हो रहा था–मनु ने रामधुन गाना प्रारम्भ किया–रघुपति राघव राजा राम...। मृदुला साराभाई ने सोचा भी नहीं था कि रामधुन शुरू होते ही ऐसी शान्ति छा जायेगी और लाखों की भीड़ इस क़दर शान्त होकर बापू को सुनने लगेगी।

–यदि सच्चे हृदय से ईश्वर की प्रार्थना की जाये तो उसका जो असर पड़ता है, उसका वर्णन नहीं हो सकता। यदि ईश्वर जैसी कोई शक्ति दुनिया में काम कर रही है और मेरे मन में तो इसके लिए लेशमात्र भी शंका नहीं है, तो समाज में प्रार्थना अवश्य होनी चाहिए। हिन्दू मन्दिरों में प्रार्थना करते हैं, ईसाई गिरजाघरों में और मुसलमान मस्जिदों में प्रार्थना करते हैं, यह अच्छी बात है। परन्तु सब एक साथ मिलकर अपनी–अपनी प्रार्थना करें तब तो उससे भी उत्तम बात होगी।

उनका प्रवचन चल रहा था—बिहार ने हिन्दुस्तान का नाम डुबो दिया। नोआखाली के जंगली कृत्यों का अनुकरण करना न सीखना और बदले का विचार किये बिना मृत्यु का आलिंगन करना, मानवोचित ढंग से जंगलीपन का सामना करना है। अगर भारतवासी सचमुच भारत की आज़ादी चाहते हैं तो उन्हें जंगली तरीक़ों की नक़ल करना छोड़ना चाहिए। जयहिन्द का नारा लगाना, काम हिन्द को ख़तम करने का करना, इससे हिन्द की जय कभी नहीं होगी।

मैं बिहार बहुत दिनों बाद आया हूँ। सच कहूँ तो बिहार के द्वारा ही मैं इतना प्रसिद्ध हुआ। जब से मैंने चम्पारण में प्रवेश किया तब से सारा हिन्दुस्तान जाग उठा और जब वर्षों बाद यहाँ आया हूँ तब भी मन में ऐसा भाव होता है जैसे किसी परिचित व्यक्ति को बहुत दिनों बाद देखकर होता है। बिहार को मैंने अपना बिहार माना है, इसी से मैं समझता था, मैं नोआखाली में रहते हुए भी बिहारवासियों को समझा सकूँगा। परन्तु मुझे यहाँ आने के लिए मजबूर होना पड़ा। कुछ लोग कह रहे हैं कि मुसलमानों के साथ यहाँ जैसा हुआ इतिहास में नहीं हुआ। मैं इतना अधिक तो नहीं मानता, परन्तु यह बात दूसरी है, बुराई की तुलना हो ही नहीं सकती।

मैंने लन्दन में कहा था, कांग्रेस सभी जाति, धर्म, वर्ण और लिंग की सेवा करती है इसी से यह कांग्रेस की ज़िम्मेवारी है।

मुसलमान हिन्दुओं को मिटाकर इस्लाम धर्म को ऊँचा नहीं उठा सकते और न हिन्दू मुसलमानों को मिटाकर हिन्दू धर्म को। सब एक ही वृक्ष की अलग–अलग टहनियाँ हैं। मैंने सभी धर्मों का अध्ययन किया है, इसी से कहता हूँ। थोड़ी देर सुस्ताने के बाद उन्होंने अपनी बात को आगे बढ़ाया—परन्तु जो हो गया उसे बदला नहीं जा सकता। अंग्रेज़ी में एक कहावत है जो जितना बड़ा अपराधी है, वह उतना ही बड़ा सन्त बन सकता है। बिहार सच्चे हृदय से प्रायश्चित्त करेगा तो उसका नाम पहले से भी उज्ज्वल होगा।

बाँकीपुर मैदान तालियों से गूँज रहा था। गाँधी उठ खड़े हुए—पैदल ही निकल जाऊँगा, दो मिनट का तो रास्ता है। मनु और प्रभावती भी उनके पीछे हो गयीं... परन्तु पीछे नहीं रह पायीं। भीड गाँधी के चरण स्पर्श करने उनके पीछे भागी। मनु भीड़ में ही गिर गयी... वह भीड़ में प्रभावती को खोज रही थी, प्रभावती का भी वही हाल था, धरती पर गिरी हुई थी।

दोनों के पाँवों का चप्पल कहाँ फेंकाया था, किसी को क्या पता चलता? पुलिस वाले पसीने से तरबतर होकर इधर–उधर दौड़ रहे थे।

हमेशा तेज़ी से भागने वाले गाँधी भी धीरे–धीरे आगे बढ़ रहे थे, शनैः–शनैः–बिल्कुल चींटी की चाल से तभी तो दो मिनट की दूरी पर डॉ. महमूद के घर पहुँचने में दो घण्टे लग गये।

सुबह से शाम होने जा रही थी, पीड़ितों के आने का सिलसिला थम ही नहीं रहा था। नोआखाली की तरह यहाँ भी जो चीज़ उन्हें सबसे परेशान कर रही थी–वह थी स्त्रियों... के साथ हुए अत्याचार और शर्मसार होती मानवता।

–महात्मा जी, आपने यहाँ आकर जो हम लोगों पर कृपा की है, इसके लिए हमारी पूरी कौम कृतज्ञ रहेगा। हमारा तो सिर्फ़ व्यावसायिक प्रतिष्ठान लूटे गये हैं..., बहू–बेटियाँ महफ़ूज़ हैं किन्तु हज़ारो घरों की बहू–बेटियों का कुछ भी पता नहीं, वली ख़ाँ ने जब कहा–गाँधी की आँखें झुक गयीं। लेकिन अगले ही क्षण सँभलकर कहा–आपको अपनी विपत्तियों को भूलने की कोशिश करनी चाहिए और नोआखाली में काम करना चाहिए, जैसे कि मैं बिहार में कर रहा हूँ। जब तक आप लोग नोआखाली में अपना मानव दया का काम करते रहेंगे उस बीच बिहार में अगर कोई दुर्घटना होती तो उसकी क़ीमत मैं अपने प्राण देकर भी चुकाऊँगा और जहाँ तक स्त्रियों का सवाल है जब तक सभी बहू–बेटियाँ सुरक्षित घर नहीं लौटेंगी मैं चैन से नहीं बैठूँगा।

वली शुक्रिया कहते चले गये परन्तु जाते वक़्त उनकी भी आँखें झुकी थीं, नोआखाली की तपिश से बचना मुश्किल था और वहाँ जाकर सेवा करना तो नामुमकिन ही...। वैसे भी धनिकों के लिए अपना भोग छोड़ना दुष्कर कार्य है।

जयप्रकाश नारायण को देखते ही बापू ने हँसते हुए कहा–तुम कुछ अच्छी ख़बर लाये हो या अन्यों की तरह...

–बापू, इस दावाग्नि में अच्छी ख़बर कहाँ? मेरे पास तो ऐसे सबूत हैं जिसे देखकर आप और भी अधिक दुखी हो जायेंगे। कट्टर कांग्रेसी समर्थक मोमिन समुदाय भी कांग्रेस से दुखी हो गये हैं। जयप्रकाश नारायण ने बताया।

–बापू आज जो भी योजना बनायें बिहार में कांग्रेस को सर्वमान्य होगा–राजेन्द्र बाबू हमेशा की तरह समर्पण मुद्रा में थे।

—मेरी योजना अभी तैयार नहीं हुई है। परन्तु दो बातों में निश्चित निर्णय पर पहुँच गया हूँ। ध्रुवीकरण देश हित में नहीं है।

—बापू परसों होली का त्योहार है, मुसलमानों में यह डर है कि इस मौक़े पर फिर से उन पर हमले हो सकते हैं, जयप्रकाश नारायण ने कहा।

—मैं बिहार के मुसलमानों को वही कहूँगा जो नोआखाली में हिन्दुओं को कहा था—मनुष्य को डर छोड़कर ईश्वर में ही विश्वास रखना चाहिए। आप लोगों से और अन्य हिन्दुओं से यही अपील करता हूँ अपने मुसलमान भाइयों का भय मिटाना आपका काम है।

—बापू आप बहुत थक गये हैं, सुबह से एक क्षण के लिए भी आराम नहीं किया है, थोड़ी देर बाद ही प्रार्थना—स्थल पर भी जाना है, कहते हुए राजेन्द्र बाबू सहित सभी उठ खड़े हो गये।

गाँधी आराम अपने भाग्य में लिखाकर कहाँ लाये थे, वे गम्भीरता से विचार कर रहे थे, उन्हें नोआखाली की तरह गाँव—गाँव में कूच करना चाहिए ताकि उनका विचार सीधे उन लोगों तक पहुँचाया जा सके जिनसे वे प्रायश्चित्त कराना चाहते हैं। जाना तो है परन्तु कब से? पहले तहक़ीक़ात हो जाये...। अभी तो सब कुछ पर्दे के पीछे छुपा लग रहा है...विचारमग्न गाँधी का प्रार्थना में जाने का समय हो गया था। कई एकड़ में फैले बाँकीपुर मैदान में एक इंच जगह नहीं थी, पेड़ तक पर लोगों ने क़ब्ज़ा कर रखा था। कुछ लोग तो रात्रि में वही सो जाते थे ताकि अपने लिए सीट सुरक्षित कर सकें। इतना बड़ा जनसमुद्र स्तब्ध होकर गाँधी को सुन रहा था—

—बिहार रामायण की भूमि है। बिहारी कितने भी अशिक्षित या ग़रीब क्यों न हों, उनके हृदय का तन्त्र उस महान काव्य के संगीत से बज उठता है। वे जानते हैं कि पाप क्या है, पुण्य क्या है। जिन दुष्कृत्यों के वे अपराधी हैं वे भयंकर हैं क्या उनका प्रायश्चित्त भी उसी प्रकार नहीं होना चाहिए? मैं कल शाम को भी कह चुका हूँ जो मुस्लिम स्त्रियाँ हिन्दू घरों में बन्द बतायी जाती हैं, उन्हें लौटा देना चाहिए। यह सचमुच बहादुरी की बात होगी कि अपराधी सामने आकर अपने पापों को खुले रूप में स्वीकार करें और प्रायश्चित्त के रूप में दण्ड माँगें। यदि उनमें इतनी हिम्मत नहीं है तो वे लड़कियों को मेरे या राजेन्द्र बाबू के पास पहुँचा दें। लूट का माल उनके मालिकों के पास पहुँचा दें और जिनके मालिकों की हत्या हो गयी है, उनके सम्बन्धियों को लौटा दें। कम—से—कम इतनी आशा तो बिहारवासियों से रख ही सकता हूँ।

मनु बिहारवासियों की गाँधी भक्ति देखकर आश्चर्यचकित हो रही थी–बिहारी तो बापू जी के परमभक्त हैं तभी तो मुस्लिम शरणार्थियों के लिए पैसे देने के लिए इतने अधिक लोग भागमदौड़ कर रहे हैं। एक बूढ़ी स्त्री को अपनी फटी हुई साड़ी के छोर में बँधे हुए पैसे निकालते वक़्त काँपते हाथों और अश्रुपूर्ण नेत्रों को देखकर मनु की आँखें भी भीग रही थीं।

सुबह–सुबह मनु पैसे गिन रही थी–दो हज़ार नक़द रुपये–दस सोने के कर्णफूल और सात अँगूठियाँ, नीलाम होगा तो क़ीमत पता चलेगा।

तीन दिन से रास्ते पर बैठे अन्धे भिखारी रंजन की कोशिश आज सफल हो गयी। गाँधी सैर से लौट रहे थे, तीन दिन से वह पैरों की आहट भाँप रहा था, वह समझ गया जिनका इन्तज़ार था, वे आ गये। उसने शीघ्रतापूर्वक चार आने पैसे निकालकर उनके चरणों के आगे रख दिये–बापू जी ये पैसे मुस्लिम कष्ट निवारण फंड के लिए हैं।

–क्या? उनको अपनी आँखों पर विश्वास नहीं हो रहा था। उनका चेहरा हास्य और उल्लास से चमक उठा।

–आज तक जितने लोगों ने कितनी भी अधिक राशि दान दी हो पर वह भी इस चार आने की बराबरी नहीं कर सकता, तुमने तो सर्वस्व दान कर दिया, उनका गला भर्रा गया।

रंजन सकुचा रहा था, वह उन्हें नहीं देख सकता था किन्तु उसके चेहरे पर प्रस्फुटित हास्य बयाँ कर रहा था कि उसने क्या अनमोल धन पाया है।

उन्होंने प्यार से उसकी पीठ थपथपाते हुए कहा–तुम भीख माँगना अभी से छोड़ दो। तुम यदि सूत कातना चाहो तो तुम्हें तकली दी जायेगी। आज से तुम सदाकत आश्रम में रहोगे और जो सेवा चाहे कर सकते हो करना।

रंजन को क्या पता था, चार आने पैसे उसकी तकदीर बदल देगी, उसके आनन्द का ठिकाना न था।

उससे कम आनन्दित गाँधी नहीं थे, उनकी अतिरेकता भी छुप नहीं पा रही थी, तभी तो बार–बार उसकी चर्चा करने से अपने को नहीं रोक पा रहे थे–मनु तुमने देखा न, उस भिखारी ने अपने पैसे देकर मुस्लिम सहायता कोष में दिये। उसके चार आने की क़ीमत चार करोड़ से भी अधिक है। इसका नाम है सच्चा दान।

मृदुला साराभाई उनके मुखमण्डल को देखकर सोच रही थी, यह है सच्ची ख़ुशी।

–बापू, आपके आज के पूरे दिन के लिए मुलाक़ातियों की तालिका यह है–भागलपुर से सैयद महमूद अहमद 3 से 3.15 तक; आज़ाद हिन्द फ़ौज के कर्नल महबूब अहमद का 3.20 से 3.55..; एस अहमद 4.10 तक और भागलपुर से ही आज़ाद हिन्द फ़ौज के आनन्द मोहन सहाय का 4.30 तक का, यह आपका कार्यक्रम है। मृदुला साराभाई पूरे कार्यक्रम को लिखकर उनके सामने रख रही थी तो मनु ने भी बिना एक क्षण गँवाये अपने काम को भी निपटाने की तैयारी कर ली। दीदी, मेरा हिसाब लेकर मेरा भी बोझ हलका कर दो, आज हरिजन फंड में आये हैं एक सौ बत्तीस रुपये ग्यारह आना और तीन पैसे, मुस्लिम सहायता कोष में तैंतालिस रुपये और बापू ने हस्ताक्षर से कमाये हैं पन्द्रह रुपये–मनु ने हँसते हुए सभी पैसों को सामने रख दिया। उसी समय बादशाह ख़ान सीमान्त गाँधी ने कमरे में प्रवेश किया।

–आज से हमें दो–दो गाँधी, दोनों बूढ़े–दोनों फ़क़ीर और दोनों नेता की सेवा का सौभाग्य मिला है, मनु ने चहकते हुए कहा।

–बहुत अच्छा मेरी लाडली बिटिया, बादशाह ख़ान ने उसके सिर पर प्रेम से हाथ रखते हुए कहा।

–ख़ान साहब, अब आप आ गये हैं तो मैं सोचता हूँ कि दोनों पक्षों को बुलाकर सर्वप्रथम उनसे विवरण ले लिया जाये... गाँधी की बात से ख़ान साहब की भी शतप्रतिशत सहमति थी।

–बापू पीड़ित पक्षों के साथ प्रातःकाल की बैठकें हैं और मध्याह्न में बिहार सरकार के साथ–मृदुला साराभाई गाँधी को सूचित कर रही थी।

–मृदुला, तूने तो सब कुछ सँभाल लिया है, ख़ान साहब खुश हो रहे थे।

–आप का कथन लगभग सत्य है ख़ान साहब। मृदुला ने तीन चौथाई काम सँभाल लिया है–कमीशन का काम भी यही देख रही है, इसके अलावा शान्ति मिशन का काम भी और राजनीति की बातें सुलझाने में तो सिद्धहस्त है। इस काम को कितना महत्त्व देती है, इसी से समझ लीजिए मन्त्री पद को ठुकराकर यहाँ बैठी है।

–बापू आपके साथ काम करना और मन्त्री पद पाना दोनों में कोई तुलना है क्या? नक़ली सोने के लिए असली सोने को छोड़ने वाली मूर्ख मैं नहीं। फ़िलहाल युनूस साहब के आने का वक़्त हो रहा है, मृदुला ने हँसते हुए बात समाप्त की।

–मोहम्मद युनूस, आप तो उन्नीस सौ सैंतीस में अन्तरिम सरकार में मन्त्री और मुख्यमन्त्री भी रह चुके हैं, आपको शासन व्यवस्था के बारे में अधिक अनुभव और जानकारी है, गाँधी और ख़ान साहब दोनों को जानकारी चाहिए थी–

–इस बात से मैं सहमत हूँ कि जिन लोगों ने दंगे कराये या उनमें भाग लिया, वे कांग्रेस के हितैषी नहीं हो सकते। कुछ दूसरों लोगों ने भी कांग्रेस के बिल्ले का इस्तेमाल किया है परन्तु यह सही है कांग्रेस ने लीग के साथ दोस्ताना व्यवहार नहीं रखा यदि कांग्रेस दूरदृष्टि रखती तो शायद यह सब नहीं होता।

–आप लीग के बड़े नेता हैं, क्या आपको नहीं लगता, जिन्ना ग़लत कर रहे हैं और यदि जिनको ऐसा लगता है, तो जिन्ना को सुधारने की कोशिश नहीं कर सकते? ख़ान साहब ने कहा।

–अफ़सोस, ऐसा नहीं हो सकता या तो जिन्ना के पीछे चलो या मुस्लिम लीग से निकल जाओ।

–तब तो इस्लाम और भारत दोनों के लिए सचमुच भविष्य अन्धकारमय है–भारत के बजाय इस्लाम के लिए अधिक अन्धकारमय है, गाँधी ने अफ़सोस जताते हुए कहा।

–बापू, चित्र का दूसरा पहलू भी है जिसका विवरण आपको विनोदानन्द झा मन्त्री बताना चाहते हैं, श्रीकृष्णसिंह ने कहा।

–बापू जी, सरकार पर शिथिलता का आरोप सही नहीं है। दंगे छिड़ने के तुरन्त बाद मुख्यमन्त्री ने मुझे गया और भागलपुर भेजा था। यह उपद्रव कांग्रेस के राजनीतिक विरोधियों, जो कांग्रेस के आर्थिक सुधारवाले कार्यक्रम के विरुद्ध थे, और ब्रिटिश कर्मचारियों के सम्मिलित षड्यन्त्र के कारण हुए हैं। बापू जी, यह देखिए हिन्दू महासभा की दंश फैलाती पुस्तिका और यह रही मुस्लिम लीगियों की ज़हर भरी पुस्तिका। भागलपुर में दंगे मुस्लिम लीग के दुष्प्रचार की वजह से हुए।

–बापू जी, सरकार के पास इस बात की जानकारी है कि मुसलमानों की रक्षा के लिए जिन हथियारों की इजाज़त दी गयी वे मुस्लिम लीग के नेशनल गार्ड्स के पास कैसे पहुँच गयी।

–मैं तो हथियार देने के विरुद्ध हूँ, गाँधी ने बीच में टोका।

–दंगों के बाद लीग प्रमुख हिन्दुओं को जानबूझकर फँसा रही है ताकि मामला ठण्डा न हो, विनोदानन्द को गाँधी ने बीच में रोका।

–इसी तरह नोआखाली में मुसलमानों को यह शिकायत थी कि हिन्दू ग़लत आदमियों पर आरोप लगा रहे हैं। मैंने उनसे कहा कि हमें झूठे मुक़दमों से डरना नहीं चाहिए, परन्तु सही मामलों को हमें छिपाना भी नहीं चाहिए। मैं नहीं चाहूँगा कि एक भी अपराधी दण्ड के बिना रहे। लोगों को स्वयं आगे आकर अपना अपराध स्वीकार करना चहिए।

–यह सब बंगाल की घटनाओं की प्रतिक्रिया थी, विनोदानन्द झा ने धीमे स्वर में कहा।

–हमें किसी भी कारण से अपने कर्तव्य पालन से विमुख नहीं होना चाहिए–उनके मुख पर पीड़ा स्पष्ट झलक रही थी।

उनके चेहरे के दर्द को देखकर मण्डल का एक सदस्य विह्वल हो गया–हमें बताइए, हम अपना पाप कैसे धो सकते हैं? आपके क्या आदेश हैं?

–आदेश देना मुझे हमेशा नापसन्द रहा है। नोआखाली में मैं आदेश नहीं दे सकता था। बिहार में दे सकता हूँ, परन्तु मैं देना नहीं चाहता। यह काम ही ऐसा है, जिनमें आदेश देने की गुंजाइश नहीं है।

–बापू जी? दंगे एकाएक फूट पड़े, जिसके लिए हम तैयार नहीं थे। गवर्नर अनुपस्थित थे। मुख्य सचिव और पुलिस के इंस्पेक्टर जनरल दोनों अंग्रेज़ थे और दोनों ने हमें धोखा देकर उन्नीस सौ बयालीस का बदला लिया। मुझे विश्वास है कि जाँच हो तो बिहार सरकार पूरी तरह निर्दोष होगी। अलबत्ता हम पण्डित नेहरू की तरह कार्रवाई नहीं कर सके... श्रीकृष्ण सिंह ने गाँधी के सामने अपना सारा सच बतलाकर अपने माथे का बोझ हलका कर लिया।

–तब यह मानना पड़ेगा कि दीर्घ दृष्टि का अभाव था। आपको गवर्नर अथवा अंग्रेज़ अफ़सरों को बीच में लाना ही नहीं चाहिए था। मगर अब क्या किया जा सकता है? आपने जान–बूझकर कुछ नहीं किया फिर भी अब सारा दारमदार इस बात पर है, मैं बिहार के साथ और बिहारियों के साथ क्या कर सकता हूँ, अगर हम बिहार में सफल हो जाते हैं तो भारत बच जायेगा।

रात्रि के दो बज रहे थे, गाँधी ने घड़ी देखी उनकी नींद पूरी हो चुकी थी; एक बात पर जाकर बार–बार सूई अटक जाती थी आख़िर क्या हो गया था बिहारियों के कोमल स्वभाव को? किस चीज़ ने इतना निर्दय बना दिया कि वह स्त्रियों और बच्चों की हत्या कर सके?

डॉ. सैयद महमूद ने पूरा विवरण लिखकर रखा है और यह विवरण असत्य नहीं हो सकता, आज तो सुनना पड़ेगा... ईश्वर भी मेरी कितनी परीक्षा लेगा...? गाँधी बैठकर माला जप करने लगे।

—डॉ. सैयद को अच्छी तरह पता है इन बातों को सुनकर गाँधी को बहुत अधिक वेदना होगी, तभी तो तीन दिन हो गये हैं उन्होंने सम्पूर्ण विवरण नहीं दिया था परन्तु आज तो बताना ही पड़ेगा।

—डॉ. सैयद मैं नहीं जानता आप जिस पर्दे को उठाने वाले हैं वह कितना बीभत्स है परन्तु इतना विश्वास है पर्दे के पीछे जो कुछ आप बतायेंगे वह सत्य अवश्य ही होगा और ईश्वर से प्रार्थना है मुझे सत्य को सहन करने की शक्ति दे।

—महात्मा जी, पहली घटना छपरा में घटी। लीगी नेताओं ने भी असंयमित बयान दिया... और मामला भड़क उठा, छपरा में बंगाल से लौटे लोग पहले से भरे बैठे थे, बारूद के ढेर पर ही बैठे समझे, देखते—देखते मामला उलझता जा रहा था। उस समय स्थानीय कांग्रेसी नेताओं ने गली—गली जाकर दौरा किया। कहीं—कहीं पचास—पचास हज़ार लोगों की भीड़ मिलती थी किन्तु जब भीड़ को आपका नाम लेकर यह कहा जाता था जो कुछ वह कर रही है इससे आपका जीवन ख़तरे में पड़ सकता है तो वह लौट जाती थी। ऐसा लग रहा था स्थिति क़ाबू में हो गयी है—किन्तु दो दिन में ही सब कुछ समाप्त हो गया—मुख्यमन्त्री श्री बाबू, मुझे साथ लेकर दो दिन बाद ही छपरा पहुँच गये। किन्तु उस समय तक छपरा की स्थिति बद से बदतर बन चुकी थी। सौ घर लगभग शहर में जले हुए मिले। छह हज़ार लोग ज़िला स्कूल में शरण लिए हुए मिले, डर के बारे उनका बुरा हाल था। छपरा के एकदम बगल में ही एक बहुत बड़ा गाँव है पैगम्बरपुर। वहाँ पचास घर जले मिले, पचास लोगों की हत्या हो चुकी थी और लगभग पचास लोगों को जिसमें स्त्री—पुरुष और बच्चे भी थे, घर के साथ ही आग लगाकर मार दिया गया था। मुस्लिमों ने बताया कि जिस समय उपद्रवियों द्वारा घर जलाये जा रहे थे, थाना प्रभारी उपद्रवियों के साथ खड़े थे।

गाँधी साँस रोके सुन रहे थे। डॉ. सैयद ने काँच के गिलास में रखे पानी के दो घूँट लेकर कहना जारी रखा—

—एक बात बताना भूल गया, जब हम लोग छपरा पहुँचे तो तीन—चार कांग्रेसियों को पैगम्बरपुर भेजा। वे प्रातः तीन बजे वहाँ पहुँचे, उस समय

भी उन्होंने तीन आदमियों को आग से निकालकर उनके प्राण बचाये। उस समय तक पुलिस ग़ायब थी। जब श्री बाबू के साथ वहाँ पहुँचा तो हमने देखा कुछ भयभीत स्त्रियाँ एक पेड़ के नीचे बैठी रो रही थीं। जब हम गलियों से गुज़र रहे थे तो हमारे पैरों के नीचे खोपड़ियाँ और हड्डियाँ पड़ी दिखायी दे रही थीं।

एक घर में बाहर से ताला लगा हुआ था और अन्दर एक आदमी बैठे–बैठे ही जलकर कोयला हो गया था।

गाँधी की आँखों के सामने नोआखाली नाच रहा था, ऐसे ही तो उनके पैरों से खोपड़ियाँ टकरा जाती थीं... ऐसे ही तो स्त्रियाँ आँसू बहाती शोक की प्रतिमूर्ति बनी सिसकियाँ लेती मिलती थीं। गाँधी की आँखों के सामने राय चौधरी की पाँच वर्ष की बच्ची अपनी तोतली ज़बान में मानवता से पशुता बनने की जैसे आपबीती डॉ. सैयद के रूप में सुना रही थी। गाँधी ने उठकर अपने गिलास में पानी डाला और मात्र दो घूँट पीया।

डॉ. सैयद का विवरण अभी समाप्त नहीं हुआ था–बापू जी, तभी एक स्त्री हमारे पैर पकड़कर रोने लगी। वह रोते–रोते बता रही थी–गाँव के चौकीदार ने मेरे बच्चे को मेरी गोद से छीनकर उसके दो टुकड़े कर डाले। बापू जी उस समय इस घटना को सुनकर श्री बाबू रोने लगे थे।

गाँधी के मन में यह पुख़्ता बात मज़बूत होती जा रही थी, बस इतना ही फ़र्क़ था नोआखाली और बिहार में कि वहाँ के मुख्यमन्त्री की आँखों में आँसू नहीं आये थे, यदि सुहरावर्दी की आँखों में भी आँसू आये होते..., यदि नेहरू की तरह जिन्ना ने भी साम्प्रदायिकता की आग को ठण्डा करने की कोशिश की होती तो परिदृश्य ही कुछ और होता... हिन्दू हो या मुस्लिम, दोनों में फ़र्क़ क्या है, दोनों ने हैवानियत की सारी सीमाएँ पार की हैं।

डॉ. सैयद पेज पलट कर अगला विवरण सुनाने लगे–छपरा में ही एक स्त्री ने श्री बाबू के सामने बताया कि उसने अपने जीवन की सारी बचत, लगभग पाँच हज़ार रुपये उपद्रवियों को सौंप दिये ताकि उनके बच्चों को छोड़ दे। उपद्रवियों ने पैसे तो ले लिये किन्तु उनके बच्चों का क़त्ल उनकी आँखों के सामने कर दिया।

गाँधी ने अपनी आँखें बन्द कर लीं, सिर्फ़ नाम के अलावा कुछ भी फ़र्क़ नहीं था, स्थान से लेकर व्यक्ति में सिर्फ़ नाम ही तो अलग है और

क्या अलग है, सब कुछ एक है, दोनों क़ौमों ने धर्म के नाम कितना बड़ा अधर्म किया है। गाँधी ने अपनी आँखें बन्द कर लीं।

–महात्मा जी, आप कहें तो अभी रहने दूँ, फिर बाद में सुनाता हूँ, डॉ. सैयद ने उनके चेहरे पर विषाद देखकर कहा।

–सत्य से भागना इसका निदान नहीं, छपरा के अलावा अन्य स्थानों के बारे में भी संक्षेप में बतायें।

–महात्मा जी श्री बाबू के साथ हम लोग सेना के जनरल से मिलने राँची गये। आकाश से देखा एक बड़ा गाँव जल रहा था। हज़ारों की भीड़ उस गाँव को घेरे हुए थी। स्त्रियाँ और बच्चे छत पर चढ़कर रो और चिल्ला रहे थे। जब हमारा विमान वहाँ से गुज़र रहा था लोग पागलों की तरह अपने हाथ हिला–हिलाकर हमारा ध्यान खींच रहे थे। उस समय भी, उस दृश्य को भी श्री बाबू बर्दाश्त नहीं कर पाये और रो पड़े थे।

–बापू, अब संक्षेप में यह लिखित विवरण है–कोई साढ़े तीन लाख मुसलमान बिहार से विभिन्न स्थानों को भाग गये बताये जाते हैं। उन्होंने अपने सोने के गहने और अपने घर और सम्पत्ति को कौड़ियों के मोल बेच दिया। तिलहरी के एक ही गाँव में मैंने पाँच कुएँ लाशों से भरे देखे। घारला गाँव में दस–बारह कुएँ इसी तरह मुर्दों से ऊपर तक भरे थे। जहाँ पास में कोई नदी थी वहाँ मुर्दों को उसमें फेंक दिया गया। उनकी संख्या का निश्चित पता नहीं लग सकता। मारे गये लोगों में काफ़ी संख्या बूढ़े, पुरुषों, स्त्रियों और बच्चों की भी थी। अस्पतालों में आये हुए घायलों में बहुत से दूधपीते बच्चे थे। कुछ स्त्रियों ने मुझे बताया कि कैसे उनके बच्चों का उनकी गोद में ही वध कर दिया गया।

डॉ. सैयद चुप हो गये। वे मौन होकर अपने कागज़ात समेट रहे थे।

–यदि इसी तरह चलता रहा तो न हिन्दू धर्म बचेगा और न इस्लाम! इस्लाम तो अन्य देशों में भी है परन्तु हिन्दू धर्म...?

विनाश काले विपरीत बुद्धि

महात्मा जी ने विनाश काल में भी बहुत सारी घटनाएँ देखीं जिससे लगता है मानवता पूरी तरह से शर्मसार नहीं हुई। मैं स्वयं फतुहा स्टेशन पर शरणार्थियों और घायलों को लौटा लाने के लिए स्पेशल गाड़ी लेकर रात्रि के क़रीब दो बजे पहुँचा था। शरणार्थी अपने सामान के साथ गाड़ी का इन्तज़ार कर रहे थे। कुछ हिन्दू भाई उनकी गठरियाँ अपने सिरों पर रखकर उनके

साथ आये थे। अलग होते समय वे रोने लगे और अपने मुस्लिम भाइयों की गाड़ी पर चढ़ने लगे, कारण पूछने पर उन्होंने जवाब दिया 'जब ये लोग गाड़ी से उतरेंगे तब इनका सामान उठाने में कौन मदद करेगा?'

—महात्मा जी, मैं उनके पास ही पीछे खड़ा था। आगजनी, रक्तपात और बर्बरता के बीच मानवता कैसे अनोखे रूप में प्रकट हो रही थी। अवश्य ही मनुष्य—पशु और देवदूत का अजीब मिश्रण है।

महात्मा जी, जब मैंने श्री बाबू को यह आँखों देखा हाल सुनाया था तो उनके मुख से निकला था—'महमूद साहब, यह हिन्दू—मुसलमान का संघर्ष नहीं था बल्कि बर्बरता और मानवता का संघर्ष था।'

—दंगे कितने ज़िलों में फैले?

—छपरा, मुंगेर, भागलपुर, संथाल परगना, पटना और गया ज़िले में दंगे की अधिक घटनाएँ हुईं। सोलह ज़िला में छह जिला। अठारह हज़ार आठ सौ उनहत्तर गाँवों में सात सौ पचास गाँवे दंगो की गिरफ़्त में आये।

स्त्रियों को भगाकर ले जाने, उनपर बलात्कार और ज़बर्दस्ती धर्मपरिवर्तन की घटनाएँ बिहार में भी हुईं परन्तु संख्या का सही पता नहीं चल पाया है।

—मेरी समझ में नहीं आता, मैं क्या कहूँ? मेरे इर्द—गिर्द अँधेरा छाया हुआ है। मैं हिन्दुस्तान के बारे में जितना सोचता हूँ, उतना हीं अँधेरा बढ़ता मालूम होता है, बहुत कोशिश करने पर भी रोशनी नहीं मिलती? बर्बरता और मानवता के संघर्ष में बर्बरता की हार ही दुनिया को बचा सकती है।

मुझे ऐसा लगता है कि इस बर्बादी को मैंने भी किया है क्योंकि मेरे सहधर्मी भाइयों ने ही इस अपराध को किया है। डॉ. सैयद, कृपया मेरे कमरे में दंगे के समय के कुछ अंग्रेज़ी और हिन्दी समाचार—पत्र भिजवा दें, कहते हुए वे बैठकखाने से अपने कमरे में चले गये।

गाँधी पुराने समाचार पत्र स्टेट्समैन पढ़ रहे थे बिहार की करुण। घटना बंगाल की करुण घटना के साथ केवल भीषणता में ही समानता नहीं रखती। शासन तन्त्र में स्पष्ट दृष्टि और दूरदर्शिता का अभाव था, हो सकता है अधिकारियों के लिए यह सब अचानक मालूम होता हो।

लेकिन बिहार कम—से—कम एक बात में ज़रूर भाग्यशाली रहा, जहाँ बंगाल को उसके आरम्भ में बडे व्यक्तियों का साथ नहीं मिला, किन्तु यहाँ पण्डित नेहरू, सरदार पटेल, डॉ. राजेन्द्र प्रसाद, कृपलानी

ने अपने–अपने सहधर्मियों द्वारा अल्पसंख्यकों पर की गयी बर्बरता की कड़ी निन्दा की।

उनके गम्भीर चेहरे पर थोड़ी–सी मुस्कान झलकी। उन्होंने दूसरे दिन का स्टेट्समैन पढ़ना शुरू किया–पण्डित नेहरू ने एक बार फिर न केवल आदर्श शारीरिक और नैतिक साहस का परिचय दिया है, बल्कि इससे भी महत्त्वपूर्ण बात उन्होंने यह की है कि भारत और मानवता के हित में प्रान्त के भीतर और बाहर दोनों जगह अपने ही समुदाय के संकीर्ण विचारवाले लोगों की कड़ी आलोचना की। उन्होंने इसकी प्रतिक्रिया की बिल्कुल परवाह नहीं की।

वे मन–ही–मन बुदबुदा रहे थे–मैं नहीं रहूँगा तो जवाहर मेरी ही भाषा बोलेगा।

उन्होंने हिन्दी समाचार–पत्र उठाया 'अश्रुगैस' छोड़ने पर भी भीड़ क़ाबू में नहीं आ रही थी तब उनके ऊपर महात्मा गाँधी के आमरण अनशन करने की बात के पर्चे गिराये गये तो भीड़ शान्तिपूर्वक अपने–अपने घर लौट गयी। गाँधी की आँखें डबडबा गयीं, 'भारत की जनता ने थोड़ी–सी सेवा के बदले कितना अधिक प्रेम दिया है।'

उन्होंने जवाहर लाल की तस्वीर वाले समाचार–पत्र उठाये–पं नेहरू की सभा में गाँवों से बड़ी संख्या में किसानों के साथ सभी वर्ग के लोग उपस्थित हुए। प्रत्येक सभा के अन्त में पण्डित नेहरू ने हाथ उठवाकर श्रोताओं से प्रतिज्ञा कराई कि इस प्रकार के दुराचरण नहीं करेंगे। किसान आपस में बातें कर रहे थे–जब हम वचन दे चुके हैं तो हमें उसका पालन करना ही होगा।

गाँधी ने समाचार–पत्र रख दिया–'जवाहर ने अपने दम तक पूरी कोशिश की थी।' गाँधी समाचार–पत्रों को सहेजकर रख रहे थे कि तभी एक समाचार पर उनकी नज़र पड़ी तो वे अपने को नहीं रोक पाये और उसे पढ़ने लगे। वह समाचार उनकी तप्त वेदना पर मरहम लगा रहा था–

'एक मुस्लिम अधिकारी हमीद ने, जो गुप्तचर विभाग के डी. आई. जी. हैं अपनी तीस दिसम्बर उन्नीस सौ छियालीस की रिपोर्ट में इस तरह विवरण दिया है–'

'बाढ़ थाने के गंज गाँव में हिन्दुओं ने छह सौ मुसलमानों के प्राण बचाये।'

'अहीजन गाँव में हिन्दुओं ने आसपास गाँवों के लगभग चार सौ मुसलमानों को शरण दी।'

'जब एक हिन्दू भीड़ ने गाँव को घेर कर वहाँ के हिन्दुओं से कहा कि मुसलमानों को उनके हवाले कर दें तो वे सभी एक होकर भीड़ से लड़ने को तैयार हो गये नतीजा हुआ कि भीड़ को मुँह की खानी पड़ी। 'कानसारी गाँव में एक निवासी ने अड़तीस मुसलमानों को चौदह दिन तक अपने ही घर में छिपाकर रखा। भीड़ ने उसके घर में दो बार आक्रमण करके मुस्लिमों को सौंपने के लिए कहा परन्तु अपने गाँव वालों की मदद से उसने उपद्रवियों के सारे प्रयत्न विफल कर दिये।'

'हिलसा पुलिस थाने में हिन्दुओं ने आक्रमणकारियों को साफ़ कह दिया कि उनसे लड़े बिना वे मुसलमान भाइयों के पास नहीं पहुँच सकते।'

'पारसा बाज़ार में कई कांग्रेसी मिलकर एक मुसलमान डॉक्टर को बचाने की कोशिश करते रहे और आक्रमणकारियों को भगाकर दम लिया।'

गाँधी का विश्वास दृढ़ से दृढ़तर होता जा रहा था कि बर्बरता कभी भी मानवता को पराजित नहीं कर पायेगी—वे अन्तिम रिपोर्ट को पढ़ रहे थे—'सारण ज़िले में महाराजगंज में किसी एक मुसलमान ने एक हिन्दू स्त्री पर आक्रमण किया था इस पर हिन्दुओं की बड़ी भीड़ ने सभी मुस्लिमों पर आक्रमण कर दिया। वह सारे मुसलमानों को मार डालना और उनके घरों को आग लगाकर जला देना चाहती थी। एक घर को उन्होंने आग लगा भी दी थी तभी एक प्रतिष्ठित घर की लड़की उन्हें ऐसा करने से रोकने के लिए विनती कर रही थी, जब उसकी विनती अनसुनी कर दी गयी तो उसने जलते हुए घर में कूद पड़ने की धमकी दी, इसका वांछित परिणाम यह हुआ कि भीड़ लौट गयी।'

'वाह' गाँधी का मन गद्‌गद हो गया, देश को ऐसी ही बहादुर बेटियों की आवश्यकता है। गाँधी को अपना मार्ग प्रशस्त दिख रहा था।

कुछ देर में ही उन्होंने निर्णय ले लिया। वे कुम्हरार गाँव जाने के लिए तैयार थे। गाँवों के लोगों तक अपनी सीधी—सीधी और सच्ची बात पहुँचाने के सिवा और कोई विकल्प उन्हें नज़र नहीं आ रहा था।

कुम्हार में पहली मुलाकात मो. सलालुद्दीन हक़ से हुई। सफ़ेद लम्बी दाढ़ी वाले मौलाना हक़ के चेहरे पर गाँधी को देखते ही आशा का नूर फैल गया—महात्मा जी, आखिर अल्लाह ताला ने आपको यहाँ तक भेज ही दिया, यह देखिए, यह खंडहर ही मेरा गुलज़ार घर था, और ये मेरे रिश्तेदारों के टूटे—फूटे मकान हैं, मुझे विश्वास है अब आप आ गये हैं, सब ठीक हो जायेगा।

गाँधी को सामने जले हुए मस्जिद और पुस्तकालय को एकटक निहारते देख मोहम्मद सलालुद्दीन हक़ की लम्बी दाढ़ी ज़ोर–ज़ोर से हिलने लगी। अपनी तेज़ साँसों पर क़ाबू करते हुए उन्होंने रुँआसे स्वर में कहा–महात्मा जी इसे भी उपद्रवियों ने नहीं छोड़ा।

इबादतखाने को देखकर उनके हृदय में ऐंठन हो रही थी। वे मौन रहे। शाम हो रही थी, प्रार्थना का समय हो रहा था।

बिहार आने के बाद आज पहली बार गाँधी की भाषा इतनी तीखी निकल रही थी–

–आप मस्जिद तोड़ने के लिए यह दलील नहीं दे सकते कि मुसलमानों ने हिन्दू मन्दिरों को भ्रष्ट किया है। क्या इससे मन्दिर की रक्षा करने अथवा हिन्दू धर्म की सेवा करने में किसी भी तरह की मदद मिली है? मानव जाति को प्रतीक की लालसा हमेशा रहती है। क्या वास्तव में मस्जिद और गिरजे वैसे ही नहीं हैं जैसे मन्दिर है? ईश्वर का निवास तो सब जगह है। परन्तु मनुष्य कुछ विशेष स्थानों और वस्तुओं को दूसरों की अपेक्षा अधिक पवित्र मानता है। यह भावना आदर के योग्य है, यदि इससे दूसरों की वैसी ही स्वतन्त्रता में कोई बाधा न पड़ती हो। मैं स्वयं तो किसी मूर्ति को छाती से लगाकर उसकी रक्षा करने में अपना प्राण दे दूँगा पर अपनी पूजा की स्वतन्त्रता पर कोई प्रतिबन्ध सहन नहीं कर सकता। मैं यह समझने में आपकी मदद करने आया हूँ कि आप किस हद तक पागल बन गये हैं परन्तु मैंने अपना दिल फौलाद का बना लिया है। बिहार बुद्ध की धरती है, इसमें इतनी शक्ति है कि वह सारे भारत में प्रकाश फैला सके।

रात्रि में मनु आज के चन्दा के पैसे का हिसाब लिख रही थी–एक हज़ार नौ सौ रुपये, पन्द्रह पैसे। सोने की अँगूठी–आठ, एक लॉकेट सोने की चूड़ी–दो चाँदी की चूड़ियाँ आठ और नाक की लौंग एक।

सूर्योदय की प्रथम किरण के साथ गाँधी पारसा के विनष्ट गाँव जा रहे थे 'बापू जी गाड़ी रोकिये गाड़ी रोकिये', एक व्यक्ति दौड़ता हुआ सड़क के बीचोबीच एकाएक से गाड़ी के सामने आ गया। ड्राइवर ने तेज़ी से ब्रेक लगाते हुए गाड़ी रोकी। बापू जी, हम लोग सिपारा ग्रामवासी हैं। यह एक थैली है और सभी ग्रामवासियों द्वारा हस्ताक्षर युक्त पत्र है। उन्होंने हाथ बढ़ाकर थैली और पत्र ले लिया। गाड़ी आगे बढ़ गयी। वे कार में ही पत्र पढ़ रहे थे–बापू जी, कृपया हमारे किये गये अपराध को

अब क्षमा कर दीजिए। हमारे हाथों मुसलमान भाइयों के जानमाल की जो हानि हुई उसके लिए हम बहुत शर्मिन्दा हैं। अपने पाप के प्रायश्चित्त के रूप में पत्र–पुष्प के रूप में यह थैली हम आपको अर्पण करते हैं, इसका उपयोग पीड़ित भाई–बहनों के लिए किया जाये। हम आपसे फिर से एक बार माफ़ी माँगते हैं आइन्दा ऐसी ग़लती कभी नहीं होगी।

गाँधी की आँखें चमकीं तो अवश्य लेकिन पारसा गाँव के पक्के मकानों को खँडहर में बदला हुए देख, सामने स्त्रियों के ख़ून के दाग लगे कपड़ों को देखकर चमक अधिक देर तक टिक नहीं पायी। ग्रामवासियों के सामने उनके दोनों हाथ जुड़े हुए थे–मैं ग्रामवासियों से विनती करता हूँ कि मुस्लिम भाइयों के घरों से जो माल–असबाब लाये हो वह मेरे या सरकार के सुपुर्द कर दो। सभी ग्रामवासी स्वेच्छा से ग्राम सेवक बनकर पूरे गाँव को सुलह शान्ति और सुख का धाम बनाइए।

16

–बापू जी कल राजकोट से कोई सेठ कापाड़िया ने पाँच सौ रुपये का एक चेक भेजा है लेकिन वह नोआखाली के लिए है मृदुला साराभाई अन्य काग़ज़ातों को सामने रखते हुए कहा।

–जो पैसे जिस मद के लिए आये हैं, उन्हें वहीं भेजने का नियम है। नोआखाली से आये हुए एक सप्ताह होने वाला है, ईश्वर की कृपा से वहाँ शान्ति है। अभी मुझे सतीश बाबू, प्यारेलाल, सुशीला, अस्तुस्सलाम को पत्र भी लिखने हैं।

–बापू, आप डिक्टेशन दें दें तो मैं लिख दूँ... शाहनवाज़ ख़ाँ और ख़ान साहब कह रहे थे, आपको बाईस–बाईस घण्टे काम करते देख उनको घबराहट हो रही है।

–मृदुला, ख़ान साहब और शाहनवाज़ मेरी बुराई देखना ही नहीं चाहते। अत्यन्त श्रद्धालु मनुष्य की अपेक्षा मेरे दोष देखने वाले लोग मुझे अधिक पसन्द होते हैं, क्योंकि इसमें मेरी रक्षा होती है यह सोचने का मौका मिलता है कि मैं कहीं भूल भरे रास्ते पर तो नहीं था। मृदुला, नोआखाली की सारी चिट्ठियाँ और उनके नाम पर आयी हुई राशि को आज ही नोआखाली भेजने की व्यवस्था कर दो। दो बज गये हैं, मौलवी एस. एन. और डॉ. असग़र हुसैन से मिलने का मेरा वक़्त भी हो रहा है। ठीक दो बजे गाँधी उनके सामने थे–

–बहुसंख्यक कौम ने पागल बनकर अल्पसंख्यक समुदाय की जो ऐतिहासिक, सांस्कृतिक, सामाजिक और धार्मिक हानि की है, उसकी क्षतिपूर्ति कैसे हो सकेगी? मौलवी एस. एन. ने सीधे प्रश्न किया।

–ऐसी हानि की पूर्ति नहीं की जा सकती। बर्बरता के ऐसे कृत्य उस समय तक होते ही रहेंगे जब तक हम सहिष्णु बनकर यह बात समझ न लें कि सभी धर्म ईश्वर के पास पहुँचाते हैं, गाँधी का उत्तर और भी अधिक सीधा था।

मौलवी इधर–उधर झाँकने लगे। डॉ. असग़र हुसैन ने सीधे–सीधे प्रश्न करने से परहेज किया–महात्मा जी, हम लोग बहुत दुखी हैं। मुझे नहीं लगता सरकार अल्पसंख्यकों के दुख दूर कर पायेगी, सरकार लीगी नेताओं पर इस क़दर अविश्वास करती है कि समस्या का समाधान कैसे सम्भव है? नोआखाली में भी इतने जुल्म नहीं हुए होंगे।

–आपके दुख से मुझे सहानुभूति है। जो हुआ वह नहीं होना चाहिए था। परन्तु मैं मानता हूँ कि अगर दिल साफ़ न हो तो सब बेकार है। मैं आपसे कहूँगा कि आप नोआखाली जाइए। वहाँ देख आइए कि हिन्दुओं पर जुल्म हुए हैं या नहीं और अगर आपको लगे कि जुल्म हुआ है तो वहाँ कष्ट निवारण में और सेवा में लग जाइए और अल्पसंख्यकों से कहिए कि तुम हमारे भाई–बहन हो। आप निश्चिन्त रहें, मैं बिहार में अपने प्राण देकर भी अल्पसंख्यकों की रक्षा करूँगा।

उन दोनों के पास ही नहीं, इस तरह के किसी भी नेता के पास इसका कोई जवाब नहीं होता। सच्चाई तो यही थी कि उन्हें यहाँ के ग़रीब मुस्लिमों के लिए, एक क्षण के लिए भी किसी प्रकार के भोग का त्याग करना स्वीकार्य नहीं था गाँधी दोनों कौमें भाई–भाई की तरह रहें इसके लिए अपनी जान को हथेली पर लिए घूम रहे थे। हर अगला दिन कठिनतर होता जा रहा था। गाँधी कल के लिए विचारमग्न थे, तभी बेगम महमूद ने कमरे में प्रवेश किया–एक सलाह लेनी थी। महात्मा जी, हम लोगों की समझ में यह बात नहीं आ रही कि मैं अपने बेटे की शादी में भोज रखूँ या नहीं?

–आप क्या उचित समझती हैं?

–उसकी शादी फिर दुबारा नहीं होगी लेकिन इधर हालात भी इस तरह के हैं, दुविधा में हूँ इसी से तो आपके पास आयी हूँ–बेगम महमूद बिना पर्दे में थी।

—मेरी दृष्टि में हम आग में जल रहे हैं, ऐसी हालत में भोज हरगिज नहीं देना चाहिए परन्तु सिर्फ़ मेरे कहने से और मुझे ख़ुश करने के लिए नहीं।

अब दुविधा नहीं रही, उबार लिया, कहती हुए बेगम चली गयी।

मसौढ़ी आज कितना उजाड़ लग रहा था। लगभग प्रत्येक घर धराशायी होकर अपनी विपदा गाथा गा रहा था। सामने स्थानीय सहकारी बैंक, हाईस्कूल, मन्दिर और मस्जिद आज भी मस्तक उठाकर हिन्दू–मुस्लिम सहकारिता की साक्षी दे रहे थे कि उन्हें दोनों ने मिलकर बनाया था, एक साथ सींचा था।

सामने आम्र कुंजों और लीची बगानों को जिस तरह काट कर बर्बाद कर दिया गया था किसी को विश्वास नहीं हो सकता था कि ऐसा किसी मनुष्य ने किया है। मन की हिंसा जब इतनी बर्बर, भयंकर और प्रचण्ड हो जाती है तो प्रकृति काँप उठती है। इन परोपकारी वृक्षों ने हमेशा उन्हें छाँव दिया था। कभी नहीं सोचा था। उसकी छाँव में हिन्दू सुस्ता रहे हैं या मुस्लिम। उन पेड़ों ने जब भी ऑक्सीजन छोड़ा होगा कब भेद–भाव किया होगा? लेकिन आज जब मानव पागलपन की हद तक जाकर विचार–शून्य हो गया, यहाँ तक कि आधे कटे पेड़ भी इस बीभत्स घटना पर आँसू बहा रहे थे।

गाँधी की आँखों के आँसू पत्थर बनकर उनकी आँखों में चुभन पैदा कर रहे थे। तभी गाँधी टोपी लगाये एक कार्यकर्त्ता ने उनके पास आकर कहा—बापू जी कांग्रेसियों ने स्थानीय हिन्दुओं और मुस्लिमों की एक सम्मिलित सभा रखी है ताकि आप स्वयं सत्य की तहक़ीक़ात कर सकें।

हाल खचाखच भरा हुआ था, पहले पीड़ित पक्ष अपनी बात महात्मा जी के सामने रखे—कांग्रेस के स्वयंसेवी कार्यकर्त्ता ने पहल की।

—महात्मा जी, धोरूआँ से आयी हूँ, दो सौ हिन्दू और अस्सी मुस्लिम परिवार था, यहाँ पर पुरुष, स्त्रियों और बच्चों तक को मौत के घाट उतार दिया गया। मेरे पति–बच्चे कोई नहीं बचा, बच गयी हूँ तो सिर्फ़ मैं...। क्या कहूँ महात्मा जी इतना दुख देखकर भी क्यों ज़िन्दा हूँ? आत्महत्या नहीं कर पा रही हूँ। सौ साल की मेरी सास थी, उपद्रवकारियों ने उनकी भी हत्या कर दी, एक मुझ अभागन को क्यों छोड़ दिया? वह सिसकियाँ ले रही थी।

—महात्मा जी, दरअसल स्थानीय हिन्दुओं के मन में यह सन्देह कुछ कट्टरवादियों ने फैला दिया कि मुसलमान गुप्त रूप से सामूहिक पैमाने

पर शस्त्रों से सज्जित हो रहे हैं। बीच–बीच में लीगी नेता आकर मुस्लिमों को भड़काकर शंकित कर रहे थे जिसकी वजह से वे लोग भी एकत्रित होकर अल्लाह–हो–अकबर के नारे लगाने लगते थे।

इसी बीच शरारती तत्त्वों ने हिन्दुओं के बीच जाकर यह दुष्प्रचार फैला दिया कि मुस्लिमों ने एक हिन्दू नवयुवक की हत्या कर दी और ठीक ऐसी ही बात मुस्लिम समुदाय के बीच भी मुस्लिम नवयुवक की हत्या की बात फैला दी। जब तक कांग्रेसियों को इस बात की जानकारी मिली तब तक तो चमन में आग लग चुकी थी। हज़ारों लोग महावीर स्वामी की जय कहते हुए निकल पड़े–घर–दुकानें लूटने से लेकर हत्याओं की घटनाएँ घट गयीं।

–लेकिन महात्मा जी इसकी शुरुआत मुसलमानों ने की है जहाँ पर इनकी संख्या अधिक थी, वहाँ लीगियों के भक्त बनकर इन लोगों ने दंगे की शुरुआत की, कांग्रेसी कार्यकर्त्ता को रोकते हुए पीले कपड़े वाले नवयुवक ने जोश पूर्ण तरीक़े से अपनी बात कही।

–आपके कहने का अभिप्राय क्या है कि अगर मुसलमान गुण्डे बन जायें तो हिन्दुओं को भी गुण्डा बन जाना चाहिए? इतनी नीचता कि स्त्रियों तक की हत्या की गयी।

–बापू जी अन्दारी गाँव में कुछ मुस्लिमों ने अपने हाथों अपनी स्त्रियों की हत्या कर दी ताकि वे भीड़ के हाथों न पड़ें और नाम निर्दोष हिन्दुओं का लगाया जा रहा है।

–आप लोगों से एक बात के लिए प्रार्थना करता हूँ कि यदि आप लोग सच्चाई के साथ मुझसे सहयोग नहीं कर सकते तो मुझे अकेला छोड़ दीजिए, गाँधी के स्वर में वेदना थी, सभी लोग एकदम शान्त हो गये, फुसफुसाहट तक बन्द हो गयी।

दो मिनट बाद उन्होंने पूछा–आगे क्या किया जाये, इसके बारे में आप लोगों ने सोचा है?

अगर हमें थोड़े भी ईमानदार आदमी मिल जायें तो सब कुछ ठीक किया जा सकता है–मुस्लिम अध्यक्ष शाह उजैर मुनीमी ने कहा।

–यहाँ ईमानदार व्यक्तियों की कमी नहीं, फिर उसी नौजवान ने चिल्लाकर कहा।

–आप लोगों से एक सीधा सवाल है, सौ साल की बुढ़िया का वध होते देखकर आप लोग ज़िन्दा कैसे रह सके? मैंने बिहार में करो या मरो

की प्रतिज्ञा ली है। मैं न ख़ुद चैन लूँगा और न दूसरों को चैन लेने दूँगा। मैं सब जगह घूम–घूमकर इधर–उधर बिखरे हुए नर–कंकालों से पूछूँगा, यह सब हुआ कैसे? मेरे भीतर ऐसी आग जल रही है कि मुझे तब तक शान्ति नहीं मिलेगी जब तक मैं इन चुनौतियों का उत्तर न पा लूँ।

नोआखाली के समय भी मुझे इसी तरह की बेचैनी ने दबा लिया था। मेरे भीतर की आग मुझे चैन नहीं लेने देती थी, इसीलिए मैंने गाँव–गाँव नंगे पैर घूमना शुरू कर दिया था। मुझे ऐसा लगता है कि मेरे साथी मुझे धोखा दे रहे हैं तो मैं इतना पागल हो जाऊँगा कि आपने मुझे जिस मुलायम गद्दी पर बैठाया है और उसे मैं फेंक दूँगा और नोआखाली में मैंने जो प्रतिज्ञा की थी क्या मुझे यहाँ भी ऐसी ही प्रतिज्ञा करनी पड़ेगी? पहले भी बिहार में ही मैंने सुख–सुविधाओं का त्याग किया था। इसके लिए मैं बिहार का ऋणी हूँ क्योंकि जब मैंने बिहार बनाया, उस समय बिहार ने ही मुझे बनाया था।

पूरी सभा निस्तब्ध थी, सूई गिरने की आवाज़ भी सुनायी पड़ सकती थी। प्रार्थना का समय होने में कुछ ही समय बचा था, वे बाहर निकल गये और वहाँ बैठे लोग तो ऐसे बैठे थे जैसे प्राणहीन हो गये हों।

—अब कोई दलील नहीं, हम लोग बापू जी को इस तरह दुखी नहीं कर सकते, सही तो है कितने प्यार से हम लोग रह रहे थे, बहकावे में आकर गाँव को नर्क बना दिया, कहते–कहते भोला साह रोने लगा।

—अब कैसे भी हो, बापू जी को तो हम लोग नंगे पाँव नहीं चलने देंगे... वे जो कहेंगे हम लोग वही करेंगे, पीले कपड़े वाले नौजवान के चेहरे पर भी पीड़ा झलक रही थी।

उधर ख़ाँ साहब गाँधी से अनुरोध कर रहे थे—महात्मा जी, थोड़ी देर आराम कर लें, मैं आपके पैर दबा दूँ, पता नहीं यह सौभाग्य भी कब छिन जाये?

वे मौन ही रहे, सीमान्त गाँधी पैर दबाते रहे, मनु ने घड़ी की तरफ़ इशारा किया प्रार्थना का समय हो रहा है।

—तुमसे मेरा सौभाग्य देखा नहीं गया, इतनी जल्दी घड़ी दिखा दी—ख़ाँ साहब ने हँसते हुए जब मनु से कहा तो भी गाँधी मौन थे, मुस्कुराये तक नहीं, चुपचाप प्रार्थना–स्थल पर आ गये।

प्रार्थना–स्थल पर इतनी भीड़ कहाँ से आयी होगी? मसौढ़ी में इतने लोग हो ही नहीं सकते। जहाँ तक देखो नरमुंड ही नरमुंड, पटना से भी

अधिक भीड़ मनु ने रामधुन शुरू किया—ऐसा रामधुन, इतने ताल और लय के साथ शायद ही कहीं अन्य स्थान पर ग्रामवासियों ने गाया था।

गाँधी का प्रवचन आज बहुत ही छोटा था—मुझे ऐसा लगता है इस अपराध को मैंने ही किया है, चारों ओर बर्बादी ही बर्बादी। आप लोग मेरा जयघोष करते हैं तो दुख होता है। हाँ, जिन्होंने अपराध किया है अगर मेरे पास आकर स्वीकार कर लेंगे तो अवश्य ऊँचे उठेंगे। आपको मुसलमानों से प्रार्थना करनी चाहिए कि पुरानी बातों को भूल जायें और रक्षा—सुरक्षा का पूरा आश्वासन देकर वापस ले जाना चाहिए। उनके टूटे घरों की मरम्मत भी आप सब मिलकर स्वयं करें तभी प्रायश्चित्त होगा...।

प्रार्थना समाप्त हो गयी थी। मनु चप्पल पहन रही थी तभी फुसफुसाने की आवाज़ सुनायी पड़ी—'दीदी—दीदी'।

—क्या है?

—मुझे बापू जी से मिलना है, अपना अपराध उनके सामने स्वीकार करना है।

—मैं कोशिश करती हूँ, भीड़ बहुत है।

—कैसे भी हो, आज यदि मैंने अपना अपराध नहीं स्वीकारा तो पागल हो जाऊँगा, उसने हाथ जोड़ते हुए कहा।

कुछ क्षण बाद ही नवयुवक गाँधी के सामने था।

—मनु, सबसे पहले नवयुवक को पानी पिलाओ, तुम्हारा मुखमण्डल पीला क्यों पड़ रहा है?

—बापू जी, जब से आपको सुना है, एक क्षण भी चैन नहीं है... माथा लगता है फट जायेगा, कभी—कभी लगता है किसी बहुत भारी चट्टान के नीचे दबा जा रहा हूँ।

—क्या तुमने अपराध किया है?

—सारे कुकृत्य किये हैं, जो नहीं करने चाहिए थे। बापू जी, सरकार ने मुझे पकड़ने के लिए इनाम की घोषणा भी की है, बिहार की सी.आई.डी. और पुलिस मेरे आसपास तक नहीं पहुँच पायी, परन्तु अब इस बोझ को मैं सहन नहीं कर सकता कि दुष्कर्म करूँ मैं, और कष्ट उठाये महामानव...।

आख़िर बापू के प्रेम पाश में यह बन्ध ही गया—निर्मल बोस बंगाल जाने के लिए गाँधी से आज्ञा लेने आये थे। परन्तु यहाँ का दृश्य देखकर ठिठक गये। वे नोआखाली में गाँधी को प्रेम में बाँधते देख चुके थे,

इसी से आश्चर्यचकित तो नहीं थे, चुपचाप खड़े होकर इस प्रेमपाश लीला को देख रहे थे। गाँधी उसकी पीठ को सहला रहे थे–एक आदमी पागल हो जाये तो क्या दूसरे को भी पागल बनना चाहिए? मैं मानता हूँ कलकत्ते में और नोआखाली में मुसलमानों ने बहुत बुरा किया है परन्तु उसका बदला क्या निरपराधियों से लेना सही है?

अब वह अपने आप पर संयम नहीं रख पाया–पैरों में गिरकर फूट–फूटकर रोने लगा। निर्मल बसु, मनु गाँधी ही नहीं, ख़ान साहब भी रोने लगे।

गाँधी नम आँखों से मोटरगाड़ी पर बैठ रहे थे। कुछ लोग उनकी तरफ़ दौड़े आ रहे थे–बापू जी, हम लोग साईं ग्राम के हैं हमने अपने हृदय की सच्ची बात इस पत्र में उड़ेल दी है और वचन देते हैं प्राण दे देंगे परन्तु आपको नंगे पाँव चलने का पाप बिहार को नहीं उठाने देंगे।

गाँधी पत्र पढ़ रहे थे–आप हमारे लिए जो कष्ट उठा रहे हैं, उससे हम बहुत दुखी हैं। हम लोग अपने गाँव साईं में अब भाई–भाई की तरह रह रहे हैं और रहेंगे। आप आशीर्वाद दीजिए..।

–बापू एक पत्र यह भी है, मनु पढ़कर सुना रही थी–जब हमारे गाँव के पास दंगा हो रहा था हमने ग्राम शान्ति समिति बनायी थी। हम आज भी उस ध्येय के लिए काम कर रहे हैं...।

मनु पत्र पढ़ रही थी, गाड़ी गडमड करती धीरे–धीरे सड़क पर हिचकोले ले रही थी। सड़कों पर इतने बड़े–बड़े गड्ढे थे कि मोटरगाड़ी पर चलने से आराम की जगह थकावट होने की गुंजाइश अधिक थी। गाँधी थक रहे थे।

रात्रि में मनु शायद सो गयी थी। गाँधी ने आवाज़ दी मनु...। मनु अपनी नींद में ही दौड़ी–क्या हुआ बापू?

–पेंसिल कहाँ रखी हो?

–इतनी रात में पेंसिल? मुझे लगा शायद तबीयत ठीक नहीं लग रही, मनु की नींद टूट चुकी थी। पेंसिल शायद इधर–उधर रखा गयी थी, मिल ही नहीं रही थी, बहुत देर इधर–उधर खोजने के बाद मिली, कागज़ों के ढेर में दब गयी थी, मनु ख़ुश होकर दौड़ी–बापू, पेंसिल मिल गयी।

–ठीक है उसे वहीं रख दो, गाँधी अपने काम में व्यस्त थे।

पेंसिल मिलने पर मनु एक छोटी बच्ची की तरह यह सोचकर ख़ुश हो गयी थी–बापू, खूब शाबाशी देंगे परन्तु उन्हें तटस्थ देखकर चुपचाप सोने चली गयी।

सुबह–सुबह समाचार–पत्र की पहली ख़बर, जिस पर नज़र पड़ी, कल रात्रि में पचास व्यक्तियों ने हांसोटी थाने में जाकर आत्मसमर्पण करते हुए बताया–हम लोग बापू जी को दुखी करने का पाप नहीं कर सकते।

गाँधी के ज़ख्म पर मरहम लग रहा था, उनकी पीड़ा कम हो रही थी। तभी डॉ. महमूद के दरबान अकरम ने आकर बताया–सर, कुछ देर पहले आपने अपनी मोटर में जिस भाईजान को भेजा था, वे वापस लौट आये हैं, उनके साथ आज़ाद हिन्द फ़ौज के दोनों सैनिक भी लौट आये हैं।

–हे राम, वे सोच में पड़ गये। पुनर्वास की शुरुआत कैसे होगी? अली अपने गाँव लौटना तो चाहता था परन्तु वह बहुत भयभीत था। दंगे के बाद वह शरणार्थी कैम्प में ही रह रहा था। जाने के वक़्त रो रहा था तो मोटर के साथ आज़ाद हिन्द फ़ौज के सैनिकों को भी साथ कर दिया था ताकि वह निर्भीकतापूर्वक अपने वीर गाँव जा सके।

–बापू जी, रास्ते में वीर गाँव की पंचायत का एक हिन्दू सदस्य मिल गया। अली की बात काटते हुए सीमान्त गाँधी ने पूछा–फिर?

–फिर क्या? उसने मोटर रोककर पूछा–तुम रक्षकों को साथ लेकर क्यों जा रहे हो? मैंने बताया मुझे डर लगता है तब हिन्दू भाइयों ने मुझसे कहा–यह तो शर्म की बात होगी। गाँधी जी के आश्वासनों के बाद भी तुम्हें अपने साथ रक्षक दल ले जाने की ज़रूरत हो। मैं तुम्हें विश्वास दिलाता हूँ कि तुम्हारा बाल बाँका होने से पहले मैं अपनी जान दे दूँगा।

बापू जी, इसी से मैं वापस आपके पास लौट आया। अब मुझे रक्षकों की ज़रूरत नहीं, मैं अपने आपको बिल्कुल सुरक्षित समझ रहा हूँ। अली का चेहरा प्रसन्नता से दमक रहा था। उसके दमकते चेहरे को देखकर ख़ान साहब ने अपने दोनों हाथ उठा लिए परवरदिगार... इनायत बनाये रखना।

अली थोड़ी दूर जाकर लौट आया... बापू जी जब मैं आपके पास वापस आ रहा था तो यह पत्र मुझे अतरपुरा गाँव के मुस्लिम भाइयों ने आप तक पहुँचाने के लिए दिया था। अली चला गया... पर गाँधी को कौन–सा ख़ज़ाना देकर गया, उसे क्या पता।

गाँधी, ख़ान साहब को पत्र सुना रहे थे–'बापू जी, अतरपुरा गाँव के मुखिया ने हम लोगों का शानदार स्वागत करते हुए वचन दिया कि प्राण देकर भी आप लोगों की रक्षा करूँगा। हम लोग सब अपने–अपने घरों में

बहुत सुख से रह रहे हैं। यहाँ हम लोगों को पुलिस की कोई आवश्यकता नहीं है। आपने जो राशन भिजवाया था हिन्दू भाइयों ने यह कहकर उसे भी लौटा दिया कि आप लोग हमारे मेहमान हैं, आपके खिलाने–पिलाने से लेकर आपकी फ़सल काटने तक की ज़िम्मेवारी हमारी।

बापू जी, आपको यह लिखते हमें ख़ुशी हो रही है कि हमारी मूली तक किसी ने उखाड़ कर नहीं खायी थी, सभी सामान सुरक्षित हैं।

इतनी ख़ुशी एक साथ–ख़ान साहब डर गये–महात्मा जी आपको ऐसा लगता है कि मुस्लिम लीग इस सौहार्दपूर्ण माहौल को बिगाड़ने के लिए कोई प्रयास नहीं करेगी?

–पुनर्वास के मार्ग में बाधक बनना तो मुस्लिम लीग नहीं छोड़ सकती, जहाँ तक मैं समझ रहा हूँ।

–महात्मा जी, मुस्लिम लीग के साथ–साथ खाकसार भी उसमें बाधा पहुँचाने की कोशिश करेंगे। सही पूछिए तो खाकसारों का यह अर्धसैनिक सगठन हिटलर के नाज़ी तूफ़ानी दल से मिलता–जुलता है, बस अब अल्लाह ही रहम करे, इस सुन्दर दृश्य को हमेशा बरकरार रखें।

प्रातःकालीन अख़बार गाँधी के हाथों से छूटकर गिर गया, उन्हें अपनी आँखों पर विश्वास नहीं हो रहा था। उनके पैरों तले की ज़मीन अचानक खिसक–सी गयी, 'कांग्रेस ने पंजाब विभाजन के लिए अपना प्रस्ताव रखा है।' इस पंक्ति पर उन्हें यक़ीन नहीं हो रहा था।

गाँधी सरदार को पत्र लिखने बैठ गये मैं इस प्रस्ताव को समझ नहीं सका।

–महात्मा जी, सीमाप्रान्त में दंगे भड़क उठे हैं। दस हज़ार लाल कुर्तीवाले खिदमतगारों की टीम मौक़े पर पहुँच गयी है, परन्तु स्थिति भयावह होती जा रही है। कई जगहों पर ग़ैर–मुस्लिम आबादी की हत्या की जा रही है, ज़बर्दस्ती धर्मपरिवर्तन की भी वारदातें हो रही है। मुख्यमन्त्री डॉ. ख़ान के ख़िलाफ़ भी मुस्लिम लीग का षड्यन्त्र रचना बदस्तूर जारी है–ख़ान साहब एक साँस में अपनी बात कह गये।

गाँधी ने अपने हाथ का पत्र ख़ान साहब को बढ़ा दिया। अभी–अभी सरदार का पत्र आया है–'बादशाह ख़ान बिहार चले गये हैं, जहाँ कोई घटना नहीं हो रही है, परन्तु वे जैसा ठीक समझें वैसा करेंगे। डॉ. ख़ान साहब भले आदमी हैं और आफ़त में फँस गये हैं। लीग ज़हरीला प्रचार कर रही है, परन्तु उन्हें सख़्त कार्रवाई करने में डर लगता है।

–सरदार सही कह रहे हैं, महात्मा जी बिहार की स्थिति तो अब काफ़ी सुधर गयी है, मुझे सीमान्त जाना चाहिए, थके क़दमों से ख़ान साहब कमरे से बाहर निकल गये।

उन्होंने गिरे हुए अख़बार को उठाया–पंजाब के मुख्यमन्त्री मलिक ख़िजरहयात ख़ाँ ने मुस्लिम लीग के दबाव में आने से इनकार कर दिया। लाहौर नेशनल गार्ड और राष्ट्रीय स्वयंसेवक संघ को ग़ैर–क़ानूनी संस्थाएँ घोषित कर दिया है। राष्ट्रीय स्वयंसेवक संघ ने इस आज्ञा को मानकर उस केन्द्र की तलाशी लेने और उसको ताला लगाने दिया। परन्तु मुस्लिम नेशनल गार्डों ने पुलिस को अपने मकान में घुसने नहीं दिया। लियाकत अली ख़ाँ ने घोषणा की है मुस्लिम नेशनल गार्ड्स मुस्लिम लीग का एक अविभाज्य अंग है, इसलिए उन पर किया गया हमला लीग पर हमला है।

गाँधी ने अख़बार को एक किनारे रख दिया। उन्हें जहानाबाद निकलना था। तभी मृदुला साराभाई ने उनके हाथ में लिफ़ाफ़ा देते हुए कहा–राँची में अब स्थिति सामान्य है। अभी वहीं से सीधे आपके पास आ रही हूँ।

–दिल्ली से तार और पत्र दोनों आये है।

–नये वाइसराय माउंटबेटन को पत्र का जवाब लिख दो–इस समय बिहार से निकलने में कठिनाई है। अभी तो बिहार के एक अशान्त प्रदेश के लिए रवाना हो रहा हूँ। मैं अट्ठाईस मार्च को बिहार के इस तीसरे दौरे से लौटूँगा और तीस मार्च को आपके ममतापूर्ण निमन्त्रण पर दिल्ली आ सकता हूँ।

–मैं आपकी सेवा में अपना निजी यार्क विमान भेज रहा हूँ, लार्ड माउंटबेटन का तार आया।

–धन्यवाद मैं रेलगाड़ी से ही आऊँगा, गाँधी ने जवाब भेज दिया।

–तो फिर विशेष रेलगाड़ी भिजवाता हूँ, लार्ड माउंटबेटन ने दूसरा प्रस्ताव भेजा।

–हमेशा की तरह आम मुसाफ़िर गाड़ी का तृतीय डिब्बा ही हमारे लिए काफ़ी है, मैं इस तरह की किसी भी तरह की सुविधा स्वीकार करने में असमर्थ हूँ।

माउंटबेटन बहुत देर तक पत्र को पकड़े रहे–इस अनोखे व्यक्ति के बारे में जितना सुना था लगता है, सब सही ही है।

17

आज लगभग छह महीने बाद फिर इस वाल्मीकि मन्दिर के छोटे–से सीधे सादे कमरे की चहल–पहल इतनी बढ़ गयी थी कि तीर्थयात्रियों सी जमघट लगी हुई थी। कमरे में यदि गाँधी नहीं दिखायी पड़ते तो श्रद्धालुओं में असन्तोष का सवाल ही नहीं था, उनके बैठने की चटाई के आगे प्रणाम करके आत्मसन्तोष पा लेने वालों की कमी नहीं थी।

लेकिन सुखबिन्दर कौर और फौजिया बेगम, थीं दोनों ही वृद्धा, लेकिन चटाई को प्रणाम करके जाने वाली श्रद्धालुओं में नहीं थीं। वहीं पर जम गयीं। आँखों के आँसू पोंछते हुए बतिया रही थीं–हमें तो उनके पैर छूने हैं। अपने बच्चों को बिना महात्मा जी का आशीर्वाद दिलवाये हम जाने वाले नहीं हैं।

दरअसल सुखबिन्दर कौर लाहौर से आयी थी और फौजिया बेगम भी सुखबिन्दर कौर के साथ ही लाहौर से भारत आ गयी थी। दोनों पड़ोसिनें थी और बहनापा ऐसा कि सगी बहनों में भी नहीं रहती। उनके पतियों में भी ऐसी ही यारी थी–वे सगे भाई जैसे मिठास रिश्तों को खुशबूदार बना देते थे। पर काल पर किसकी चली है? सुखबिन्दर के पति गये तो फौजिया के पति को जैसे धरती रास न आयी, कौन जन्नत गया और कौन स्वर्ग? यह तो नहीं पता, पर इस धरती पर इन दोनों ने एक दूसरे को सँभाल लिया। फौजिया बेगम को औलाद नहीं थी, सुखबिन्दर कौर को एक बेटा था। दोनों ने मिलकर उसे पाला था, दोनो माँओं के बीच पला उसका बेटा–बहू उपद्रव के दिनों में घर से किसी काम से बाहर गया था। जब लौटकर नहीं आया तो सुखबिन्दर ही नहीं फौजिया की भी आत्मा कल्पने लगी–अब क्या पता वे लोग कहीं फँसे हैं या दिल्ली की ट्रेन में चढ गये...? अब दोनों बच्चों का क्या करें? पता नहीं कब क्या हो जाये अब? जब सिर्फ़ मनुष्य का खोल ही बच गया है बाकि़ तो शैतान ही बन गया है, तो कौन ख़याल करेगा बुढ़िया की उम्र का, या बच्चों की उम्र का। सात साल का गोलू और चार वर्ष की गुड़िया...। सुखबिन्दर कौर ने गोलू को और फौजिया बेगम गुड़िया को कलेजे से चिपकाये–चिपकाये दिल्ली के निराश्रित कैम्प में ही आकर साँस ली।

–फौजिया बेगम आपके अन्य रिश्तेदार तो होंगे? मनु आश्चर्यचकित थी।

–रिश्तेदारों की कमी नहीं थी, पर सुखबिन्दर कौर और मैं पिछले पचास साल से एक दिन भी एक–दूसरे से अलग नहीं हुए हैं, साँझ का चूल्हा तो कभी भी दोनों घर का जला ही नहीं, गुड़िया और गोलू को पता भी नहीं कि कौन उसकी सगी दादी है कौन पड़ोसन दादी–फौजिया बेगम बता रही थी कि गाँधी आकर चटाई पर बैठ गये।

–आप दोनों हिन्दू–मुस्लिम एकता के आदर्श का मूर्तिमन्त रूप हो। आप दोनों को देखकर मेरी आशा बढ़ रही है–आप जैसे लोगों के प्रेम की एकता को सिद्ध करने के लिए अपने प्राणों की बाज़ी लगाये घूम रहा हूँ।

सुखबिन्दर कौर और फौजिया बेगम–अलौकिक प्रेम की दुनिया की दीवानी–माथा टेककर गाँधी का हाथ पकड़कर अपने बच्चों के सिर पर रखवाकर रो रही थीं।

तभी रावलपिण्डी से निराश्रितों की एक मण्डली ने अन्दर प्रवेश किया। छिपते–छिपाते कई सौ में सिर्फ़ सोलह बचकर आ पाये थे। वे दुख–क्षोभ–आक्रोश से भरे हुए थे–हे अहिंसा के अवतार, अब आप ही बतायें कि हम कैसे ज़िन्दा रहें? लोगों से आप कहते हो हथियार छोड़ो, मुसलमान हिन्दुओं को देखते ही मार रहे हैं क्या हम भेड़ों की तरह क़त्ल हो जायें?

–अहिंसा के साथ आप विरोध कर सकते हों तो कीजिए किन्तु यदि बहादुरों की अहिंसा आप में न हो, तो हर तरह से लड़ते हुए मर जाइए, परन्तु कायर न बनिए।

प्रार्थना का समय हो चुका था। प्रार्थना में कुरान की आयतें प्रारम्भ हुईं।

–यह हिन्दू मन्दिर है, यहाँ मुस्लिमों की प्रार्थना की आयतें हिन्दू महासभा नहीं करने दे सकती–नौजवान ग़ुस्से में था।

–जब तक एक भी व्यक्ति आपत्ति करता है, जब तक मैं प्रार्थना आगे नहीं बढ़ाऊँगा। मैं विरोधी अल्पमत को पूरी स्वतन्त्रता देना चाहता हूँ। कृपया इस नौजवान के साथ कोई ज़बर्दस्ती न करे।

–बापू जी इससे ऐसे बिगड़े नवयुवकों का मन बढ़ेगा, भीड़ से आवाज़ आयी। युवक जा चुका था।

–यह युवक ग़ुस्से में था। ग़ुस्सा थोड़े समय का पागलपन है किन्तु हमारा आपका काम पागलपन का जवाब सयानेपन से देने का है।

आज चौथा दिन था, पिछले तीन दिनों से किसी–न–किसी एक व्यक्ति की प्रार्थना सभा में आपत्ति हो रही थी।

—सिर्फ़ एक व्यक्ति के विरोध का इतना महत्त्व क्यों? भीड़ क्षुब्ध हो रही थी।

—यदि भारी बहुमत प्रार्थना में बाधा पहुँचाने की धमकी देता तो मैं अवश्य उनके रोष का सामना करके प्रार्थना करता। परन्तु आपत्ति करने वाले इक्के—दुक्के लोग ही हैं। मैं अधिक संख्या के बल पर उन्हें दबाकर प्रार्थना करूँ तो यह भक्ति की नहीं शैतान की विजय होगी। प्रार्थना का लक्ष्य मनुष्यों के हृदयों में शान्ति की स्थापना करना है न कि अल्पमत को दबाना या उसे कुचल देना।

गाँधी ने अन्तिम बार फिर पूछा अभी भी किसी को आपत्ति है?

—मुझे है—एक नवयुवक ने अपना हाथ उठाया।

आज हिन्दू महासभा के सचिव मूलचन्द जी आर्य से नहीं रहा गया। वे आपे से बाहर हो गये। वे क्रोध में काँपते हुए बोल रहे थे—महात्मा जी ने निश्चय किया है कि एक बच्चे का भी विरोध होता है तो वे प्रार्थना नहीं करेंगे। परन्तु यह चीज़ हमें शोभा नहीं देती। मैं कहता हूँ महात्मा जी महान पुरुष हैं। हमारे देश में क्या दुनिया में आज इनके जैसा महान कोई दूसरा व्यक्तित्त्व नहीं। इसे तो सभी एक स्वर में मानते हैं, हम सभी मानते हैं। हमारे धन्य भाग्य हैं कि महात्मा जी जैसे सन्त पुरुष हमारे यहाँ आये हैं।

बहुत देर तक तालियों की गड़गड़ाहट गूँजती रही। गाँधी ने रोका—

—अभी ताली बजाने का समय नहीं है, यदि किसी को आपत्ति नहीं है तो प्रार्थना शुरू करें।

रघुपति राघव की धुन हवा में गूँज रही थी।

वाइसराय ने पहले नहीं सोचा था इस भंगी बस्ती में आने के बारे में... पर मन में कोई था जो उन्हें बार—बार यहाँ आने को विवश कर रहा था।

—वाइसराय... साहब... आइए बापू इस तरफ़ हैं। मनु स्वागत की मुद्रा में थी।

—तुम्हें पता है मनु, मेरी पुत्री हमेशा तुम्हारे बारे में बातें करती है। मि. गाँधी के साथ तुम्हारी तस्वीर देखकर उसे ईर्ष्या होती है कि तुम कितनी भाग्यशाली हो कि इतने महान व्यक्तित्त्व के साथ रहने का मौक़ा ईश्वर ने तुम्हें दिया है।

मनु के चेहरे की चमक बढनी स्वाभाविक थी तभी गाँधी ने आवाज़ दी—मनु वह छोटी वाली पेंसिल देना तो...।

आज उसे बहुत सँभालकर रखा था, खोजने में मिनट की भी देरी नहीं हुई।

—जानती हो न हमारा देश कितना ग़रीब है... एक पैसे की बर्बादी से भी राष्ट्र का अहित होता है, कहते हुए वे कमरे से बाहर निकल गये। वाइसराय उनके सामने थे। छह फ़ुट दो इंच लम्बे माउंटबेटन और छोटे क़द के गाँधी में कोई समानता ही नहीं थी। माउंटबेटन कठोर थे, प्रसिद्धि, तड़क–भड़क और खेल के ज़बर्दस्त शौक़ीन, तो दूसरी ओर गाँधी इन बातों से कोसों दूर...। माउंटडबेटन को तीन सौ चालीस कमरों का वाइसराय महल रास आता था तो गाँधी को भंगी बस्ती का यह छोटा–सा सीधा–सादा कमरा।

लेकिन बात तो करनी थी। वाइसराय ने शुरू की—ब्रिटिश नीति सदा यह रही है कि ताक़त के सामने कभी न झुका जाये। किन्तु आपकी अहिंसा जीत गयी। हमने निर्णय कर लिया है कि भारत के अहिंसक संग्राम के परिणामस्वरूप हम भारत छोड़कर चले जायें।

—मैं तो कहता हूँ जिन्ना को मन्त्रिमण्डल बनाने का अधिकार दे दिया जाये, वे जैसे चाहें मन्त्रिमण्डल बनायें, कांग्रेस उदारता और सच्चाई के साथ तब तक सहयोग देगी, जब तक समग्र भारतीयों का हित हो।

माउंटबेटन को यह प्रस्ताव आकर्षक लगा—उन्होंने अपने प्रधान अधिकारी से बात की किन्तु अधिकारियों ने मना कर दिया—महात्मा के साथ किसी तरह की सन्धिवार्ता में न फँसकर केवल उनका परामर्श सुनना चाहिए। गाँधी–इर्विन समझौता जो महात्मा के साथ हुआ वह पहले दर्जे की राजनीतिक भूल थी।

—वाइसराय सर, ऐसी किसी योजना का सरदार विरोध करेंगे, किन्तु पण्डित नेहरू महात्मा के असर में आ जा सकते हैं। अधिकारियों ने गोपनीय ढंग से अपनी बात कही।

—गाँधी कांग्रेस पर इस बात के लिए असर डालें उससे पहले नेहरू को यह स्पष्ट कर देना चाहिए कि माउंटबेटन ने गाँधी की योजना को स्वीकार नहीं किया है।

सारी आशा धूमिल होती प्रतीत हो रही थी, दिल्ली में अब काम भी क्या रह गया था? बस एक एशियाई सम्मेलन बच गया था उसमें ख़ास कर शामिल होने के लिए दिल्ली आने से जवाहर लाल को इनकार ही कर दिया था—परन्तु माउंटबेटन का निमन्त्रण पर आने का लाभ एशियाई

सम्मेलन को भी संयोग से हो गया। जवाहर लाल की हार्दिक इच्छा ईश्वर ने पूरी कर दी थी। एशियाई सम्मेलन में जब गाँधी को साथ लेकर नेहरू सम्मेलन के पण्डाल में प्रवेश कर रहे थे दस हज़ार प्रतिनिधि और दर्शक स्वागत में उठकर खड़े होकर बहुत देर तक तालियाँ बजाते रहे थे।

गाँधी को सुनने के लिए समस्त एशिया आतुर था–

–भारत अहिंसा का प्रतिनिधित्व करने वाला देश अवश्य बनकर उभरेगा। मेरे उत्तराधिकारी पं जवाहर लाल नेहरू और उनके साथियों से आप मिले ही हैं और आपको यह महसूस भी हुआ होगा। मेरा विश्वास है कोई–न–कोई दिन ऐसा ज़रूर आयेगा जब जगत शान्ति की ख़ोज करता हुआ भारत आयेगा और भारत एशिया और विश्व की ज्योति बनेगा। इसलिए मैं आप सबसे कहता हूँ कि हमारा जवाहर जिसका अर्थ रत्न होता है, ऐसा ही निकलेगा और वह केवल भारत ही नहीं परन्तु यदि आप सब यहाँ अलग–अलग देशों से मैत्री पैदा करने आये हैं तो सारे एशिया का रत्न बन जायेगा।

–बापू.... इतना... अधिक... स्नेह में... जवाहर लाल बुदबुदा रहे थे, अपनी प्रशंसा सुनकर उनकी गर्दन झुक रही थी।

वाल्मीकि बस्ती का छोटा–सा आश्रम विदेशी प्रतिनिधियों से खचाखच भरा हुआ था।

–महात्मा जी, भगवान बुद्ध की मूर्तियाँ, ये गलीचा और रेशम के कपड़े हम लोग तिब्बत से आपके लिए लेकर आये हैं, कृपया स्वीकार करें। तिब्बती प्रतिनिधियों को देखकर छोटी–छोटी जापानी लड़कियाँ मायूस हो रही थीं–हमें भी कुछ भेंट करना है, पर क्या करूँ हमारे पास तो कुछ भी नहीं है। है न, यह रुमाल, अपने रुमाल को बटुआ बना लेती हूँ एक छोटी–सी जापानी गुड़िया ने चहकते हुए कहा।

–मैं इस बटुआ का क्या करूँ? मेरे पास तो इसमें रखने के लिए एक पाई भी नहीं है, गाँधी ने मुस्कुराते हुए कहा।

–हमारे पास है न; जिनके पास जो कुछ था मिला–जुलाकर सौ रुपये जमा कर लिया और बटुए में रखकर भेंट करते समय निजग गर्व से भरी हुई बच्चियाँ बहुत ही प्यारी लग रही थीं।

–बापू जी हम लोग हाथों से काती धोती आपके लिए भेंट लाये हैं–चीनी बच्चे भी पीछे नहीं थे।

—बापू जी, यह छोटा—सा संदूक और चरखा आपके लिए—बर्मी भी बहुत ख़ुश थे और उनकी ख़ुशी तब चौगुनी हो गयी जब गाँधी उनके दिये चरखे से कातने लगे। छोटी—सी बच्ची आश्चर्यचकित होकर काँपते स्वर में कह रही थी—हमारे चरखे से राष्ट्रपिता कात रहे हैं।

अब बड़े लोगों की बारी थी जिनके मन में भी ढेरों सवाल उठ रहे थे—भारतीय स्वाधीनता प्राप्ति के लिए आप अमरीकी सहायता का स्वागत करेंगे?

—स्वाधीनता प्राप्ति के लिए विदेशी सहायता लेने का मैं कभी विचार नहीं कर सकता—गाँधी का दो टूक उत्तर था।

—भारत की आर्थिक नीति क्या होगी—दूसरा प्रश्न भी तैयार था।

—मुझे आशा है कि हम दूसरों का शोषण करके कभी धनी बनना नहीं चाहेंगे, क्योंकि हम इस अनुभव से गुज़र चुके हैं, बातों का दौर जितना बढ़ रहा था, आगन्तुक की हतप्रभता बढ़ती जा रही थी।

—आपसे मिलकर हम धन्य हो गये। न्यू टेस्टामेंट के गिरि प्रवचन में जो मार्ग बतलाया गया है, उसे पृष्ठों से निकालकर आपने अपने जीवन में उतारकर हम लोगों को देखने का सौभाग्य दिया है—एक ने कहा तो पीछे वाले से भी नहीं रहा गया।

—आज तक ऐसा व्यक्ति हमने कभी नहीं देखा

गाँधी उठ गये, आज चार्ल्स एंड्रयूज की पुण्य तिथि थी।

आगन्तुक की आपस की बातें मनु सुन रही थी—हमें गाँधी जी से मिलने का सौभाग्य न मिलता तो हमारी भारत की यात्रा अधूरी ही रह जाती। मनु को मुस्कुराते देख विदेशी महिला ने कहा—ऐसा नेता पाकर आप लोग धन्य हो गये, अगर हमें ऐसा नायक मिल जाता तो हमें किसी को मारना न पड़ता।

मनु मुस्कुराकर रह गयी, उसने कुछ भी नहीं कहा। वह क्या बताती कि उनके ही कुछ देशबन्धुओं ने अपना विवेक खो दिया है।

गाँधी पटना जाने की तैयारी कर रहे थे दिल्ली को सँभालने के लिए बहुत लोग थे—बापू, प्लीज़ दो दिन और रुक जाइए जवाहर लाल ने आग्रह किया।

गाँधी को मौन सहमति जताते देख सरदार ने हँसते हुए कहा—बापू मेरे लिए भी दो दिन। पहली बार वे दोनों में से किसी के आग्रह को मना नहीं कर पाये।

ख़्वाजा साहब की आँखें भरी हुई थीं, अलीगढ़ विश्वविद्यालय के ट्रस्टी और राष्ट्रीय मुस्लिम कमिटी के अध्यक्ष, इसके पहले कभी भी इतने नहीं

टूटे थे। भरी आँखों से उन्होंने कहा—बुढ़ापे में बापू जी अब हमें हिन्दुस्तान से बाहर धकेलने जा रहे हैं। जब भारत का विभाजन हो जायेगा, तब मैं आपकी शरण में आ जाऊँगा। आप हिन्दुओं को मेरी हत्या नहीं करने देंगे।

वे क्या बताते? आज भी उन्हें ऐसे पत्र मिले हैं जिनमें एक पर लिखा है—मुहम्मद गाँधी, दूसरे पर जिन्ना का गुलाम...।

प्रार्थना सभा में गाँधी अपने मन की वेदना उडेल रहे थे—मेरा सत्य के उस सन्देश में विश्वास है, जो संसार के समस्त धर्म गुरुओं ने दिया है। मैं निरन्तर ईश्वर से यह प्रार्थना करता हूँ कि अपने निन्दकों के प्रति भी मेरे मन में कभी क्रोध का भाव न आये और यदि मैं किसी हत्यारे की गोली का भी शिकार बन जाऊँ तो भी मैं राम का नाम जपते—जपते अपने प्राण त्यागूँ। यदि अन्तिम क्षण में भी मेरे आक्रमणकारियों के प्रति क्रोध का शब्द या अपशब्द मेरे मुँह से निकल जाये तो इतिहास में दम्भी माने जाने से मुझे सन्तोष होगा। संसार आज ऐसे ढोंगियों से भरा है। मेरी मृत्यु से ही इस बात का निश्चय होगा कि मैं मुहम्मद गाँधी हूँ, जिन्ना का गुलाम हूँ, हिन्दू धर्म का विनाशक हूँ या उसका सच्चा सेवक और रक्षक हूँ।

हमें प्रतिशोध या बदले की दृष्टि से सोचना बन्द कर देना चाहिए। केवल सर्वशक्तिमान ईश्वर ही प्रतिशोध और बदला ले सकता है। हमें ईश्वर को इनकार करके उसका स्थान हड़पना नहीं चाहिए।

प्रार्थना—स्थल में देश ही नहीं विदेश की भी महिलाएँ आज बड़ी आतुरता से गाँधी का इन्तज़ार कर रही थीं।

—आपने स्त्रियों को घर से बाहर निकाला, इसके लिए भी कट्टरवादी तत्त्व आपको हिन्दू धर्म विनाशक मानते हैं ? एक विदेशी महिला पूछ रही थी।

—मेरा मानना है कि यदि स्त्रियाँ अपने संकुचित दृष्टिकोण को छोड़ दें, अपने छोटे—से परिवार को ही अपना विश्व न बना लें तथा सामाजिक ज़िम्मेदारियों के व्यापक सन्दर्भ में उस शक्ति को अनुभव कर लें जो जाग्रत रहकर पालन की जाने वाली अहिंसा में होती है तो वे पृथ्वी पर शान्ति का राज्य स्थापित करने का साधन बन जायेंगी।

—महात्मा जी—मैं नील, अमरीकन हूँ आप हमारे देश में क्यों नहीं आते? अमरीकी आपको सुनना चाहते हैं ख़ासकर अमरीकी स्त्रियाँ।

—जब मेरा अपना घर जल रहा हो तो मैं वहाँ कैसे जा सकता हूँ? लेकिन यदि आप यहाँ, अपनी अहिंसा से भारत में फैल रहे दावानल को रोक दें तो भारत आज़ादी के बाद... मैं बड़ी ख़ुशी से आपके देश जा सकता हूँ।

अभी तो अमरीकी स्त्रियों के लिए मेरा यही सन्देश है—यह सिद्ध करना अमरीकी स्त्रियों का काम है कि संसार में स्त्रियाँ कितनी बड़ी शक्ति हो सकती हैं। परन्तु यह तभी सम्भव है जब आप फ़ुरसत के समय पुरुषों का खिलौना न रहें। आपको स्वतन्त्रता मिली हुई है। आप उसे झूठे विज्ञापन की बाढ़ में बहने से इनकार कर दें।

पुरुषों की नक़ल कर न आप पुरुष बन सकती हैं और न अपने सच्चे स्वरूप के अनुसार काम करके अपनी ईश्वर प्रदत्त प्रतिभा का विकास कर सकती हैं। ईश्वर ने स्त्री को अहिंसा की शक्ति पुरुषों से अधिक दी है, यदि स्त्रियाँ इसे पहचान लें तो विश्व में बदलाव आ सकता है।

नील कुछ देर तक उन्हें एकटक निहारती रही, थोड़ा रुककर कहा—महात्मा जी यदि दुनिया में कोई एक पुरुष ऐसा है जो स्त्री जाति के उद्धार का मार्ग बता सकता है तो वह आप हैं।

18

गाँधी बिछावन पर थे, बस अब सोने ही वाले थे, सामने से ख़ान साहब को आते देख बैठ गये—ख़ान साहब आप क्यों उठ गये? आपको तो बुख़ार है न?

—बापू, आज आपके पैर नहीं दबा पाया था।

—कैसी बातें कर रहे हैं? अभी भी आपको काफ़ी तेज़ बुख़ार है।

—बापू, कल आप कहाँ होंगे और मैं कहाँ, क्या पता आपके पैर दबाने से ठीक हो जाऊँ?

गाँधी ख़ान साहब को देखते रह गये और इतना लम्बा—चौड़ा मर्द आँसुओं से तरबतर हो रहा था, बड़ी मुश्किल से सोने को तैयार हुए।

चार दिन बीतने में कितना समय लगता है और जब व्यस्तता इतनी हो तो समय बीतता कहाँ है, उड़ जाता है... गाँधी बिहार जाने के लिए फिर से तैयार थे। दुख—दर्द सुनाने वालों का ताँता सब दिन लगा रहा है, लेकिन आजकल तो यह सिलसिला तेल धारा की तरह, कभी टूट ही नहीं रहा। उस पर से स्त्रियों की करुण कहानी जिनका आधा से अधिक दर्द केवल गाँधी के सुन लेने से छू मन्तर हो जाता।

ढाई बजे रहे होंगे, अप्रैल माह का मध्याह्न। दिल्ली में गर्मी पड़ना शुरू हो चुकी थी, और आज पछिया हवा बदन को एकदम टाट की

तरह सुखा रही थी फिर भी नीलम देवी आयीं ही, गाँधी से एपॉइंटमेंट लिया था।

—क्या बात है? गाँधी ने ही बात शुरू की।

—महात्मा जी, मेरे पति शहर के बहुत ही प्रतिष्ठित वकील हैं और शहर में उनका ख़ासा असर है। मैं बहुत कम पढ़ी–लिखी साधारण स्त्री हूँ। वे किसी और स्त्री के प्रेम में पड़ गये हैं, जिसकी जानकारी मुझे पहले नहीं थी। उन्होंने कब और कैसे मुझसे तलाक के कागज़ात पर हस्ताक्षर करा लिया, मुझे पता तक नहीं चला। उन्होंने उस स्त्री से दूसरी शादी भी कर ली। और अब वे कहते हैं कि इस तरह जो स्त्री आसानी से फुसलाई जा सकती हो वह किसी के भी भुलावे में आ सकती है, ऐसी स्त्री को पत्नी के रूप में रखकर क्या करूँ? इसीलिए आपके पास आयी हूँ अब मैं क्या करूँ?

—सेवा कार्य में लग जाओ या दूसरा विवाह करो। एक बात समझ लो तुम्हारा पति भी अज्ञानी है, उसकी पढ़ाई शोभा नहीं देती। और एक बात स्त्रियों के लिए, हमारे समाज में पति के भुलावे में आना वे अपना गौरव समझती हैं।

मुलाक़ात का समय समाप्त हो चुका था और उस देवी के चेहरे का शोक भी। ऐसी कोई बड़ी बात तो कही नहीं गयी थी, बस इतनी–सी बात थी कि जो बात कही गयी थी, हृदय से निकली थी। तभी तो वह पीड़ा से मुक्त होने का आनन्द उठा रही थी।

स्टेशन जाने के लिए निकलने के समय मुलाक़ातियों और प्रेस रिपोर्टरों के आने का सिलसिला अन्तहीन होता जा रहा था।

—अंग्रेज़ी हुकूमत को कोई सन्देश आप दिल्ली छोड़ने के पहले देना चाहते हैं?

—अंग्रेज़ी हुकूमत तक यदि मेरी आवाज़ पहुँच रही है तो मैं कहना चाहता हूँ कि अब आप चले जाइए ।

—क्या दंगे में अंग्रेज़ों का भी योगदान है?

—ऐसी बातें सुनने में आ रही हैं कि दंगों में अंग्रेज़ों का हाथ भी है। मैं नहीं जानता सत्य क्या है? पर इतिहास माफ़ नहीं करेगा।

—क्या यह सही है कि आप दिल्ली के नेताओं से ख़फ़ा हैं ? पत्रकार टोह ले रहे थे। जवाहर लाल, सरदार अपने सहयोगियों के साथ उसी समय प्रवेश कर रहे थे।

—आप लोग भी ऐसी बातें कहाँ से बना लेते हैं? सिर्फ़ अपने अख़बारों की बिक्री के लिए हमारे मतभेद और झगड़े तक की बात छाप देते हैं? मैं बिहार जा रहा हूँ क्योंकि मेरा कर्तव्य अभी वहाँ जाने का है।

—आप मीडिया वाले इतना जान लें मैं जहाँ रहूँगा वहाँ आपका ही काम करूँगा। पंजाब का काम भी वहीं बैठकर करूँगा और जब कृपलानी, सरदार, नेहरू या वाइसराय बुलायेंगे तब उपस्थिति हो जाऊँगा। मैं उनका क़ैदी हूँ। सरदार और जवाहर लाल की दन्तपंक्तियाँ चमक उठीं।

ख़ान साहब मनु को अपनी छाती से छिपकाये थे—हमेशा बापू के साथ रहना।

ख़ान साहब जब गाँधी के चरण स्पर्श कर रहे थे तो ऐसा लग रहा था जैसे दो पवित्र आत्माएँ मिलकर उस काली बदली के बीच बिजली की चमक पैदा कर रही हों, जिससे सबकी आँखें चौंधिया रही थीं।

पटना में कर्नल शाहनवाज़ चरखा कात रहे थे। मन में पुरानी यादें तरंगें मार रही थीं जब आज़ाद हिन्द फ़ौज में बन्दूक़ें थामे मरने और मारने पर आमादा थे। आँखों के सामने वह दृश्य आज भी चलचित्र की भाँति मनमस्तिष्क को झंकृत कर रहा था—यदि मैं नहीं रहा तुम सब देश लौट जाना, राष्ट्रपिता के बताये हुए अहिंसा के मार्ग पर चलना। कर्नल की आँखें भीग गयीं, हमेशा भीग जाती हैं लेकिन आज आँसू भरी आँखों के बीच मुस्कान भी थिरक रही थी, हाथ बन्दूक़ की जगह चरखा जो चला रहा था।

गर्मी पटना में भी कम नहीं थी। दिल्ली से थोड़ी कम अवश्य थी। अब नये सिरे से काम प्रारम्भ करने के लिए गाँधी के पास समयाभाव तो था ही, नोआखाली भी तो जाना था। मौसम की गर्मी को झेलना आसान है पर मानव निर्मित आग की गर्मी को झेलना बेहद कठिन। लेकिन जिसे न सफलता का लोभ हो और न असफलता का डर, उसके सम्मुख कैसी भी आग क्यों न हो उसे कार्य करते जाना है।

—हम भी मारकाट की निन्दा करते हैं लीगी नेता मौलवी वली ख़ाँ ने गाँधी के साथ–साथ अन्दर प्रवेश करते वक़्त अपनी बात पर ज़ोर डालते हुए कहा।

—तब आपको मुस्लिम लीग की तरफ़ से इस आशय का एक वक्तव्य निकालना चाहिए और जिन्ना साहब को भी पूरे भारत में होनेवाली मारकाट की निन्दा करनी चाहिए।

—लेकिन महात्मा जी हिन्दुओं ने जो अन्याय किये हैं, उसकी निन्दा भी तो होनी चाहिए। कहते वक़्त जमीयत उल–उलेमा के मौलवी साहब की दाढ़ी हिल रही थी।

—उसकी निन्दा तो सभी लोग कर रहे हैं जवाहर लाल, सरदार, कृपलानी, श्रीकृष्ण सिंह और मैं, सभी पुरज़ोर निन्दा कर रहे हैं।

—आपको उन अन्यायों की चिन्ता नहीं करनी चाहिए जो हिन्दुओं ने किये हैं, बल्कि आपके सहधर्मियों ने जो हिन्दुओं के प्रति अन्याय किया है उनकी चिन्ता होनी चाहिए। आपको मुसलमानों द्वारा किये हुए अत्याचारों की निन्दा करनी चाहिए। हिन्दुओं के बीच जाकर आप केवल मौखिक वचनों द्वारा नहीं, किन्तु उचित कार्य द्वारा उनका डर दूर कीजिए। उनको इस्लाम के उत्तम स्वरूप के दर्शन कराइए। अगर राष्ट्रवादी मुसलमान यह काम करेंगे तो वे भारतीय मुसलमानों की ही सेवा करेंगे, इस्लाम की प्रतिष्ठा बढ़ायेंगे और ईश्वर उनको अपने उत्कृष्ट आशीर्वाद देगा।

थोड़ी देर रुककर उन्होंने पूछा–

—अब बताइए आप में से कितने इस मिशन को हाथ में लेने के लिए तैयार हैं?

कुछ देर के लिए निस्तब्ध नीरवता छायी रही। थोड़ी देर बाद मौलवी ने कहा—हमारे भाई जो कुछ कर रहे हैं, वह बेशक बुरा है लेकिन हमने कभी उनका समर्थन नहीं किया।

गाँधी की चिन्ता बढ़ रही थी। वे विचार समुद्र में विचरण कर रहे थे—यदि भारतीय मुसलमान मुस्लिम लीग के ग़लत नेतृत्व का अनुसरण करके अपने को भारत में पराये समझते रहे और वैसा ही व्यवहार करते रहे, तो वे अपने ग़ैर–मुस्लिम पड़ोसियों को सदा के लिए शत्रु बना लेंगे और कोई इनकी सहायता नहीं करेगा, फिर क्या होगा? गाँधी काँप गये। अगले ही पल वे मुस्लिम लीग को पत्र लिख रहे थे—जो मुसलमान भारत को अपना घर समझते हैं वे शौक़ से हमेशा यहाँ रह सकते हैं और उनकी पूरी रक्षा करना सरकार का फ़र्ज़ होगा। साथ ही मुसलमानों को भी यह अच्छी तरह समझ लेना चाहिए कि अगर वे अपने दिलों में हिन्दुओं के प्रति द्वेष भाव रखते रहेंगे तो पाकिस्तान कायम होने पर भी भारतीय मुसलमानों

का भविष्य ख़तरे में रहेगा। मेरे पास ऐसी शिकायतें आयी हैं कि मुस्लिम बहुमत वाले प्रदेशों में अल्पसंख्यक क़ौम को सताने में बिहार के मुसलमानों का निश्चित समर्थन और सहानुभूति है, यदि यह सच है तो मुझे इसका परिणाम अच्छा नहीं दिखायी देता।

रात्रि काफ़ी हो चुकी थी, पत्र लिखकर लिफ़ाफ़े में तो डाल दिया पर मन मथता ही रहा—पीड़ा और टीस बढ़ती जा रही थी, बिहार के अन्यायी हमारे भी तो सहधर्मी हैं... ह्रदय में ऐंठन हो रही थी।

—बापू जी... बापू जी... किसी के फुसफुसाने की आवाज़ आ रही थी।

—कौन... इस समय? गंगा किनारे अपनी खाट पर अभी—अभी तो लेटे थे।

—बापू जी, मैं कुमार एक अपराधी हूँ, अपना अपराध स्वीकार करने आपके पास आया हूँ—युवक सामने खड़ा था।

उनके ह्रदय की ऐंठन एकाएक शान्त हो गयी। क्षणमात्र बाद ही उनका एक हाथ कुमार के कन्धे पर था—

—भूल का उत्तम पश्चात्ताप यह है कि उसे फिर कभी न किया जाये। पाप को स्वीकार करने में एक दिन की भी देर नहीं करनी चाहिए। जब हम उसे छिपाने की कोशिश करते हैं तो असली मूल में झूठ का पाप और जोड़ देते हैं, जो उससे भी बुरी बात है। इससे तो हम पाप के दलदल में और गहरे फँस जाते हैं। गुप्त पाप पके हुए फोड़े के समान है। यदि हम ज़ोर से दबाकर पीव निकाल दें तो फोड़ा जल्दी अच्छा हो जाता है। नहीं तो पीव अन्दर इतना फैल जाता है कि मृत्यु भी हो जाती है। मनुष्य पाप में कितना ही गहरा डूब जाय, परन्तु उसे अन्तिम क्षण भी पश्चात्ताप हो तो ईश्वर उसे क्षमा कर देता है।

कुमार फूट—फूटकर रोने लगा। उन्होंने उसे पानी का गिलास थमाते हुए स्नेहपूर्वक कहा—अगर तुममें पुलिस के आगे आत्मसमर्पण करने का साहस नहीं है तो मेरी मण्डली के किसी आदमी को लूट का माल लौटा दो और प्रायश्चित्त रूप में अपने आपको हिन्दू—मुस्लिम एकता के कार्य में समर्पित कर दो।

इधर गाँधी पटना में अपने अन्तस के नाद का आदेश मानकर हिन्दू—मुस्लिम एकता में लगे थे, उधर जिन्ना माउंटबेटन से भारत की शल्यक्रिया की माँग तेज़ करने में।

—ऑपरेशन के पहले बेहोशी की दवा की भी आवश्यकता पड़ती है मि. जिन्ना—माउंटबेटन ने कहा तो अवश्य पर सीधी कार्रवाई पूरी तरह रुकी कहाँ? सीमा प्रान्त में डायरेक्ट एक्शन से मुख्यमन्त्री ख़ान की जान साँसत में थी।

वे नेहरू का पत्र पढ़ रहे थे—मई के पहले सप्ताह में माउंटबेटन शायद अपनी योजना दें, ऐसी चर्चा है। उस कार्यक्रम के अनुसार मई का पहला सप्ताह बहुत महत्त्व का होगा और हम सब चाहते हैं कि आप सलाह और मार्गदर्शन के लिए हमारे पास रहें।

विचारमग्न होकर वे अपनी खुली आँखों से देख रहे थे ब्रिटिश साम्राज्य का साँप—सीढ़ी का खेल। एक तरफ़ वह लोकतान्त्रिक धर्मनिरपेक्षता की दुहाई दे रहा था और दूसरी तरफ़ धार्मिक राज्य को प्रोत्साहित कर रहा था।

भरे मन से वे 'मैन्चेस्टर गार्डियन' को उठाकर सम्पादकीय पढ़ने लगे, 'भारत की समस्या का सीधा—सादा हल यही होगा जिसका मि. गाँधी और मि. पटेल समर्थन करते हैं वह यह कि हमें अपने अधिकार और ज़िम्मेवारी पण्डित नेहरू की सरकार को सौंप देना चाहिए और मुस्लिम लीग के साथ विभाजन करने या न करने का सवाल निपटाने का काम भी सरकार पर छोड़ देना चाहिए।'

अख़बार को हटाकर अलग कर दिया—कौन सीधी बात करना चाहता है?

डॉ. सैयद महमूद ने रेडियो खोला तो सरदार का साक्षात्कार आ रहा था। गाँधी भी वहीं बैठे थे।

मुझे तो उसी समय इस बात का पूरी तरह भान हुआ कि हमारे हितों को पॉलिटिकल डिर्पाटमेंट की चालबाज़ियों से हर तरह किस हद तक नुक़सान पहुँचाया जा रहा है और मैं इस नतीजे पर पहुँचा हूँ कि इन लोगों से जितनी जल्दी हमारा पिण्ड छूटे उतना ही अच्छा है। मैं इस परिणाम पर पहुँचा हूँ कि देश के विभाजन का ख़तरा उठाकर भी इन विदेशियों को जल्दी—से—जल्दी भारत से हटाना ही इसका एक उत्तम मार्ग है। उसी समय मुझे यह भी लगा कि देश को सुरक्षित और सबल बनाने का एक ही उपाय है और वह है शेष भारत को एकता के सूत्र में बाँध देना।

साक्षात्कार समाप्त हो गया था। गाँधी के मन में विचारों का ज्वारभाटा उठ रहा था। लेकिन ज्वारभाटे में इतनी शिथिलता थी कि लाख प्रयास के बाद वह उछाल नहीं ले पा रही थी। जिस बात का भय वर्षों से सता रहा था, आख़िर उसमें अंग्रेज़ी हुकूमत सफल हो ही गयी। किन्तु उनके झाँसे में सरदार क्यों आ रहे हैं? अंग्रेज चले जायें फिर हम लोग बाँटेंगे या साथ रहेंगे। क्या ऐसी ही स्वतन्त्रता के लिए सत्याग्रह की लडाई लड़ी गयी? क्या एक अन्तिम प्रयास की गुंजाइश है?

—बापू जी, आपकी आशावादिता ग़ज़ब की है, आप दिल्ली जाने के लिए तैयार हैं? क्या जिन्ना मान जायेंगे? मनु अब कुछ—कुछ राजनीति की बातें समझने लगी थी।

दिल्ली में गाँधी के सामने थे सरदार और जवाहर लाल। दोनों के चेहरे पर तनाव था।

—सरदार, अंग्रेज़ों के चले जाने वाली बात से पूर्ण सहमत हूँ पर विभाजन की क़ीमत पर भी.... यह क्यों ?

—बापू, अंग्रेजों और पॉलिटिकल डिपार्टमेंट के नेताओं तथा राजाओं के बीच ऐसे षड्यन्त्र के पुख़्ता सबूत मिले हैं, जिसमें वे भारत की एकता को कई टुकड़ों में भंग करने में लगे हैं। अखण्ड स्वतन्त्र भारत आपका सपना है, बापू हम सबका भी है, हम क्या करें? पटेल नज़रें नहीं मिला पा रहे थे।

—जवाहर—

—बापू, यक़ीन मानिए कांग्रेस के नेता भी समझ रहे हैं कि यह सरदर्द को मिटाने के लिए सिर को ही काट लेने वाला निर्णय है—जवाहर लाल ने नज़रें झुका लीं।

—मेरी इच्छा है कि एक अन्तिम प्रयास करूँ, जिन्ना साहब से मिलूँ।

—बापू आपके जिन्ना से मिलने से बेवजह उसकी प्रतिष्ठा बढ़ती है—पटेल ने टोका।

—मैं जिन्ना को समझाने के लिए एक बार नहीं, ज़रूरत हुई तो पचास बार भी उनसे मिलूँगा। नम्रता कभी हानि नहीं पहुँचा सकती। फ़िलहाल तो प्रार्थना का समय हो गया है, कहते हुए गाँधी खड़े हो गये।

प्रार्थना सभा में आज चिरयुवा गाँधी नहीं एक बूढ़ा आदमी बोल रहा था—जो लोग पाकिस्तान चाहते हैं, उनसे घुटने टेक कर मैं प्रार्थना करता हूँ कि वे मुझे समझा दें कि पाकिस्तान बनने से क्या लाभ है? कांग्रेस कार्यसमिति ने एक तरह से पाकिस्तान को मान लिया है, परन्तु उनकी माँग यह है कि भारत का बँटवारा यदि हो तो बंगाल और पंजाब के हिन्दू बहुमत वाले क्षेत्र उससे बाहर रखे जायें। लेकिन भारत के अंग—भंग की विचारधारा से मुझे कँपकँपी छूटती है... कल मैं जिन्ना से मिलूँगा और

साफ़–साफ़ कहूँगा कि भारत के अंग–भंग में मैं भाग नहीं ले सकता और विभाजन की किसी योजना पर हस्ताक्षर नहीं करूँगा।

वाल्मीकि मन्दिर के उस घर में मनु कितनी बार अन्दर–बाहर कर चुकी थी, उसे ख़ुद भी पता नहीं था। कहे भी तो किससे सभी का तो एक ही हाल था, वह लोगों को और अधिक आशंकित नहीं करना चाहती थी।

उसने घड़ी देखी, साढ़े सात बज रहे थे, लगभग तीन घण्टे हो गये हैं बापू जी को जिन्ना से भेंट करने गये हुए, अभी तक नहीं लौटे हैं, मनु बुदबुदा रही थी।

अब तक न जाने कितनी बार घड़ी देख चुकी है, आख़िरी बार जब साढ़े आठ बजे घड़ी देखी तो गाँधी अन्दर आ रहे थे।

–बापू जी, मनु विह्वल हो गयी।

–क्या हुआ?

–आपने इतनी देर कर दी, मेरे मन में बुरे ख़याल आने लगे।

–ओ–हो, जिन्ना साहब को देखते हुए उनके बँगले में कोई मुझे मारे, ऐसा मेरा अहोभाग्य कहाँ? वे हँस रहे थे।

–बापू जी आप तो इतने बड़े हैं फिर भी जिन्ना साहब से आप किसलिए मिलने जाते हैं? उनका फ़र्ज़ यहाँ आने का नहीं है? वे उम्र में भी छोटे हैं। एक पुत्री को यह बात नहीं सुहा रही थी।

–उम्र में छोटे हैं तो क्या हुआ ? परन्तु ओहदे में तो मुझसे बड़े हैं न, वे एक संस्था के बड़े अध्यक्ष हैं और मैं एक छोटा–सा नागरिक। उनके पास एक बड़ी सत्ता है और मैं उनकी तुलना में छोटा आदमी! पिता भी अपनी छोटी–सी पुत्री को समझा रहा था।

–आप भी बड़े नेता हैं, दुनिया आपको महात्मा, महापुरुष की पदवियाँ देती है–आज मनु छोटी–से–छोटी बच्ची बन गयी थी।

–मनुष्य खुद को महापुरुष, महात्मा माने तो यह पतन है, ईश्वर के अलावा किसी को पदवी लेने का अधिकार नहीं है।

मनु ने कोई प्रतिवाद नहीं किया। सोने के पहले माउंटबेटन को वे पत्र लिख रहे थे–मैंने कायदे आज़म जिन्ना के साथ पौने तीन घण्टे का समय बड़े आनन्द से बिताया। हमने अहिंसा सम्बन्धी सम्मिलित वक्तव्य के बारे में बातचीत की। वे अहिंसा पर अपने विश्वास में सुखद रूप से दृढ़ थे। उन्होंने अपने अख़बारी वक्तव्य में जिसको उन्होंने बनाया था,

उसे दोहराया। पाकिस्तान और देश के विभाजन के बारे में भी हमने बातें कीं। मैंने उनसे कहा कि पाकिस्तान के प्रति मेरा विरोध पहले की तरह अब भी बना हुआ है और सुझाया कि अहिंसा में विश्वास होने की उनकी घोषणा को देखते हुए उन्हें अपने विरोधियों के विचार समझा–बुझाकर न कि बल प्रदर्शन से बदलने की कोशिश करनी चाहिए। किन्तु इस बारे में वे बिल्कुल दृढ़ थे कि पाकिस्तान का प्रश्न चर्चा के लिए खुला नहीं है।

परन्तु तर्क की दृष्टि से अहिंसा में श्रद्धा रखने वाले के लिए कोई भी बात, ईश्वर के अस्तित्त्व की बात भी, चर्चा के क्षेत्र से बाहर नहीं हो सकती। सात मई यानी कल वापस कलकत्ता जा रहा हूँ।

रेलगाड़ी खुलने में देर थी... ख़ुशी तो किसी के चेहरे पर नहीं थी लेकिन बादशाह ख़ान जितने तनाव में थे कोई दूसरा उतना हो ही नहीं सकता था। गाँधी ने आगे बढ़कर ख़ान के हाथ पर अपना हाथ रखा।

–महात्मा जी, मैं तो आपका सिपाही हूँ। आपके शब्द मेरे लिए क़ानून हैं। मुझे आपमें पूरी श्रद्धा है। मुझे और किसी के सहारे की ज़रूरत नहीं।

बादशाह ख़ान विह्वल हो गये।

–आप अपने मन पर इतना ज़ोर न डालें।

–क्या करूँ महात्मा जी? थोड़े ही दिनों में हम हिन्दुस्तान में पराये हो जायेंगे। हमारी आज़ादी की लम्बी लड़ाई का अन्त यह होगा कि हम पाकिस्तान के मातहत हो जायेंगे–भारत से और बापू, आप से दूर हो जायेंगे। कौन जानता है, भविष्य में हमारा क्या होगा?

इतने में गाड़ी आ गयी। गाँधी ट्रेन में थे और ख़ान साहब प्लेटफ़ॉर्म पर, आँखों में आँसू, होंठो पर ज़बर्दस्ती खींची हुई मुस्कान और दायाँ हाथ ऊपर उठा हुआ। ट्रेन धीरे–धीरे सरक रही थी, अब उस लम्बे–चौड़े पठान का संयम पर नियन्त्रण नहीं रह पाया, वे फूटफूट कर रो रहे थे।

आँसू तो गाँधी की आँखों में भी डबडबा रहे थे–बादशाह ख़ान सचमुच के फ़क़ीर हैं। स्वाधीनता आयेगी, लेकिन बहादुर पठानों की आज़ादी चली जायेगी। उनके सामने भंयकर भविष्य है। परन्तु बादशाह तो ईश्वर के आदमी हैं।

रेलगाड़ी की सीटी की तेज़ आवाज़ गूँजी। वे आशा की डोर थामे काग़ज़ निकालकर माउंटबेटन को विभाजन रोकने के लिए अन्तिम पत्र लिख रहे थे, शायद आने वाली विपत्ति कुछ दिनों के लिए ही टल जाये।

रेलगाड़ी जितनी तेज़ी से चल रही थी उससे कम तेज़ी से उनकी कलम नहीं चल रही थी।

रेलगाड़ी पटना जंक्शन पर जैसे ही खड़ी हुई, सामने श्रीकृष्ण सिंह खड़े थे।

—आप, इतने मन्त्रियों के साथ, दल—बल सहित।

—बापू जी, हम लोग आपको यह बताने के लिए आये हैं बिहार आपके निर्देशानुसार प्रायश्चित्त के रास्ते पर तेज़ी से चल रहा है, श्रीकृष्ण बाबू की नज़रें आज झुकी नहीं थीं।

—हाँ, महात्मा जी, मुस्लिमों में सन्तोष है, लीगियों का भी प्रभाव बँटवारे के नाम से समाप्त हो गया है। बिहार के मुस्लिमों को इतनी बात तो समझ में आ रही है कि लीगी उनके हितैषी तो नहीं ही हैं, सीधी कार्रवाई करके हिन्दू—मुस्लिम में इतना द्वेष फैलाकर उन्हें मरने के लिए छोड़ दिया और स्वयं सत्ता का सुख भोगने के लिए पाकिस्तान बना लिगा। बिहारी मुस्लिमों का मनोबल टूट रहा है, जिन पर भरोसा किया, उन्होंने ही धोखा दे दिया, डॉ. सैयद महमूद की बात ख़त्म ही नहीं हो रही थी।

—सर—क्या गाड़ी चलाने का संकेत दिया जा सकता है? स्टेशन मास्टर ने अपने माथे का पसीना पोंछते हुए काँपती आवाज़ में पूछा।

—आप और किसी मुसाफ़िर के पास जाकर उनसे आदेश नहीं लेते तो फिर यह अपवाद क्यों? आपको अपना कर्तव्य पालन करना चाहिए और मन्त्रियों से डरना नहीं चाहिए। इसमें आपकी और इनकी, दोनों की भलाई है। उन्हें नियमों की अवहेलना नहीं करनी चाहिए, अन्यथा लोकतन्त्र छिन्न—भिन्न हो जायेगा—गाँधी का स्वर सामान्य से थोड़ा—सा तेज़ था।

—बापू जी, आपके जैसे अनुशासन प्रिय सरकारी अधिकारी नहीं होते। हम लोग जैसे बेचारे सरकारी नौकर अपने अफ़सरों की इच्छानुसार काम न करें तो उन्हें बड़ी क़ीमत चुकानी पड़ती है। मेरे चालीस साल की नौकरी में यह मेरा पहला अनुभव है कि किसी ने अपने व्यक्तिगत उदाहरण द्वारा हमें निर्भय होकर कर्तव्य पालन का पाठ पढ़ाया हो।

स्टेशन मास्टर के हाथ जुड़ गये—बापू जी, इसीलिए न आप हमारे राष्ट्रपिता हैं।

सिग्नल देते ही छुक—छुक करती हुई रेलगाड़ी आगे बढ़ गयी।

—बापू कलकत्ता में कर्फ़्यू लग गया है, स्टेशन उतरते ही पहली खबर मिली।

—यह प्रशासनिक कार्य है। आगे देखता हूँ, सबसे पहले सोदपुर आश्रम चलते हैं फिर आगे के कार्यक्रम की चर्चा होगी। गाँधी ने ट्रेन से उतरते हुए कहा।

—बापू जी, सोदपुर आश्रम शहर से दस किलोमीटर है, शहर में कर्फ़्यू भी है, इतनी दूर प्रार्थना सभा आने जाने में लोगों को कठिनाई होगी। आप हमारे निवास स्थान पर रुकें—शरत बोस ने अपनी बात रखी।

—मेरे यहाँ... मेरे यहाँ की भी आवाज़ को सुनकर गाँधी ने आभार जताते हुए कहा—आश्रम का वातावरण मेरे मनोनुकूल पड़ता है और आज संयोगवश गुरुदेव की जयन्ती भी है, आश्रम में उनकी स्मृति में हार्दिक श्रद्धांजलि भी तो अर्पित करनी है। महापुरुष कभी नहीं मरते। हमारे देश में सन्तों और ऋषि, मुनियों की एक भव्य परम्परा रही है। उनके उदात्त उपदेश हमारी गौरवूपर्ण विरासत हैं। यदि हम उनके उपदेशों पर चलें तो भारत संसार में शान्तिभूमि के रूप में प्रसिद्ध हो जाये। गाँधी सोदपुर आश्रम चले आये।

—सुहरावर्दी साहब, आप सोदपुर आश्रम में? शहर में, कर्फ़्यू लगा हुआ है, गाँधी सुहरावर्दी को आश्रम में देखकर आश्चर्यचकित थे।

—महात्मा जी, स्थिति नियन्त्रण में है, आपके पास आये बिना हम लोगों का काम जो नहीं चलता, सुहरावर्दी मुस्कुराने की कोशिश तो कर रहा था पर सफल नहीं हो सका।

—बापू जी, युवावस्था में मेरे भाग्य में यह लिखा था कि मैं लार्ड—कर्जन द्वारा प्रस्तावित बंग—भंग के ख़िलाफ़ लड़ूँ और आज...? आप ही राह बतायें, शरत चन्द्र बोस की आवाज़ भर्रा गयी।

—मैं भी तो यही कह रहा हूँ कि बंगला गौरव की रक्षा कैसे हो? उसका उपाय क्या है? इसी संकट का उपाय ढूँढ़ते—ढूँढ़ते तो यहाँ आया हूँ कि इस संस्कृति की रक्षा कैसे हो? सुहारावर्दी नें शरत बोस की सहमति में कहा।

—आपके मन में यह मान्यता हो कि दूसरे लोग इसका हल कर सकते हैं यह सम्भव नहीं। इसमें सभी हिन्दू और मुस्लिम को एकजुट होकर...

—कैसे होंगे दोनों एकजुट? हिन्दू तो मुझ पर विश्वास करने को तैयार ही नहीं हैं। जबकि यहाँ शान्ति का राज्य है, बंगाल सरकार को कोई भी अन्याय का दोषी नहीं ठहरा सकता। सुहरावर्दी की आवाज़ ऊँची हो रही थी।

—शासन का मुखिया होने के नाते बंगाल में हुई प्रत्येक मृत्यु आपका नैतिक उत्तरदायित्व है—गाँधी का स्वर शान्त था।

सारे झगड़े की जड़ आप हैं—सुहारवर्दी आपे से बाहर हो गया... एक क्षण गँवाये बिना वह निकल गया।

गाँधी उसे देख रहे थे—अजीब आदमी है, ख़ुद नहीं पता क्या चाहता है, भरोसा चाहता है तो भरोसा जीतने की जगह... तोड़ने का काम कर रहा है।

दो दिन बाद ही वह अजीब आदमी फिर हाज़िर था—आपको समझने में बहुत कठिनाई होती है।

—मैं तो सीधी—सीधी और सच्ची बात बोलता हूँ भला इसमें क्या कठिनाई होती है?

—बापू आपकी सीधी—सीधी और सच्ची बात न लीगियों की समझ में आती है और न संघियों को आ रही है, अब श्यामा प्रसाद मुखर्जी की ही सुनिए, 'उनका कहना है बँटवारा नहीं भी होता है तो बंगाल का बँटवारा तो हो ही जाना चाहिए।' सतीश दासगुप्ता श्यामा प्रसाद मुखर्जी के सामने ही अपनी बात रख रहे थे।

—हाँ महात्मा जी, सर्वसत्ताधारी बंगाल राज्य की कल्पना ही ग़लत है। यह आन्दोलन यूरोपियन स्वार्थों पर आधारित है। माफ़ करें इसका समर्थन नहीं कर सकता—श्यामा प्रसाद मुखर्जी ने कहा। अब देखिए माउंटबेटन इंग्लैण्ड से लौटकर हमारे लिए स्वतन्त्रता का तोहफ़ा लाते हैं या...

—हमें स्वतन्त्रता देना उनका काम नहीं है; उनका काम केवल हमारी पीठ पर से उतर जाना है और उसके लिए वे वचनबद्ध हैं, गाँधी ने बीच में डॉ. मुखर्जी की बात को काटते हुए कहा।

आज नींद जल्दी खुल गयी... स्थितप्रज्ञ साधक के लिए यह अच्छी निशानी नहीं। सभी अवस्थाओं में समभाव रखने की साधना करने वाले साधक को ऐसा क्यों हो रहा है—गाँधी भी असमंजस में थे। वे बँटवारा को स्थितप्रज्ञ की तरह कैसे देख सकते थे? वे विचारों की दुनिया में गोते लगा रहे थे—भारत का विभाजन अब होकर रहेगा? मेरे जीवन का कार्य अब समाप्त हो गया है।

हो सकता है मेरी साधना की शुद्धता की परीक्षा अब होगी। सरदार और जवाहर लाल को भी लगता है शायद बँटवारे के बाद शान्ति हो

जाये। सरदार को भी लगता है कि मुझे वाइसराय को यह नहीं कहना चाहिए था कि अंग्रेज़ी हुकूमत के मातहत बँटबारा नहीं हो।

क्या मैं सठिया गया हूँ? मुझे स्वाधीनता का भविष्य इतना अन्धकारमय क्यों लग रहा है? जैसे ख़ून के दरिया को पार करना पड़ेगा।

उन्होंनं सिर उठाकर आकाश की ओर देखा। तारे अभी भी टिमटिमा रहे थे। कुछ देर तक उसे टकटकी लगाये देखने के बाद ताज़गी आ गयी। नितान्त अकेलेपन के विचार सागर में गोता लगाकर डायरी लिखने बैठ गये–अपने विचारों में अकेला होते हुए भी मैं अवर्णनीय आन्तरिक आनन्द और मन की ताज़गी अनुभव कर रहा हूँ। मुझे लगता है मानो ईश्वर स्वयं मेरे मार्ग को मेरे सामने प्रकाशित कर रहा है और शायद यही कारण है कि मैं अकेले दम लड़ सकता हूँ। कुछ लोग मुझे हिमालय चले जाने को कहते हैं पर मैं हँसता हूँ। मेरी तपस्या का हिमालय तो वहाँ है, जहाँ लोगों के दुख का निवारण करना हो। मेरे लिए उस समय तक कोई विराम नहीं हो सकता जब तक कि भारत में एक भी व्यक्ति जीवन की आवश्यक वस्तुओं से वंचित हो, डायरी बन्द कर दी।

–बापू, आज आप बहुत व्यथित हैं। प्रातःकाल से परेशान लग रहे हैं, हो सकता है उन सबका ख़याल ही सही साबित हो, प्यारेलाल ने कहा।

–हो सकता है, मैं ही अन्धकार में भटक रहा हूँ, जिस बुराई का मुझे डर है भारत उसका शिकार न बन जाये। भावी सन्तानों को जान लेना चाहिए कि उसका विचार करते हुए इस बूढ़े को कितनी पीड़ा हुई थी। ऐसा न कहा जाय कि गाँधी भारत के अंग भंग में सम्मिलित था।

–बापू, कांग्रेस के पास अब क्या चारा है, इसके सिवा?

–तुम सही कह रहे हो प्यारेलाल–स्वतन्त्रता के साथ जुड़ा हुआ विभाजन कांग्रेसियों के लिए लकड़ी का लड्डू है उसे खाते हैं तो उदरशूल का डर, नहीं खाये तो भूखे मरें। अच्छा अब यह बताओ कि नोआखाली में सब कुछ कैसा चल रहा है?

–बापू जी महिला स्वावलम्बन का काम तो ज़ोरों से हो रहा है। कोई बड़ी वारदात भी नहीं हुई है। एकाध छोटी–मोटी घटनाओं को छोड़ दें तो स्थिति सामान्य है।

–'स्थिति सामान्य है'–यही हमारी उपलब्धि रह गयी है।

–बापू, समाजवादियों और साम्यवादियों के दल से अभी मिलने का समय तय है–आभा ने याद दिलाया।

उनके चरखा कातने का समय हो गया था, वे चरखा कात रहे थे।

—बापू जी हम लोग विभाजन के ख़िलाफ़ हैं... हम लोगों के लिए क्या आदेश है? समाजवादियों का जोश उफान मार रहा था।

—अब सत्ता भारतीयों के हाथों में आने वाली है, इसलिए अगर सहयोग वृत्ति प्रकट करने की जगह अड़ंगेबाज़ी की नीति अपनायेंगे तो देश की कुसेवा होगी। आप दिल को साफ़ करके मतभेदों की चर्चा करें और अगर आप मेरी बात नहीं सुनेंगे और आप लोगों के मौजूदा दुख और अन्सन्तोष से लाभ उठाकर उसे दलीय स्वार्थों के लिए बढ़ायेंगे और उसका दुरुपयोग करेंगे तो वह दुख और असन्तोष पलटकर आपके सिर पर पड़ेगा और जनता के साथ इस विश्वासघात के लिए ईश्वर भी आपको क्षमा नहीं करेंगे। गाँधी चरखा कातते रहे।

गाँधी के चेहरे पर थकान प्रलक्षित हो रही थी। आभा ने पूछा—बापू साम्यवादियों को मना कर दूँ?

—नहीं, आराम करने के लिए जीवन रखने का क्या मतलब?

—बापू जी, हम लोगों के लिए क्या आदेश है?

—आप लोगों से आज अपने मन की बात कहना चाहता हूँ कि अभी सभी वाद को उठाकर ताक पर रख दें। उन ठोस समस्याओं के बारे में सोचना चाहिए जो देश के आगे आज खड़ी हैं। इन समस्याओं को सभी लोग एक राष्ट्र के नाते भारत के अस्तित्त्व के लिए अत्यन्त महत्त्वपूर्ण मानते हैं। आप लोगों को मन में कोई संकोच न रखकर तथा परिस्थिति का राजनीतिक लाभ न उठाकर उनको हल करने में सहयोग देना चाहिए। आप अपना समय और शक्ति बाल की खाल निकालने में, दोष दर्शन में और छिद्रान्वेषण में बरबाद करते हैं। आपको कहीं भी थोड़ी—सी त्रुटि मिलती है तो बिना पता लगाये यह काल्पनिक है या वास्तविक, आप सत्तारूढ़ सरकार के ख़िलाफ़ प्रचार करने में लग जाते हैं। क्षणभर के लिए सोचिए आप पण्डित नेहरू और सरदार की जगह होते तो क्या करते? या तो ज़िम्मेवारी सँभालने की तैयारी होनी चाहिए या सही कार्य में सहयोग कीजिए। जिस क्षण आप उसके योग्य बन जायेंगे मैं ज़िम्मेवारी लेता हूँ वे लोग आपके लिए पद छोड़ देंगे। आप ऊँचे सिद्धान्तों की दुहाई देते हैं, परन्तू आपका आचरण उसके विरुद्ध है। क्योंकि आप सत्य—असत्य, न्याय—अन्याय में भेद नहीं कर पाते। और सबसे दुखद बात आप रूस को अपना आध्यात्मिक धाम मानते हैं।

कुछ क्षण मौन रहने के बाद उन्होंने अपनी प्रेमिल आँखों से उनकी आँखों में झाँकते हुए अपनी बात कही–

–आप सब मेरे अपने ही बच्चों की तरह हैं। मैं आपसे यह कटु सत्य इसलिए कहता हूँ कि आप मुझे कहने देते हैं। आप जब चाहें मेरे पास आयें और मैं ह्रदय की गहराइयों से अनुभव करता हूँ कि मुझे आप सबकी सहायता चाहिए।

जिस समय साम्यवादियों की मण्डली बाहर निकल रही थी साधुओं का दल अन्दर आ रहा था। आभा उन्हें रोकने की कोशिश कर रही थी।

–आज बापू थक गये हैं। आप लोग कल आइएगा... पर वे लोग सुनें तब तो..

–आने दो आभा... ये लोग मानव जाति की सेवा के लिए संसार का परित्याग कर भ्रमण करते हैं। सीधी–सादी भाषा में घरेलू उपमाएँ देकर सामान्य जनता को भाषा सहित्य की बातें समझाने का काम करते रहते हैं। कभी यही लोग चलते–फिरते पुस्तकालयों का काम करते थे।

साधुओं की मण्डली आते ही उनके चरण स्पर्श कर बैठ गयी–महात्मा जी, अब कहाँ रहे हम लोग पुस्तकालय और त्यागी? एक ने बड़ी विनम्रता से कहा।

–एक कथन है, श्रेष्ठ सबसे अधिक भ्रष्ट होते हैं, साधुओं के साथ भी ऐसा हो रहा है। समाज की सेवा करने के बजाय वे उस पर भार बन रहे हैं, आलस्य की रोटी खाने को अपना दैवी अधिकार मानने लगे।

मि. मैथ्यू... सोदपुर आश्रम में कल से यह सब कुछ देखकर हतप्रभ हो रहा था। फ्रांस से ही वह आया है गाँधी को कवर करने। अपने मीडिया हाउस को गाँधी के बारे में फैक्स कर रहा है–'इतने अलग–अलग तरह के लोग और सबसे सीधी और सच्ची बात कहना और मज़ेदार बात यह कि कोई इस व्यक्ति के कहे का बुरा नहीं मानता, विचार नहीं भी मानता हो पर श्रद्धा! किसी के मन में कोई कमी नहीं–' मि. मैथ्यू आश्चर्यचकित होकर रिपोर्ट भेज रहा था–

मि. गाँधी से मेरा मिलान, मुझे असाधारण आदमी नहीं बना देता, परन्तु यह अनुभव, जिसे पहले भी कई लोगों ने अनुभव किया है और मुझे उनके बारे में कहा भी है परन्तु मुझे इनकी सारी बातें विरल और नयी मालूम पड़ रही हैं–वे सचमुच असाधारण हैं। आज की श्रद्धाविहीन,

ठोकरें खा–खाकर आगे बढ़ने का प्रयत्न करने वाली दुनिया में गाँधी दृढ़ श्रद्धा रखने वाले आस्तिक पुरुष हैं और उनके लिए उस आस्तिकता से द्रोह तथा उनकी मृत्यु के बीच कोई चुनाव नहीं हो सकता। वे ख़ुशी–ख़ुशी मरने के लिए तैयार हो जायेंगे।

यह बात हमें पुनः एक बार आश्वस्त करती है कि आज ऐसे पुरुष दुनिया में जीवित हैं। संसार के किसी भी तानाशाह को अपने समय में इतनी सत्ता नहीं मिली होगी जितनी गाँधी को मिली और फिर भी तानाशाह के नाते किसी आदमी की इतनी दुर्गति नहीं हुई जितनी गाँधी की हुई है। उनकी खुली छाती पर पदकों के लिए कोई स्थान नहीं है, उनकी चप्पलों की जोड़ पर लोहे के काँटों के लिए कोई स्थान नहीं है। उनकी पीठ झुक गयी है, उनका सिर पूरा–पूरा गंजा है; आँखों पर चश्मा चढ़ा रहता है आजकल शिथिल चाल से चलते हैं। आज की इस पागल और आसानी से हत्या करने पर तुल जाने वाली दुनिया में गाँधी एक भव्य और अद्‌भुत सयाने पुरुष हैं।

कुछ लोगों ने मुझसे कहा है कि गाँधी एक सन्त पुरुष हैं ऐसी बातों के बारे में मैं कुछ नहीं जानता। परन्तु वे एक सयाने, समझदार पुरुष हैं। यह दुनिया में विरल वस्तु है और राजनीति में तो अनोखी वस्तु है। दूसरों ने मुझसे कहा कि गाँधी एक स्वप्नद्रष्टा मूर्ख है, यह भी कहा कि उनके आदर्श बहुत अच्छे हो सकते हैं लेकिन आज की समस्याओं के दबाव में उनके लिए दुनिया में कोई स्थान नहीं है और आज की दुनिया में वे व्यावहारिक नहीं हैं।

यदि ऐसा है तो मुझे लगता है यह दुनिया की ग़लती ही है और हमारी व्यक्तिगत हानि है। और मुझे लगता है कि यह स्थिति तब तक बनी रहेगी जब तक हम यह समझ नहीं लेते कि हमारे आदर्श ही हमारे पास एकमात्र व्यावहारिक वस्तु हैं और जिसे प्रगति समझकर हम गर्व का अनुभव करते हैं, वह निरा स्वप्न है।

रात के सवा दस बज रहे थे। मि. मैथ्यू रिपोर्ट भेज रहा था और गाँधी सदा की भाँति पत्र–लेखन कर रहे थे। उसी समय क़लम की नीब टूट गयी, वे सामने पड़े लकड़ी के होल्डर की नोक चाकू से तेज़ कर रहे थे ताकि नीब की जगह उससे लिख सके।

कलकत्ते की चिपचिपाती हुई, गर्मी सुबह–सुबह की सैर में भी पसीने से चट–चट करने लगती है, गर्मी में थकान भी अधिक होती है। गाँधी के पैर भी शिथिल पड़ रहे थे।

—बापू आप ठीक तो हैं न? मनु ने पूछा।

—जब तक तुम दोनों मेरी लाठियाँ हो, मैं लड़खड़ा नहीं सकता।

तभी सामने से दो युवक उत्तेजित होकर अचानक सामने आ गये—आप महात्मा नहीं हैं। आप हिन्दुओं को अहिंसा का उपदेश देकर दुर्बल बना रहे हैं। आपको उन्हें गुमराह नहीं करना चाहिए।

गाँधी ने मनु और आभा के कन्धे पर से अपना हाथ हटा लिया। अब उनका हाथ उन दोनों के कन्धों पर था।

—बापू जी... नवयुवक की आवाज़ काँप रही थी।

—महात्मा जी मुझे माफ़ कर दीजिए... दूसरा युवक भावाभिभूत हो रहा था।

—तुम नहीं जानते तुम्हारे आपत्ति करने से बहुत पहले ही मैंने महात्मा की पदवी छोड़ दी थी। परन्तु सम्भवतः मेरे लिए तुम्हारे मन में जो चिन्ता है, उसकी वजह से तुम मुझे सावधान करना ज़रूरी समझते हो, ताकि मैं सठिया न जाऊँ, गाँधी का टहलना चालू था, दोनों 'बैसाखी' साथ चल रहे थे।

—बापू जी, हम लोग हिन्दू महासभाई हैं और समझते हैं अहिंसा का अभी समय नहीं, युवक ने धीमी आवाज़ में कहा।

—अहिंसा का शस्त्र मैंने अपने देशवासियों को इसलिए नहीं दिया था कि वे कमज़ोर और निःशस्त्र थे बल्कि इसलिए दिया था कि इतिहास के अध्ययन ने मुझे सिखाया है कि द्वेष और हिंसा का कितने ही उदात्त कार्य में उपयोग किया जाय तो उससे द्वेष और हिंसा ही पैदा हो सकती है और शान्ति स्थापित होने के बजाय उससे शान्ति के लिए ख़तरा ही बना रहेगा। हमारे देश में प्राचीन ऋषि—मुनियों—सन्तों की परम्परा क्षमा की रही है।

और मैं एक बात और तुम लोगों से कहना चाहता हूँ कि यदि लोग अहिंसक ढंग से मृत्यु का सामना करना नहीं जानते तो वे ज़रूर बहादुरी के साथ लड़ते हुए मर सकते हैं।

लेकिन अगर वे पाकिस्तान के अत्याचारों का बदला लेना चाहते हैं तो सही तरीक़ा यह है कि वे पाकिस्तान जाकर अत्याचार करने वालों से लड़ें। भारत में रहने वाले मुसलमानों से कायरतापूर्ण बदला लेने में कोई बहादुरी हो सकती है? तुम्हीं बताओ।

वे बेचारे क्या बताते, जब वे दोनों चरण स्पर्श कर रहे थे, आभा मनु से

कह रही थी–मनु, अब इन्हें बापू की दीक्षा मिल गयी है, मुझे नहीं लगता अब यह किसी निरपराध के ऊपर हाथ उठा सकेगा।

–इसी से तो क्रान्तिकारी भी कहते हैं कि जिस दिशा में गाँधी जी का निवास रहता है, हम लोग अपना सिर उधर कर नहीं सोते, क्या पता कब मस्तिष्क में अहिंसा, प्रवेश कर जाये और हिंसा को धता बता दें।

–प्रतिदिन अख़बार में असत्य की भरमार रहती है, पता नहीं कहाँ से पत्रकार ये रिपोर्ट लाते हैं–गाँधी ने हाथ में उठाये अख़बार को रखते हुए कहा।

–क्या हुआ बापू... खाँसते हुए सतीश चन्द्र दास गुप्ता ने पूछा। उनकी तबीयत ठीक नहीं लग रही थी।

–आज के सामाचार–पत्र की मुख्य हेडिंग है–'गाँधी जी का अपने साथियों से मतभेद हो गया है और कांग्रेस महासमिति में वे कार्य समिति के निर्णय के ख़िलाफ़ आवाज़ उठायेंगे।' जिस बात की जानकारी मुझे भी नहीं होती अख़बार वाले कैसे जान जाते हैं, हँसते हुए उन्होंने अख़बार बढ़ा दिया।

–बापू क्या आप महासमिति की बैठक में दिल्ली जायेंगे?

–जवाहर लाल और सरदार का बहुत आग्रह है, नहीं जाने से शायद इस तरह के भ्रम और अफ़वाहें और भी फैल सकते हैं। इससे उन लोगों की परेशानियाँ और भी बढ़ सकती हैं, फिर मानव एक यात्री ही तो है, उसके भाग्य में भटकना लिखा ही रहता है। लेकिन मुझे यथाशीघ्र कलकत्ता लौटना होगा। अभी तक मेरा यहाँ का काम अधूरा ही है।

19

गाँधी दिल्ली पहुँच गये। उन्हें भी नहीं पता कि अभी कितनी बार वाल्मीकि मन्दिर में आना है और वाल्मीकि मन्दिर को स्वयं भी नहीं पता कि कब तक उसके भाग्य में गुलज़ार चमन लिखा है। कब तक का तो नहीं पता किन्तु फ़िलहाल चमन गुलज़ार हो रहा था।

जवाहर लाल सामने बैठे थे। गाँधी के सामने ढाई सौ ग्राम बकरी का दूध और आधा सेब रखा था।

तभी उनकी दृष्टि सामने लक्ष्मी और देवदास पर पड़ी–आओ–आओ तुम्हें भी आने की ख़बर लग गयी–गाँधी प्रसन्न थे।

–जब पूरे देश को ख़बर लगती है तभी हम लोगों को भी ख़बर लगती है, परिवार के नाते कोई अलग से तो ख़बर नहीं ही लगती, देवदास गाँधी ने पिता के चरण स्पर्श करते हुए कहा।

–तुम्हें तो ख़बर लगनी चाहिए, मीडिया में काम करते हो। अख़बार वालों को तो वह भी पता लग जाता है, जो बापू भी नहीं जानते, जवाहर लाल ने देवदास गाँधी को छेड़ा।

–यह तो जवाहर सही कह रहा है, गाँधी अपने नक़ली दाँत को धो रहे थे।

–दादा जी... दादा जी कहते हुए गोपालकृष्ण दौड़ा लेकिन अपने दादा को दाँत धोते हुए देख ठिठक गया। वह भी अपने दाँत को बाहर निकालने के लिए अपने दाँत खींचने लगा। मेरे दाँत दादा जी की तरह क्यों नहीं निकल रहे हैं? वह ज़िद कर रहा था। सभी लोग हँस रहे थे। मैं अपने दाँत को क्यों नहीं निकाल सकता? अपने निर्दोष प्रश्न पर वह अड़ा हुआ था।

–जब तुम अपने दादा की उम्र के हो जाओगे, तब तुम भी उनके जैसा कमाल कर सकोगे–जवाहर लाल गोपालकृष्ण की समस्या का समाधान करने में सफल हो पाये। सभी लोग हँसने लगे। यह हँसी आजकल बहुत ही दुर्लभ हो गयी थी।

–बापू, चलता हूँ कल चौदह जून है, आपको ही महासमिति को सम्बोधन करना है। जवाहर लाल को थके क़दमों से जाते कुछ देर तक एकटक देखते रहे, थोड़ी देर बाद वे गाम्भीर्य मुस्कान के साथ सामने बैठे लोगों को बताने लगे।

–जवाहर लाल स्फटिक की भाँति स्वच्छ है। उसकी निष्ठा और स्नेह अद्वितीय है। भूतकाल में विचारधारा के सम्बन्ध में मुझसे कितनी ही लड़ाइयाँ उसने की हों, परन्तु आज तो वह आँखें बन्द करके मेरी सब बातें मान लेता है। अगर मैं उसे इनकार कर दूँ, तो उसका दिल टूट जाय। उसने मुझे अपने प्रेम का बन्दी बना लिया है। इसीलिए मैंने पुकार–पुकारकर कहा है कि मैं पण्डित नेहरू और सरदार का क़ैदी हूँ। उसमें बालकों के निश्छल हृदय के साथ–साथ उदात्त बुद्धि, व्यापक विद्वत्ता और ऐसी योग्यता है जिसकी संसार में किसी से भी तुलना की जा सकती है। उसमें वैराग्य भी है। जैसे साँप पुराना केंचुल उतार कर फेंक देता है वैसे ही जवाहर भी बात की बात में सत्ता के सारे बन्धन काट कर फेंक

सकता है। उसकी अथक शक्ति और अदम्य उत्साह को देखकर नौजवानों को भी शर्म आती है।

कांग्रेस की महासमिति सभा में सबकी साँसें थमी हुई थीं, सबके चेहरे पर मुर्दनी थी। सभी की दृष्टि गाँधी पर टिकी थी जो आज पहले से भी अधिक क्षीणकाय लग रहे थे।

–आपको क्या लगता है महात्मा जी कार्यसमिति के विभाजन के प्रस्ताव का आज महासमिति में विरोध करेंगे–महासमिति के एक सदस्य ने फुसफुसाकर दूसरे से पूछा।

–लगता है क्या, ऐसा ही होगा, अख़बार में भी पढ़ा है, बापू जी आज कार्यसमिति के निर्णय को उलट देंगे–दूसरे सदस्य का बोलते वक़्त सिर बहुत अधिक हिल रहा था। उसका आत्मविश्वास आसमान में था।

–कृपया आप लोग शान्त हो जायें... महात्मा जी सम्बोधित करने वाले हैं, तीसरे ने टोका।

गाँधी इतनी जल्दी इतनी सीधी बात कहेंगे किसी को विश्वास नहीं हो रहा था न कार्यसमिति के सदस्यों को और न महासमिति के सदस्यों को–बात ही ऐसी थी गाँधी ने कहना प्रारम्भ किया–विभाजन पर कार्यसमिति के प्रस्ताव को अस्वीकार कर देना या उसमें संशोधन करना महासमिति के लिए अनुचित होगा।

कांग्रेस पाकिस्तान के विरुद्ध है और मैं उन लोगों में से एक हूँ जिन्होंने भारत के विभाजन का दृढ़ता से विरोध किया है। फिर भी मैं आपके सामने प्रस्ताव को स्वीकार करने का अनुरोध करने आया हूँ

कभी–कभी कुछ निर्णय कितने ही अरुचिकर हों तो भी हमें करने पड़ते हैं। लेकिन सदस्यों को यह नहीं भूलना चाहिए कि इस नाज़ुक मौक़े पर देश में शान्ति अत्यावश्यक है। जो लोग देश में तुरन्त क्रान्ति अथवा उथल पुथल होने की दृष्टि से बातें करते हैं, वे इस प्रस्ताव को ठुकरा कर यह सिद्ध करने में सफल हो पायेंगे कि उनमें कांग्रेस और सरकार की बागडोर सँभालने की योग्यता है, मुझे सन्देह है।

दूसरी बात यह सिर्फ़ अकेले कांग्रेस कार्यसमिति के निर्णय की बात भी नहीं है मुस्लिम लीग और अंग्रेजी हुकूमत की भी है–

जहाँ तक मेरी बात है, मुझमें तो आज वह शक्ति नहीं है, अन्यथा मैं अकेले दम विद्रोह की घोषणा कर देता।

मैं यह स्वीकार करता हूँ कि जो योजना स्वीकार की गयी है, वह अच्छी नहीं है। परन्तु मुझे विश्वास है कि आप उससे लाभ उठा सकते हैं। कभी–कभी भूलों से भी लाभ हो जाता है। राम को अपने पिता की ग़लती से वनवास भोगना पड़ा। परन्तु अन्त में उनके निर्वासन के परिणास्वरूप ही दुष्ट रावण की हार हुई।

महासमिति में से एक भी विरोध का स्वर नहीं उठा। गाँधी ने अपनी वाणी को विराम दे दिया।

नेहरू अपनी सफ़ाई दे रहे थे–सरकार के भीतर लीगी सदस्यों के अन्तर्विरोध और अंग्रेज़ों द्वारा अपने हाथ में नियन्त्रण रखने के कारण अन्तरिम सरकार देश में फैलती हुई अराजकता का सामना करने में इतनी असमर्थ हो गयी थी कि कांग्रेस के वरिष्ठ नेता निराश हो गये और देश के विभाजन की क़ीमत चुकाकर भी उन्होंने इस असह्य स्थिति से बचने में सुख माना। मैं स्वयं यह मानता हूँ कि यह निर्णय सिरदर्द मिटाने के लिए सिर काट लेने जैसा है–नेहरू बैठ गये।

सरदार भी अपनी बात रख रहे थे–हमें यह चुनाव करना था कि भारत का एक ही विभाजन हो या अनेक हो। कांग्रेस के लिए तथ्यों का सामना करना ज़रूरी था। वह भावुकता में नहीं बह सकती थी। उसे पक्ष और विपक्ष की बातों को ठण्डे दिमाग़ से हिसाब लगाकर किसी निर्णय पर पहुँचना था। भारत का विभाजन किसी को पसन्द नहीं है और मुझे इसके लिए गहरा दुख है। परन्तु हमारे सामने जो वास्तविकता थी उससे मुँह नहीं मोड़ सकते थे।

लेकिन यह जान लें कि कांग्रेस ने डर कर यह योजना स्वीकार नहीं की है; डर तो हमने कभी जाना ही नहीं है। हाँ, इस बात का मुझे डर अवश्य था कि इतने वर्षों की मेहनत बर्बाद न हो जाये, कम–से–कम देश का अधिक–से–अधिक बड़ा भाग स्वतन्त्र और बलवान बने। अन्यथा न तो अखण्ड हिन्दुस्तान होगा और न पाकिस्तान। सरदार के चुप होने के बाद विरोध का एक भी स्वर नहीं उठा, लेकिन कोई प्रसन्न नहीं हो सका।

गाँधी ने महासमिति के सदस्यों को तो विवेक का मार्ग अपनाने के लिए तैयार कर लिया। परन्तु वे स्वयं असहज थे।

–मुझे देश के क्षितिज पर एक अशुभ छाया दिखायी दे रही है। सोने जाते समय गाँधी ने जीवन मेहता से कहा।

—क्यों बापू जी, अब विभाजन स्वीकार कर ही लिया गया है अब तो शान्ति की आशा रखनी चाहिए...

—काश आपकी बात सही हो जाये। परन्तु मेरे मन में पाकिस्तान के अल्पसंख्यकों को आश्वासन देने की तमाम घोषणाओं के बावजूद उनके भविष्य के विषय में व्यापक बेचैनी और असन्तोष है, जो पता नहीं क्यों अब घबराहट में बदल रही है.., वे सोने चले गये। जीवन मेहता भी शोचनीय मुद्रा में अकेले बैठे रहे—महात्मा की बात कभी असत्य नहीं होती है।

काश गाँधी की बात असत्य हो जाती पर ऐसा हो न सका। जून महीने का अन्त आते—आते पाकिस्तान से निराश्रितों के आने वालों का ताँता थमने का नाम नहीं ले रहा था।

वाल्मीकि आश्रम के चारों ओर दिन—रात निराश्रितों की भीड़ बढ़ती जा रही थी।

गाँधी हरिद्वार जा रहे थे। बत्तीस हज़ार निराश्रित रावलपिण्डी और लाहौर से आये थे। उन्हें वहाँ के कैम्प में रखा गया था। गाँधी के साथ जवाहर लाल भी जा रहे थे। जून का अन्तिम सप्ताह, गर्मी ऐसी कि शरीर चीर कर रख दे। शरीर झुलसा जा रहा था पर उसकी परवाह करने का समय किसके पास था?

—महात्मा जी आ गये, आ गये, शिविर अधिकारी माला लेकर दौड़ा।

—ऐसी विचारहीनता! अभी आपके मन में माला पहनाने का विचार आया कैसे? ऐसी डाँट अधिकारी शायद ही जीवन भर भूल पाये।

—आप लोगों को कुछ करना है तो इनकी सुविधा का ख़याल रखिए। जो सर्वस्व गँवा कर आये हैं। इनके खाने—पीने—रहने और स्नान तक की व्यवस्था कैसे हो, इसका उचित प्रबन्ध करें। इन लोगों के शरीर से पसीने की दुर्गन्धि उठ रही है, पता नहीं कब से स्नान नहीं किया हो...। इनकी आँखों के आँसू कैसे सूखें—गाँधी काँप रहे थे। लेकिन हर एक के आँसू पोंछने की कोशिश कर रहे थे। संगठनकर्ताओं को वे शिविर की व्यवस्था के बारे में समझा रहे थे तभी एक स्त्री रोती—पीटती उनके चरणों पर गिर पड़ी—मैं क्या करूँ... सब कुछ लुट गया, धन—दौलत सम्पत्ति सब छोड़कर भागना पड़ा...। बापू जी मुझे विश्वास था आप पर। आप विभाजन नहीं होने देंगे। आप जो चाहते थे सब हो जाता था तो विभाजन कैसे हो गया?

गाँधी के पास इसका क्या उत्तर था। गाँधी सोच रहे थे क्या हर प्रश्न का उत्तर किसी मनुष्य के पास हो सकता है?

—बापू, आपने पूरे दिन एक क्षण के लिए भी आराम नहीं किया। दिल्ली पहुँचते—पहुँचते शाम हो जायेगी। जवाहर लाल ने गाँधी को गाड़ी में बैठने के लिए राजी किया।

—तुमने भी तो आराम नहीं किया जवाहर...

—मेरी तो अभी उतनी अवस्था नहीं...। उन्होंने जवाहर लाल को ग़ौर से देखा, इन दस दिनों में कितना बूढ़ा लगने लगा है। अपने ऊर्जावान और सदाबहार नौजवान पुत्र का बुढ़ापा तकलीफ़ दे रहा था।

गाँधी थककर चूर हो गये थे। उन्होंने अपने पैर जवाहर लाल की गोद में डाल दिये। गाँधी को नींद आ गयी थी। जवाहर लाल धीरे—धीरे उनके पैर दबा रहे थे।

—प्रार्थना का समय हो गया—गाँधी उठकर बैठ गये।

—जवाहर लाल ने घड़ी देखी—एक मिनट की भी देर नहीं।

मोटर गाड़ी धीरे—धीरे आगे बढ़ रही थी। गोधूलि की वेला अन्धकार में विलीन हो रही थी। गाँधी प्रार्थना कर रहे थे, जवाहर लाल के भी हाथ जुड़े हुए थे और आँखें मुँदी हुई थीं।

दिल्ली में चारों ओर सिर्फ़ एक ही बात सुनायी पड़ रही थी विभाजन, विभाजन और विभाजन। कुर्सी टेबल का विभाजन, तो क़लम और पेंसिल का। बन्दूक़ की एक—एक गोली तक का बँटवारा और इन गोलियों पर देशवासियों के ऊपर ही प्रयोग होने की आशंका—यह सब देखना और सुनना गाँधी को असह्य हो रहा था। वे सोच रहे थे—जो संग्राम इतना उदात्त माना गया, उसका अन्त क्या इतना अशोभनीय होगा? गहरी पीड़ा के साथ मन में अब सिर्फ़ प्रार्थना चल रही थी—तमसो मा ज्योतिर्गमय।

उनका आज पत्र—लेखन नहीं हो पाया था। आज का काम आज ही करना था, परन्तु स्टेट्समैन का सम्पादक आर्थर मूर समय से अधिक बैठ गया था। वह अपनी बात पर अड़ा हुआ था—आप आज भी भारत की सबसे बड़ी शक्ति हैं।

—मेरी शक्ति तो ख़त्म हो चुकी—वे महसूस कर रहे थे। पर अन्त तक आर्थर मूर ने बात को स्वीकार नहीं ही किया। चलते—चलते इतनी बात कहता गया—गाँधी जी, आपकी शक्ति चुक नहीं गयी है। अधिक अच्छी बनने के लिए पहले किसी बात को बिगड़ना होता है। प्रभात से पूर्व घोरतम अँधेरा होता है।

उन्हें भी प्रकाश की आशा है लेकिन फ़िलहाल आज की चिट्ठियों का जवाब देना ज़रूरी था। वे पत्र लिख रहे थे—भौगोलिक दृष्टि से भारत को विभाजित कहा जा सकता है। कांग्रेस को उसे लाचारी मानना पड़ा है।

इसलिए अब हमें कोई और मार्ग निकालना होगा। वह मार्ग क्या है, यह मैं बता चुका हूँ। क्या धरती और सम्पत्ति के बँटवारे के साथ हमारे दिलों का भी बँटवारा होगा? यदि हम दिल से सच्चे और ईमानदार हैं तो अब भी हम ऐसा मानकर आचरण कर सकते हैं कि भारत का विभाजन हुआ ही नहीं।

सबको पता है वे बिछावन पर जाते ही एक क्षण बाद ही धनघोर निद्रा में चले जाते हैं लेकिन आज ऐसा नहीं था। उनकी आँखों के सामने हरिद्वार में मिली रावलपिण्डी की महिला खड़ी हो जा रही थी, गाँधी के कानों में अभी वे शब्द गूँज रहे थे—'महात्मा जी आप चाहते तो बँटवारा नहीं होता।'

गहरी नींद में आने के बाद भी वह महिला गाँधी के सामने से नहीं हटी। उसकी आवाज़ अभी भी कानों में गूँज रही थी—महात्मा जी मैंने तो आप पर विश्वास किया था कि आप देश का विभाजन नहीं होने देंगे।

—क्या मैंने विभाजन रोकने की कोशिश नहीं की, गाँधी छटपटा रहे थे।

—महात्मा जी मैंने तो हमेशा यही सुना था आप जो चाहते हैं, वही होता है, आप अगर चाहते विभाजन न हो, तो कभी नहीं होता।

—यह सच नहीं है, बहन। मैंने चाहा था भगतसिंह की फाँसी रुक जाये... कहाँ रुकी?

—लोग कहते हैं आपने भगतसिंह की फाँसी रोकनी ही नहीं चाही थी, आप चाहते तो फाँसी भी रुक जाती।

—मैं एक साधारण इन्सान हूँ..., ईश्वर नहीं कि मेरी इच्छा से ही सारे कार्य होंगे। मेरी इच्छा से एक पत्ता तक नहीं हिल सकता। मैं तो भारतीयों का एक सेवक हूँ, सच्चा सेवक। उनकी सेवा करना ही मैंने अपना कर्तव्य माना है... शहीदे आजम भगतसिंह को बचाने के लिए मैंने कितनी कोशिशें कीं, तुम नहीं जानतीं।

—महात्मा जी, मैं ही नहीं, सभी लोगों को यह विश्वास था, आप विभाजन नहीं होने देंगे। हम सबों का विश्वास टूटा है... कहते—कहते उस स्त्री की वेशभूषा बदलने लगी, उसके शरीर पर राजसी वस्त्र आ गये, वह हरिद्वार नहीं हस्तिनापुर में खड़ी थी, उसके माथे पर सोने का मुकुट था—उसके सामने श्रीकृष्ण खड़े थे—वह स्त्री क्रोध में काँप रही थी—श्रीकृष्ण तुम चाहते तो महाभारत टल जाता, तुम चाहते तो मेरे सौ

पुत्रों का वध नहीं होता। आज मैं पुत्रविहीना नहीं होती, तुम चाहते तो... गान्धारी फूट–फूटकर रो रही थी।

–बुआ जी, मैंने महाभारत टालने की कितनी कोशिश की, हस्तिनापुर उसका गवाह है। मेरे शान्तिदूत बनकर आने की.., बुआ जी महाभारत मेरे चाहने से नहीं रुक सकता था, दुर्योधन की अति महत्त्वाकांक्षा के त्याग पर रुक सकता था।

सामने न अब गान्धारी थी और न श्रीकृष्ण। गाँधी सपने में ही बुदबुदा रहे थे–बहन, जब दुर्योधन की अति महत्त्वाकांक्षा के कारण श्रीकृष्ण के चाहने पर भी महाभारत नहीं रुक पाया तो मैं उनके सामने एक तुच्छ प्राणी हूँ। भला जिन्ना की महत्त्वाकांक्षा के सामने मेरी क्या बिसात...। गाँधी की नींद खुल गयी, सामने न रावलपिण्डी की स्त्री थी और न गान्धारी। बस श्रीकृष्ण थे जिनकी व्यापकता को महसूस कर उनके चरणों मे सब कुछ अर्पित कर रहे थे। अन्तःकरण से आवाज़ आ रही थी–कलकत्ता चलो।

20

और एक बार फिर सतत–चलायमान यह यात्री रेलगाड़ी के डिब्बे में सवार था। उनकी आँखें मुँदी हुई थीं, जुलाई का महीना–वर्षा ऋतु अपने शबाव पर थी। घनघोर बारिश हो रही थी, आकाश में कभी–कभी गर्जना के साथ बिजली कड़क रही थी। खिड़कियों से पानी की तेज़ बौछारें आ रही थीं। आभा ने उठकर खिड़की बन्द कर दी।

–बापू... इस डिब्बे की छत टपक रही है–आभा को हारकर गाँधी को बताना पड़ा, पूरे डिब्बे में पानी भर चुका था।

गाड़ी किउल स्टेशन पर रुकी तो गाड़ी का गार्ड दौड़ता हुआ आया–महात्मा जी, आप दूसरे डिब्बे में चले जायें।

–फिर इस डिब्बे का क्या होगा–गाँधी का प्रश्न जायज़ था, लेकिन गार्ड ने इससे नाजायज़ प्रश्न आज तक नहीं सुना था फिर भी उसे उत्तर तो देना ही था–

–इस डिब्बे में दूसरे मुसाफ़िर आ जायेंगे।

–अगर यह डिब्बा दूसरे मुसाफ़िर के लिए अच्छा है तो मेरे लिए भी अच्छा होना चाहिए। मैं दूसरों को कष्ट देकर स्वयं आराम पाने की बात कैसे सोच सकता हूँ?

–मैं तो आपकी कुछ भी सेवा नहीं कर पाया, आज्ञा दीजिए क्या करूँ? गार्ड के दोनों हाथ जुड़े थे।

–ग़रीब मुसाफ़िरों को तंग न करो और रिश्वत न लो। मेरी सबसे बड़ी सेवा तुम यही कर सकते हो।

तभी इंजन ने सीटी मारी, रेलगाड़ी की चाल तेज़ हो गयी। रेलगाड़ी तो अपने गन्तव्य हावड़ा जंक्शन पर रुक गयी परन्तु गाँधी को तो नोआखाली जाना था। सोदपुर आश्रम में ही उन्होंने अपनी बात स्पष्ट कर दी–मैं जल्दी–से–जल्दी नोआखाली पहुँचने के लिए उत्सुक हूँ।

–कलकत्ते के आसार ठीक नहीं। हम मुसलमानों का भी आप पर उतना ही हक है जितना हिन्दुओं का। आपने ख़ुद यह कहा है कि आप जितने हिन्दुओं के हैं, उतने ही मुसलमानों के हैं, कलकत्ता के भूतपूर्व मेयर और लीगी नेता मुहम्मद उस्मान दावा कर रहे थे।

–आज दस तारीख़ है, मुझे हर हाल में पन्द्रह अगस्त के पहले, नोआखाली पहुँचना है। मैं वहाँ न पहुँच सकूँ और वहाँ कुछ गड़बड़ी हो जाये, तो...! यदि आप नोआखाली में शान्ति की गारंटी दें तो मैं बारह अगस्त तक कलकत्ते में रुक सकता हूँ। लेकिन यदि नोआखाली में गड़बड़ी हुई तो मेरे आमरण अनशन का सामना करना पड़ेगा–गाँधी के सारे पत्ते खुले हुए थे।

ज़िम्मेवारी तो लेनी ही थी। और कोई दूसरा विकल्प ही नहीं था।

–महात्मा जी, गुलाम सरबर और कासिम अली आजकल ही जेल से छूटे हैं मैं आज ही अपने लोगों को नोआखाली भेजता हूँ ताकि वे इन लोगों से भी शान्ति रखने में सहायता ले सकें। मुहम्मद उस्मान गाँधी को रोकने के लिए कोई भी शर्त मानने को तैयार था। सुहरावर्दी भी कराची में था।

लेकिन कराची में रह नहीं सका। सुबह–सुबह ही अख़बार हाथ में लेते ही चौंका–गाँधी नोआखाली जा रहे हैं। यदि गाँधी कलकत्ता से चले गये तो. कल्पना से हाथ–पैर फूलने लगा।

–सुहरावर्दी साहब आप अभी यहाँ? आप तो दस अगस्त को कराची में थे, आज ग्यारह है, उड़कर आये हैं क्या? सतीश दासगुप्ता ने आश्चर्यचकित होकर पूछा।

गाँधी ने पहले घड़ी देखी, रात के ग्यारह बज रहे थे। वे आश्चर्यचकित थे।

–सुहरावर्दी साहब इस वक़्त...?

–आपके लिए यह उचित नहीं होगा कि कलकत्ते को आग में जलता हुआ छोड़कर आप चले जायें। शहर में सच्ची शान्ति कायम होने तक आपको यहाँ रुकना चाहिए–

यह वही सुहरावर्दी था, जिसने सारे झगड़े की जड़ गाँधी को कहा था। जिसका इल्ज़ाम था कि गाँधी हिन्दुओं को भड़काते हैं। यह वही व्यक्ति था जो बंगाल के मुख्यमन्त्री की कुर्सी पर था तो अहंकार में चूर होकर कितनी बार गाँधी की अवहेलना कर चुका था। आज हाथ में सत्ता नहीं थी। आज उसके स्वयं के घर में आग लगने का डर था।

–मैं तैयार हूँ अगर आप फिर से शान्ति कायम करने के लिए मेरे साथ मिलकर काम करने को तैयार हों, गाँधी जब बोल रहे थे तो सुहरावर्दी का मुँह पूरी तरह खुला हुआ था, वह एकटक उन्हें निहार रहा था। अभी गाँधी की बात पूरी नहीं हुई थी।

–बस एक बात याद रखनी होगी, यह सोलह आने सच्चाई के आधार पर ही हो सकता है। मेरा सुझाव है कि हम दोनों साथ–साथ एक ही मकान में उपद्रवग्रस्त क्षेत्र में रहें।

–सुहरावर्दी के पल्ले कुछ भी नहीं पड़ रहा था। उन्होंने अपने चश्मे के ऊपर से उसे झाँकते हुए अपनी बात को आगे बढ़ाया–एक बात और पुलिस और सेना हमारी रक्षा न करे, हम साथ–साथ लोगों से मिलें, उनको समझायें और बतायें कि जब आपसी समझौते से देश का विभाजन हो चुका है तो कोई कारण नहीं कि दोनों पक्ष लड़ें। अगर आपको मेरा यह प्रस्ताव स्वीकार हो तो मैं कलकत्ते में ठहरूँ?

–महात्मा जी, यह प्रस्ताव है या... फन्दा? इतनी ख़तरनाक बात, इसका निर्णय इतनी जल्दी लेना कहाँ सम्भव है? सुहरावर्दी सचमुच हतप्रभ था।

–आपके पास आज की पूरी रात है, आप इस पर अच्छी तरह विचार कीजिए, अपने बूढ़े पिता और अपनी बिटिया से भी सलाह लीजिए और उसके बाद अपना निर्णय कल सुबह तक अवश्य बता दीजिए।

किसी को नहीं पता था सुहरावर्दी क्या करने वाला है... कुछ दिन पहले ही गाँधी के इस तरह के प्रस्ताव से आपे से बाहर हो गया था। कितने दिन हुए हैं? इस प्रस्ताव को पागलपन भरा प्रस्ताव कहे हुए..? सवेरे तो नहीं परन्तु दोपहर को मुहम्मद उस्मान सुहरावर्दी का सन्देशा लेकर पहुँच ही गया–सुहरावर्दी साहब को आपकी हर शर्त मंजूर है।

यह बदलाव क्या सिर्फ़ पश्चिमी बंगाल की कुर्सी छिन जाने से हुआ है–गाँधी का स्वास्थ्य परीक्षण करते वक़्त डॉ. विधान चन्द्र राय सोच रहे थे।

गाँधी अपनी हर बात, हर अगली चाल सृष्टिकर्त्ता की सृष्टि को बताना शायद अपना कर्तव्य समझते थे, तभी तो प्रार्थना सभा में खुल्लमखुल्ला ऐलान कर रहे थे–

–यह देखने के लिए मैं और शहीद सुहरावर्दी साथ में काम करके शहर में सच्ची साम्प्रदायिक शान्ति स्थापित करने की दिशा में क्या कर सकते हैं? मुझे चेतावनी दी जा रही है कि सुहरावर्दी भरोसे के लायक नहीं परन्तु मैं और सुहरावर्दी एक ही घर में रहेंगे और.., गाँधी का यह प्रस्ताव भी किसी की समझ में आना मुश्किल था। किसी को यह बात पच नहीं रही थी कि गाँधी अपनी जान जोखिम में क्यों डाल रहे हैं?

जान का जोखिम है, यह बात तो गाँधी भी भलीभाँति समझ रहे थे तभी तो सरदार को पत्र लिख रहे थे–मैं कलकत्ता में फँस गया हूँ और अब एक गम्भीर जोखिम उठा रहा हूँ। मैं और सुहरावर्दी आज से एक मुस्लिम मुहल्ले में साथ ही रहने जा रहे हैं। भविष्य अपने आप प्रकट होगा।

सरदार काँपते हाथ से पत्र का जवाब लिख रहे थे–आप कलकत्ता में ऐसी जगह रुक रहे हैं जो सचमुच कसाईखाने जैसी है और बदमाशों और गुण्डों का बदनाम अड्डा है और संगति भी आपको कैसी बढ़िया मिली है! यह तो भयंकर ख़तरा है। लेकिन इससे भी बड़ी बात तो यह है कि आपका स्वास्थ्य क्या इस बात को सहन कर लेगा? मुझे डर है वहाँ भयंकर गन्दगी होगी।

सरदार अपना सिर पकड़कर बैठ गये, कैसे गुरु का जीवन बचाऊँ?

–मैंने सुहरावर्दी साहब से कह दिया था कि ढाई बजे हम लोग बेलिया घाट, अपने नये ठिकाने के लिए चल देंगे। वे अब तक नहीं आये हैं? गाँधी की दृष्टि घड़ी पर थी, जिसमें पूरे दो बजकर अट्ठाईस मिनट हो रहे थे।

–बापू जी अभी दो मिनट का समय है, चारु चौधरी की आन्तरिक इच्छा थी, बिना सुहरावर्दी के वेलियाघाट जाकर वे अपनी जान को और अधिक जोखिम में न डालें।

–दो मिनट गाड़ी तक जाने और बैठने में लग ही जायेंगे, नियत समय पर ही निकलेंगे–गाँधी गाड़ी में बैठकर इन्तज़ार कर रहे थे।

ठीक ढाई बजे मोटरगाड़ी वेलियाघाट जाने के लिए सरक रही थी। सुहरावर्दी गाड़ी में नहीं था।

'हैदरी मेंशन'—एक टूटी—फूटी इमारत एक परित्यक्त मकान, जो अपनी बदहाली पर आँसू बहा रहा था। अपने दुर्दिन पर मातम मना रहा था। उसकी खिड़कियों के हाल—फ़िलहाल में टूटे हुए काँच जो कुछ देर पहले तक ज़मीन पर बिखरे हुए थे, अपनी बन्द ज़ुबान से सब कुछ बयान कर रहे थे।

आज इस हैदरी मेंशन की क़िस्मत जागी है। आज सुबह ही इसकी साफ़—सफ़ाई की गयी है। सफ़ाई करवाने वालों को पता है यहाँ जो अनोखा व्यक्ति आने वाला है, गन्दगी देखेगा तो सब काम छोड़कर, झाड़ू और फावड़े लेकर सफ़ाई में जुट जायेगा। लेकिन सफ़ाईकर्मी उतनी ही सफ़ाई कर सकते हैं जितना सम्भव था। बारिश के कारण हैदरी मेंशन के चारों ओर कीचड़ और गन्दे पानी की ढेर सारी जमावट थी। उस पर से आती हुई बदबू, जल्दी—जल्दी ब्लीचिंग पाउडर छिड़की तो गयी पर कितना फ़र्क़ पड़ना था। हैदरी मेंशन में शौचालय एक ही था और उसमें जाने वाले सैकड़ों लोग! शौचालय कितनी देर स्वच्छ रह सकता था। उस पर से हिन्दू महासभाई उत्तेजित नौजवान सफ़ाईकर्मियों को सफ़ाई करने में भी बाधा पहुँचा रहे थे। सफ़ाईकर्मियों की सफ़ाई का काम तो हो गया था। परन्तु जिस अतिथि के लिए उन्होंने इतने मनोयोग से सफ़ाई की है, कम—से—कम उसे एक झलक देख तो लें। पता नहीं एक झलक देखने की हसरत पूरी होगी या अधूरी ही रह जायेगी इन क्रोधित और उत्तेजित लड़कों की वजह से जो अपने हाथ हवा में लहराकर नारे लगा रहे थे।

एक तरफ़ गाँधी की मोटरगाड़ी हैदरी मेंशन में प्रवेश कर रही थी दूसरी ओर उत्तेजित आवाज़ तेज़ हो रही थी—आप यहाँ क्यों आये? हम संकट में थे तब आप कहाँ थे? मुसलमानों को बचाने आप यहाँ आये हैं? कृपया आप यहाँ से चले जायें।

—आप लोगों को पता नहीं, बापू जी नोआखाली में हिन्दुओं को बचाने के लिए अपनी जान की परवाह नहीं कर, कई महीनों वहीं रहे थे, आज भी इनके शिष्य अपना सर्वस्व न्यौछावर कर वहाँ जमे हुए हैं। मैं भी वहीं से आयी हूँ, मेरे पति कनु गाँधी आज भी नोआखाली में अपने भाइयों की सेवा में लगे हुए हैं। उस दारुणावस्था में कौन था जो उनकी सेवा में नंगे

पाँव घूम रहा था–यही वृद्ध मानुष, यही महात्मा–आभा बंगला में बोल रही थी, उसकी आवाज़ अवरुद्ध हो गयी।

तभी सुहरावर्दी की कार अन्दर घुसी, प्रदर्शनकारी उधर दौड़े।

–प्यारेलाल, सुहरावर्दी को अन्दर सुरक्षित लेकर आओ–गाँधी ने आवाज़ दी।

–आप अभी शहीद साहब को अन्दर जाने दें। वार्ता से ही किसी भी समस्या का समाधान सम्भव है, प्यारेलाल सुहरावर्दी को अन्दर ले आये। हॉरिस अलेक्जेंडर की कार लगभग आधे घण्टे बाद हैदरी मेंशन पहुँची उस समय भी प्रदर्शनकारियों का जोश ठण्डा नहीं हुआ था। उलटे गाड़ी को देखते ही गाँधी लौट जाओ की आवाज़ तेज़ हो गयी। हॉरिस गाड़ी छोड़कर अन्दर भागे।

हैदरी मेंशन की खिड़कियों के काँच आज दूसरी बार असहिष्णुता के फल भुगत रहे थे। संयोग था कि हॉरिस को पत्थर नहीं लगा। दरअसल काँच के शीशे टूटने के बाद वे लकड़ी की खिड़कियों के पल्ले को शीघ्रतापूर्वक बन्द करने में सफल हो गये थे।

प्रदर्शनकारियों के प्रतिनिधि आपसे मिलने आना चाहते हैं–चारु चौधरी सन्देशवाहक का काम कर रहा था। गाँधी के सामने प्रदर्शनकारी असहज हो रहे थे। उसमें से एक नौजवान ने, जो सबसे अधिक उत्तेजित था, बागडोर सँभाली–हम नहीं चाहते कि आप यहाँ रहें। आप मुसलमानों की रक्षा के लिए यहाँ आये हैं। उन्नीस सौ छियालीस में सीधी कार्रवाई के समय आप यहाँ नहीं थे। वह चुप हो गया।

–क्या उन्नीस सौ छियालीस का बदला अभी लेना उचित है? उन लोगों ने जो किया वह अनुचित था, बहुत अनुचित, पर अभी जो हम करेंगे वह और भी अनुचित होगा। मैं नोआखाली जाने के लिए ही अभी भी आया था और अभी भी नोआखाली में शान्ति की गारंटी पाने के बाद यहाँ बैठा हूँ।

–हम्म...

-तुम्हें समझना चाहिए कि मैं यहाँ मुसलमानों की ही नहीं हिन्दू, मुसलमानों और दूसरे सभी की सेवा में आया हूँ, जो पाशविकता का आचरण कर रहे हैं, वे अपने पर और अपने धर्म पर कलंक लगा रहे हैं

–हम्म–

एक बात और याद रखो, मैं तो अपने को तुम्हारे संरक्षण में रखने वाला हूँ। तुम चाहो तो मेरे विरुद्ध होकर विपरीत काम कर सकते हो।

मेरी जीवन यात्रा तो अब लगभग पूरी हो चुकी है। मुझे अब बहुत आगे नहीं जाना है। लेकिन तुम फिर से पागलपन करोगे तो मुझे ज़िन्दा नहीं पाओगे। नोआखाली के मुस्लिमों को यही अन्तिम चुनौती दी है कि अगर दुबारा मुस्लिम पागलपन भड़का तो वे मुझे मरा हुआ पायेंगे।

गाँधी ने अपने झुके कन्धे को उठाते हुए कहना जारी रखा–तुम यह क्यों नहीं समझ सकते कि यह क़दम उठाकर मैंने नोआखाली का भार सुहरावर्दी और उनके साथियों के कन्धों पर रख दिया है। विश्वास करो इसी में सबों का लाभ है।

–हमें आपकी अहिंसा का उपदेश नहीं चाहिए। आप यहाँ से कृपया चले जाइए। हम मुसलमानों से बदला लेकर रहेंगे। वह नौजवान फिर उत्तेजित हो रहा था।

–पुरानी शत्रुता और अन्यायों को याद करने से कोई लाभ नहीं, हम दुश्मन क्यों बनें...?

–इतिहास बताता है कि हिन्दू और मुसलमान कभी दोस्त नहीं हो सकते। कम–से–कम जब से मैं पैदा हुआ हूँ तब से मैंने उन्हें आपस में लड़ते ही देखा है–इस युवक की उम्र अठारह वर्ष से अधिक नहीं होगी, वह गाँधी की बात बीच में ही काट ख़ुश हो रहा था।

–अच्छा, मैंने तुमसे अधिक इतिहास देखा है। मैं कहता हूँ कि हिन्दू–मुसलमान एक–दूसरे को चाचा–चाची, काका–काकी कहते रहे हैं एक–दूसरों के त्योहारों में, उत्सवों में भाग लिया करते थे।

–कुछ भी हो, उसने पुनः बात काटने की कोशिश की। लेकिन गाँधी ने अपनी बात कहना जारी रखा।

–तुम मुझे यहाँ से चले जाने के लिए मजबूर करना चाहते हो। परन्तु तुम्हें मालूम होना चाहिए कि मैं ताक़त के आगे कभी नहीं झुका हूँ। यह मेरे स्वभाव के विरुद्ध है। तुम मेरे काम में बाधा डाल सकते हो, मुझे जान से भी मार सकते हो। मैं पुलिस की मदद नहीं माँगूँगा। परन्तु मुझे एक बात समझ में नहीं आ रही कि मुझे हिन्दुओं का दुश्मन बताने से क्या फ़ायदा? मैं यह स्वीकार नहीं करूँगा। तुम मुझे बताओ कि मैंने यहाँ आकर क्या ग़लती की है? अठारह साल का वह किशोर और उत्तेजित नौजवान सभी मौन थे। गाँधी ने घड़ी देखी–आठ बज रहे थे। गाँधी खड़े हो गये–नौजवानो, मैं तुमसे कहता हूँ कि मैं हिन्दुओं का दुश्मन कैसे हो सकता हूँ, जब मैं जन्म से हिन्दू, धर्म से हिन्दू और

कर्म से भी हिन्दू हूँ। क्या इससे तुम्हारी संकीर्णता और असहिष्णुता प्रकट नहीं होती....?

किसी ने कोई उत्तर नहीं दिया, लेकिन इसका मतलब यह हरगिज़ नहीं था कि वे लोग गाँधी की बातों से सहमत थे, पर इतना अवश्य था कि विरोध में प्रखरता नहीं दिखायी पड़ रही थी। अब हम लोग जायें, कहते हुए वे जा रहे थे।

–बापू, आप भोजन करेंगे न? आभा ने पूछा।

–देर से खाने के बनिस्पत उपवास रखना अधिक अच्छा है। सोते समय घड़ी देखी–ग्यारह बज रहे थे।

'हैदरी मेंशन' में पहली रात सुकून से सबों ने नींद ली। रात में आकाश में काले–काले बादल छाये हुए थे लेकिन चौदह अगस्त प्रभात की पहली किरण में काले बादल बिखर गये थे। प्रभातकाल की यह रोशनी आशा की रोशनी का आभास दे रही थी।

हैदरी मेंशन में वे दिन का भोजन ले रहे थे, ढाई सौ ग्राम बकरी का दूध और लगभग उतनी ही मात्रा में उबली हुई सब्ज़ियाँ भी होंगी। उन्होंने दूध और सब्ज़ी को मिला दिया।

–महात्मा जी, न नमक न चीनी, दूध और सब्ज़ी... को इस तरह मिलाकर आप कैसे भोजन करते हैं? इतना कम खाकर आप जीवित कैसे रहते हैं? सुहरावर्दी को अपनी आँखों पर विश्वास नहीं हो रहा था।

उसी समय प्रदर्शनकारियों के प्रतिनिधि दल ने अन्दर प्रवेश किया और प्रवेश करते ही पहला व्यंग्य वाण छोड़ा–इसी से तो ये महात्मा हैं, लेकिन तुम्हें कैसे नहीं पहचान पा रहे हैं?

गाँधी चुपचाप भोजन करते रहे, सुहरावर्दी ने भी कोई जवाब नहीं दिया। भोजन समाप्त करते ही गाँधी उन लोगों के सामने थे–आप लोगों को शायद इस बात की जानकारी होगी कि मेरा और सुहरावर्दी का मिलकर काम करना इस दिशा में पहला ही क़दम है। जब बेलियाघाट के हिन्दू अपने मुस्लिम पड़ोसियों को लौट आने का निमन्त्रण देंगे तब हम मुस्लिम प्रधान क्षेत्र में चले जायेंगे और वहाँ तब तक रहेंगे जब तक हिन्दुओं को लौट आने का निमन्त्रण न दिया जायेगा। इस प्रकार कलकत्ते भर में प्रत्येक क़ौम अपने पड़ोसियों को पुराने घरों में लौट आने का निमन्त्रण देगी, तब तक हम एक क्षेत्र से दूसरे क्षेत्र में जाते रहेंगे।

मैंने अपनी सारी बातें तुम्हें बतला दीं, अब तुम बताओ क्या कहना चाहते हो–गाँधी ने उसकी आँखों में झाँकते हुए अपनी बात मुस्कुराकर समाप्त की।

शायद उनकी आँखें उसके हृदयाकाश में गहरे पैठ गयी थीं, तभी तो उनकी आँखों में क्रोध और आक्रोश की जगह श्रद्धा झलक रही थी। हो सकता है उनकी निश्छल मुस्कान ने उनके मन को शुद्ध कर दिया हो। तभी तो उनकी बोली इतनी बदली हुई थी–हम लोग आपके काम को पूरा करने की ज़िम्मेवारी लेते हैं। हम अपने मित्रों को समझा लेंगे। वे सभी अब शान्ति और सद्भावना के आपके मिशन के लिए साथ काम करेंगे।

मनु गाँधी उन नौजवानों को सीढ़ियों से उतरते हुए देखकर सोच रही थी, क्या ये सब वही लोग हैं जो कल मिलने आये थे। विश्वास नहीं हो रहा था। उनमें से एक नौजवान सीढ़ियों से उतरते वक़्त बोल रहा था–यह बूढ़ा कैसा जादूगर है। कितनी ही ज़बर्दस्त मुश्किलें सामने क्यों न हों, यह हारना तो जानता ही नहीं। मनु मुस्कुराकर अन्दर चली गयी–यह बूढ़ा तो ऐसा जादूगर है कि बापू से कब माँ बन गया हमें भी पता नहीं चला।

चौदह अगस्त की शाम मारवाड़ी क्लब लोगों से खचाखच भरा हुआ था। पन्द्रह हज़ार से कम लोग नहीं रहे होंगे। आज भी सृष्टिकर्त्ता की सृष्टि को लेकर गाँधी प्रार्थना कर रहे थे–कल पन्द्रह अगस्त है–कल से हम अंग्रेज़ी हुकूमत की गुलामी से मुक्त हो जायेंगे... परन्तु आज आधी रात से भारत के दो टुकड़े हो जायेंगे। इसीलिए कल का दिन आनन्द का भी होगा और दुख का भी होगा। इससे हम पर ज़िम्मेदारी का भारी बोझ आ जायेगा। आइए, हम ईश्वर से प्रार्थना करें कि वह हमें उस भार को अच्छी तरह उठाने की शक्ति दे। जो मुसलमान मजबूरन घर छोड़कर भाग गये थे, वे सब अपने घरों को लौट आयें। अगर कलकत्ते में बीस लाख हिन्दू और मुसलमान एक–दूसरे का गला काटने को तैयार रहेंगे, तो मैं क्या मुँह लेकर नोआखाली जाऊँगा और वहाँ के मुसलमानों से हिन्दुओं के लिए क्या वकालत करूँगा? और साम्प्रदायिक लड़ाई–झगड़े की आग यदि सारे देश में फैल गयी तो हमारी नवजात स्वतन्त्रता कैसे जीवित रहेगी?

–सुहरावर्दी कहाँ है? भीड़ से आवाज़ आयी।

–वे हैदरी मेंशन में हैं, आप लोगों की सहिष्णुता देखकर कल उन्हें यहाँ लाने का बल मिल रहा है।

'रघुपति राघव राजा राम' की धुन बज रही थी।

तभी प्रार्थना की पिछली पंक्ति में बैठे नौजवान धीरे–धीरे खिसकते हुए हैदरी मेंशन की ओर भागे। पत्थरबाज़ी करते हुए अन्दर प्रवेश करने के लिए ज़बर्दस्ती प्रयास कर रहे थे।

–ऐ कहाँ जा रहे हो? पुलिस अधिकारी अकेला था, उसकी कमर में पिस्तौल लटक रही थी।

–सुहरावर्दी को हमारे सुपुर्द करो। महात्मा जी अभी प्रार्थना सभा में हैं, हम इसे लेकर चले जायेंगे।

–सुहरावर्दी साहब कोई खिलौना है जो तुम्हें दे दें–पुलिस अधिकारी ने पिस्तौल हाथ में ले किया।

सुहरावर्दी के साथ अन्दर प्यारेलाल भी थे। उन्होंने देखा सुहरावर्दी ज़मीन पर लेटे कुछ बुदबुदा रहे थे, ईश्वर को याद कर रहे थे या गाली बक रहे थे, वह तो वही जानें। प्यारेलाल बाहर आ गये, वे एक किताब पढ़ रहे थे, किताब अभी तक उनके हाथ में थी।

–नहीं पुलिस ऑफ़िसर, एक भी फायरिंग नहीं होनी चाहिए, अहिंसा का पालन पहली अनिवार्यता है।

–तुम लोग जानते हो मैं कौन–सी पुस्तक पढ़ रहा हूँ... प्यारेलाल ने उन नौजवानों को किताब दिखाते हुए रुख को मोड़ने की कोशिश की।

–नहीं।

–इसमें नाज़ी शासन के दरम्यान नार्वे की जनता ने किस तरह अहिंसा का दामन पकड़ा, उसी का गौरवशाली इतिहास है–प्यारेलाल की अहिंसा की बात समाप्त भी नहीं हुई थी कि हिंसा की ओर से फेंका गया पत्थर सिर पर टकराते–टकराते बचा।

तभी प्रार्थना समाप्त हो गयी। गाँधी हैदरी मेंशन में प्रवेश कर रहे थे, उस समय पत्थरबाज़ी तो नहीं हो रही थी परन्तु बाहर शोरगुल हो रहा था। कमरे में पहूँचकर मनु को आवाज दी।

–खिड़की का दरवाज़ा खोलो। वे मनु का सहारा लेकर खिडकी पर खड़े होकर उपद्रवियों को फटकार रहे थे–

–आपने सुहरावर्दी पर हमला करने के लिए कैसे सोचा? यदि आपने मेरे साथ काम करना स्वीकार किया है तो इसका अर्थ यह हुआ कि सुहरावर्दी के साथ भी काम करना आपने स्वीकार किया।

–सुहरावर्दी कहाँ है? जब तक वे स्वयं हमारे सामने नहीं आयेंगे तब तक हम नहीं जायेंगे–भीड़ को शंका थी शातिर सुहरावर्दी हैदरी मेंशन में नहीं है, वह सिर्फ़ गाँधी के सामने नाटक कर रहा है।

–शहीद भीतर रमजान खोलने में लगे हैं, अभी आपके सामने आयेंगे। हॉरेस एलेक्जेंडर शहीद सुनकर मुस्कुराया।

–वह धोखेबाज़ है... एक नम्बर का मक्कार, उस पर आप कैसे विश्वास कर रहे हैं–भीड़ से आवाज़ आयी।

–अगर वे सच्चे नहीं होंगे तो मेरे पास टिक नहीं सकेंगे, थोड़े ही समय में चले जायेंगे, आप लोग एक बार उन्हें सुनें तो...

–ठीक है... आप कह रहे हैं तो हम तैयार हैं... भीड़ से आवाज़ आयी।

–शहीद साहब इधर आइए, जनता आपको सुनना चाहती है, आप घबराएँ नहीं, मैं आपके साथ खड़ा रहूँगा। गाँधी बीच में खड़े थे–एक तरफ़ सुहरावर्दी, दूसरी ओर मनु। उनके दोनों हाथ दोनों के कन्धे पर थे, गाँधी कुछे टेढ़े खड़े थे कि यदि कोई पत्थर फेंके तो सुहरावर्दी की जगह उन्हें लगे।

सुहरावर्दी भयभीत था, लेकिन साथ खड़े गाँधी से उसे हिम्मत मिल रही थी।

–यह बंगाल का बड़ा सौभाग्य है कि महात्मा जी इस समय हमारे बीच हैं। क्या बंगाल अपने इस सौभाग्य को समझकर भाई–भाई का वध बन्द कर देगा? सुहरावर्दी के दोनों हाथ जुड़े थे।

–क्या आप कलकत्ते के भीषण हत्याकाण्ड के लिए ज़िम्मेदार नहीं हैं?

–हाँ हम सब हैं।... सुहरावर्दी ने सबको लपेटने की आख़िरी कोशिश की।

–क्या आप मेरे प्रश्न का उत्तर देंगे?

–हाँ वह मेरी ज़िम्मेदारी थी, सुहरावर्दी ने कुतर्क का सहारा छोड़ दिया।

कुछ क्षण के लिए भीड़ निःशब्द हो गयी। तभी भीड़ ने पूरी ताक़त लगाकर जयध्वनि की–भारत माता की जय, महात्मा गाँधी की जय।

निःशब्द भीड़ को देखकर सत्य पर उनका विश्वास और दृढ़ होता जा रहा था। सुहरावर्दी, जो अहंकार की प्रतिमूर्त्ति था और नम्रता किस चिड़िया का नाम है जानता तक नहीं था; उनके द्वारा अपने अपराध की इतनी सीधी और स्पष्ट स्वीकृति का लोगों पर बेहिसाब असर हुआ। आक्रोशित भीड़ के क्रोध के सागर को एक पूर्ण सत्य ने जैसे सोख लिया हो।

यह भीड़ उस भीड़ का हिस्सा बनने जा रही थी–जो सामने मार्ग पर गुज़रते हुए हिन्दू–मुस्लिम भाई–भाई का नारा लगा रही थी। भीड़ जुलूस में बदल रही थी तभी अकरम का पैर पत्थर पर पड़ा, वह लड़खड़ाकर गिरने ही वाला था, जोगेन बनर्जी ने सहारा देकर गिरने से बचा लिया। तुम ठीक हो न? अकरम के चेहरे की मुस्कान सिर्फ़ उसकी नहीं थी, घायल भारत माँ की मुस्कान है–जोगेन को तो ऐसा ही लगा, उसने ज़ोर से जयध्वनि की–जयहिन्द, महात्मा गाँधी की जय।

सुहरावर्दी ने आज सत्य का पराक्रम देखा था, सत्य का पराक्रम उसे श्रद्धालु बना रहा था। वह महात्मा के पास खड़ा था–महात्मा जी, हमारी बहुत इच्छा है, आज आप कलकत्ता की सड़कों पर हमारे साथ निकलें, भले ही थोड़ी देर के लिए ही सही, आप चलेंगे न?

–रात बहुत हो जायेगी। यह सैर बहुत महँगी पड़ेगी।

–महात्मा जी जी, अभी तो दस ही बजे हैं।

–आपके लिए दिन अभी शुरू हुआ है। परन्तु मेरी तो आधी रात बीत चुकी है, मैं साढ़े तीन बजे उठता हूँ।

गाँधी ने अपने बिछावन पर जाकर अपनी सहयोगिनी घड़ी को देखा, ग्यारह बज रहे थे। एक घण्टे बाद देश को आज़ादी मिलने वाली थी, वह आज़ादी जिसको प्राप्त करने के वे पर्याय बन गये थे–पर क्या ऐसी आज़ादी?

वे करवट बदलकर सोने का प्रयास कर रहे थे, बहुत देर बाद सफलता मिली–पूरी रात जयध्वनि की आवाज़ आती रही।

21

स्वाधीनता दिवस, पन्द्रह अगस्त! 'माननीय, आप चले जाइए'– गाँधी ने अंग्रेज़ी हुकूमत से कहा था। आज उनकी बात मानकर माननीय चले गये थे। अब विदेशी नहीं देशी सरकार थी। उनकी नींद दो बजे ही खुल गयी। उन्हें महादेव देसाई की बहुत याद आ रही थी। उनसे बिछड़े हुए पाँच साल पूरे हो रहे थे। पाँच वर्ष हो गये, हर पन्द्रह अगस्त को उपवास रखते थे। सुख हो या ग़म, उसे मनाने का यह अनोखा तरीक़ा था। आज एक बहुत बड़ी ख़ुशी भी थी पर मनाना तो वैसे ही था।

–उपवास और सम्पूर्ण गीता पाठ। प्यारेलाल आश्चर्यचकित था, सुहरावर्दी ने भी उपवास रखा था।

प्रातःकाल उठते के साथ गाँधी ने पूछा—पुलिस को यहाँ से हटा दिया गया है न? मुख्यमन्त्री ने वादा किया था स्वतन्त्रता दिवस से पुलिस हैदरी मेंशन में नहीं रहेगी।

—बापू जी, पुलिस तो बारह बजकर दो मिनट में ही हटा दी गयी, चारु चौधरी ने बताया।

—लेकिन अभी भी आपकी सुरक्षा में सुरक्षा प्रहरी तैनात है, आभा ने बताया।

—कौन—से सुरक्षा प्रहरी...?

एक को तो मैं अच्छी तरह पहचानती हूँ वही नवयुवक जो आपसे सबसे अधिक बहस कर रहा था, उसके साथ अठारह साल का वह किशोर भी है जिसने कहा था—हिन्दू—मुस्लिम दोस्त नहीं हो सकते—मनु ने हँसते हुए बताया।

—अच्छा...

—हाँ बापू जी, सबसे मज़ेदार बात यह कि उस किशोर को तब से देख रही हूँ एक टोपी वाले लड़के से घुलमिलकर ऐसा दोस्त बन गया है जैसे सदियों पुरानी दोस्ती हो। आभा के चेहरे पर स्निग्ध मुस्कान क्रीड़ा कर रही थी।

सम्पूर्ण गीता पाठ की समाप्ति के बाद प्रार्थना भी अब समाप्त होने वाली थी, रवीन्द्र गान की मधुर ध्वनि हैदरी मेंशन में झंकृत हो रही थी, लालपाड़ की सफ़ेद साड़ी में स्वतन्त्रता का गीत गाती हुई इन लड़कियों के चेहरे पर स्वातन्त्र्य देवियों का गौरव दमक रहा था।

हम लोग अपने राष्ट्रपिता के दर्शन के लिए आयी हैं, गीत रोककर अनुशासित सिपाही की तरह वह अन्दर आने का अनुरोध कर रही थीं।

—बस, दो मिनट रुकें, महात्मा जी की प्रार्थना समाप्त होने ही वाली है—सुहरावर्दी ने कहा तो बालाएँ चौंक पड़ीं। वे आपस में फुसफुसा रही थीं—तुमने पहचाना नहीं। नहीं, अरे यही सुहरावर्दी हैं, अच्छा—अच्छा, ओ—ओ, मुझे भी लग रहा था।

गाँधी के आते ही शान्त हो गयी लड़कियों की बहुतेरी मण्डलियाँ हैदरी मेंशन में प्रवेश कर रही थीं। उनका दिल भर आया, इस दिन के लिए कितना इन्तज़ार करना पड़ा। कितने ही लोगों ने अपनी जान गँवा दी... काश! आज सुभाष होते तो कलकत्ता कितना शोभायमान होता, यदि आज वह मेरे सामने होता तो मुझसे अधिक ख़ुशनसीब कौन होता?

'भारत माता की जय' बालिकाओं के दल की जयध्वनि ने उन्हें विचारों की दुनिया से धरातल पर ला दिया। वे इन छोटी–छोटी लड़कियों को देखकर मुस्कुरा रहे थे–आशा और उत्साह से लबालब भरी इन बच्चियों पर हमेशा कृपा बनाये रखना, अब इनका देश हमेशा अखण्डित बना रहे... प्रेम और सौहार्द बना रहे... मन–ही–मन उनकी प्रार्थना चल रही थी।

–मुख्यमन्त्री अभी यहाँ, वह भी अपने दल बल सहित?

–आशीर्वाद दीजिए बापू जी, प्रफुल्ल घोष ने अन्दर प्रवेश करते हुए कहा।

–आपको काँटों का ताज पहनना होगा। सत्य और अहिंसा की सतत साधना कीजिए। नम्र और सहिष्णु बनिए। सत्ता से सावधान रहिए, सत्ता मनुष्य को भ्रष्ट करती है। इसकी तड़क–भड़क और आडम्बर में मत फँसिए। याद रखिए कि आप भारत के गाँवों में बसे ग़रीबों की सेवा के लिए पदारूढ़ हैं। ईश्वर आपकी सहायता करें।

बड़ा बाज़ार के ठीक बीचोबीच राखाल घोष के मित्रों की टोली राष्ट्रीय ध्वज फहराने के लिए बाँस को खड़ा करने का प्रयत्न कर रही थी।

सड़क के उस पार से उस्मान अपने मित्रों के साथ खड़ा होकर एकटक उन लोगों को निहार रहा था। तभी राष्ट्रीय ध्वज लगा बाँस डगमगाया। उस्मान से नहीं रहा गया, वह अपने आपको नहीं रोक पाया–भाइयो क्या हम लोग आपकी मदद करें?

राखाल के मित्रों ने हर्षित होकर कहा–पूछते क्या हो? जल्दी आओ। उस्मान और उसके दोस्तों के सहारा देते ही, बाँस सीधा खड़ा हो गया, अब राष्ट्रीय ध्वज हवा में ऊँचा लहरा रहा था–झण्डा ऊँचा रहे हमारा...।

चारु चौधरी जब यह आँखों देखा हाल गाँधी को सुना रहा था तो सुहरावर्दी भी वहीं था।

–देखो, महात्मा जी ने एक ही दिन में क्या चमत्कार कर दिया, सुहरावर्दी भावुक हो गया। पर गाँधी के चेहरे पर वैसा उल्लास नहीं दिखा, जिसकी आशा सन्देशवाहक कर रहा था। उसने ध्यान से उनके चेहरे को देखा–उनकी आँखें कहीं अपने भीतर झाँक रही थीं, जैसे अन्तस के प्रभु को खोज रही थीं।

सड़को पर जाते हुए जुलूस के बीच–बीच में की गयी जयध्वनि हैदरी मेंशन में बैठे लोगों के चेहरे पर मुस्कान ला रही थी। जिसे सुनने के लिए इनके कान तरस रहे थे, वे स्वतः ही ध्वनित हो रहे थे।

'हिन्दू–मुस्लिम एक हो', 'हिन्दू–मुस्लिम भाई–भाई' की आवाज़ कानों में मिश्री घोल रही थी।

मोहम्मद स्पोर्टिंग क्लब का विस्तृत मैदान, नरमुण्ड ही नरमुण्ड। कम–से–कम पाँच लाख लोग इकट्ठे हो गये थे।

प्रार्थना का समय हो रहा था। गाँधी की गाड़ी बीच में ही फँस गयी थी, ट्रकों पर सवार हिन्दुओं–मुस्लिमों के मिश्रित दलों का क़ाफ़िला ठीक उनकी गाड़ी के आगे जयकारा लगा रहे थे। आज सुहरावर्दी के चेहरे की हँसी भी धुली हुई थी, एकदम निश्छल। गाँधी शान्त थे। समय पर प्रार्थना–स्थल पहुँचने पर ध्यान केन्द्रित था।

प्रार्थना सभा में वे कह रहे थे–यदि शहर के इस उमड़ते भाईचारे में सच्चाई है और वह क्षणिक नहीं है तो इससे अच्छी और कोई बात नहीं हो सकती। मेरा मन आज भी व्यथित है, लाहौर में पागलपन का बोलबाला है। मेरा विश्वास है यदि कलकत्ते के इस उदाहरण में सच्चाई है तो इसका प्रभाव पंजाब एवं देश के अन्य भागों में अवश्य पड़ेगा।

मैं लोगों को चेतावनी देता हूँ कि अब, जब हम स्वतन्त्र हो गये हैं तो हमें अपनी स्वतन्त्रता का उपयोग बुद्धिमानी और संयम के साथ करना चाहिए। कलकत्ते में जो यह चमत्कार आप लोगों ने किया है इसके लिए मुझे बधाइयाँ मिल रही हैं। परन्तु हम सबको ईश्वर की असीम दया के लिए उसका आभारी होना चाहिए।

अब शहीद सुहरावर्दी अपनी बात आप लोगों के सामने रखना चाहते हैं, उन्होंने माइक सुहरावर्दी को बढ़ा दिया।

–कुछ दिन पहले तक कोई स्वप्न में नहीं सोच सकता था कि दस लाख हिन्दू–मुसलमान मिलकर इतनी बड़ी ऐतिहासिक सभा शामिल होकर मनायेंगे। आज हिन्दू और मुसलमान एक–दूसरे को माला पहनाकर अपने छोड़ दिये गये मकानों में वापस लाये जा रहे हैं। ईद–मिलन में हिन्दू भाइयों को पुनर्मिलन के लिए आमन्त्रित किया जा रहा है और यह चमत्कार ईश्वर की दया और महात्मा जी की कृपा से हुआ है।

–यह बात आपको पहले समझनी चाहिए थी–भीड़ से आवाज़ आयी।

–तुम्हारा कथन सत्य है परन्तु आज़ादी मिलने के बाद मुझे महात्मा जी की महानता समझ आयी है। महात्मा गाँधी सचमुच महात्मा हैं।

'जय हिन्द'–सुहरावर्दी ने अपनी पूरी ताक़त लगा दी। जयहिन्द की जयध्वनि आसमान में गूँज रही थी।

प्रार्थना–स्थल से गाँधी लौट रहे थे। सुहरावर्दी गाड़ी चला रहा था। रास्ते में चारों ओर, क्या हिन्दू क्या मुसलमान, महात्मा गाँधी की जय के नारे लगा रहे थे।

–शहीद साहब प्लीज़ एक मिनट के लिए गाड़ी रोकिये। कुछ टोपी लगाये लोग गाड़ी को घेरे हुए थे।

–क्या है? सुहरावर्दी झुँझला रहा था। 'बस गुलाब जल और इत्र छिड़कने हैं' इत्र छिड़कने के साथ–साथ महात्मा गाँधी की जय, जयहिन्द का ज़ोर से जयकारा लगाया।

–मैं तो डर ही गया था... साँस अटक–सी गयी थी, सुहरावर्दी गाड़ी बढ़ाते हुए कह रहा था।

–आप डर बहुत जल्दी जाते हैं–गाँधी ने मुस्कुराते हुए कहा।

–अपने लिए नहीं, महात्मा जी मैं आपके मूल्यवान प्राण के लिए डर गया था–शायद इस बार सुहरावर्दी सच बोल रहा था।

–मेरे लिए किसी को डरने की आवश्यकता नहीं। मैंने जवाहर लाल और सरदार से भी कह दिया है मेरी मृत्यु सोचकर तुम लोग मत घबराना। आप सब लोग मुझे महात्मा कहते हैं न... पर महात्मा मुझे तभी मानना जब खाट पर मेरी मृत्यु न हो। अन्तिम समय तक सृष्टिकर्ता और उसकी सृष्टि की सेवा करते हुए किसी की गोली का शिकार होकर राम का नाम लेते हुए रुख़सत होऊँ और मारने वाले के प्रति रंचमात्र भी रोष न हो, और आख़िरी बात मैं जानता हूँ मेरी मृत्यु भी ईश्वर व्यर्थ जाने नहीं देगा। मेरी मृत्यु के बाद एक बूँद लहू नहीं बहेगा।

सुहरावर्दी के हाथ काँपने लगे। स्टीयरिंग पर पकड़ ढीली न हो इसके लिए हाथों पर बल बढ़ा दिया।

ईश्वर से प्रार्थना है ऐसा दुर्दिन भारत को कभी न देखना पड़े, कहते हुए सुहरावर्दी ने गाड़ी रोक दी। गाड़ी हैदरी मेंशन में खड़ी थी। रात्रि के दस बज रहे थे। राज्यपाल हाउस से गवर्नर राजगोपालाचारी जी ने फैक्स भिजवाया है–स्वयंसेवक ने पुर्जा गाँधी की ओर बढ़ाया। फ़ैक्स पढ़ते हुए गाँधी ऊपर चले आये। खुली छत पर, आज दीपावली नहीं थी लेकिन सामने के घरों में दीप जल रहे थे, दीप देखकर गाँधी को पिछली दीपावली की याद आ रही थी। जब वे नोआखाली आने की तैयारी कर रहे थे। कैसी कालिमा भरी डरावनी दीपावली थी। दीपक और लड़ियों के प्रकाश भी मन के अन्धकार को एक रत्ती भी कम करने में सक्षम नहीं हो पा रहे थे।

आज दीपावली नहीं है, आज राजा रामचन्द्र के सिंहासन पर बैठने वाली दीपावली नहीं है। आज सिर्फ़ अयोध्यावासी ही दीपावली नहीं मना रहे थे, पूरा भारतवर्ष दीपावली मना रहा है।

आज की दीपावली भी कम अपूर्व नहीं, सैकड़ों साल की गुलामी की बेड़ियाँ टूटी हैं–आज सत्ता पर उसके अपने विराजमान हैं।

तभी हवा का एक तेज़ झोंका आया–दीपक टिमटिमाने लगे, क्षणमात्र के लिए लगा सभी दीपक बुझ जायेंगे... लेकिन टिमटिमाते दीपक ने हवा के सामने झुकने से इनकार कर दिया। आज उसने इतनी बड़ी सत्ता को झुकाने का सुख उठाया था।

गाँधी के हाथ में फ़ैक्स के कागज़ फड़फड़ा रहे थे। वे नीचे उतर आये–कैसा भी मानपत्र हो वो कभी ऊँचे नहीं चढ़ते।

गाँधी फ़ैक्स पढ़ रहे थे–पंजाब में हमारे पास पचपन हज़ार सैनिक हैं और फिर भी वहाँ दंगे पर क़ाबू नहीं पाया जा सका है। बंगाल में हमारी सेना एक व्यक्ति की है, फिर भी वहाँ दंगे–फ़साद शान्त हो गये हैं। मैं उस एक व्यक्ति की सेना को अपना हार्दिक श्रद्धा सुमन अर्पित करना चाहता हूँ–माउंटबेटन।

फ़ैक्स पढ़ने के साथ ही गाँधी को ईश्वर ने अगला क़दम बढ़ाने के लिए प्रकाश दिखा दिया। कल ही पंजाब जाना अब मेरा कर्तव्य है।

❑❑